DROEMER

Von Stephan Harbort sind bereits folgende Titel erschienen:
Aus reiner Mordlust. Der Serienmordexperte über Thrill-Killer
Der klare Blick. Mit dem Wissen des Profilers
Lügen entlarven und richtige Entscheidungen treffen
Die Maske des Mörders. Serientäter und ihre Opfer
Killerfrauen. Deutschlands bekanntester
Serienmordexperte klärt auf

Über den Autor:
Stephan Harbort, Jahrgang 1964, ist Kriminalhauptkommissar und Deutschlands führender Serienmordexperte. Er sprach mit mehr als 50 Serienmördern, entwickelte international angewandte Fahndungsmethoden zur Überführung von Gewalttätern und ist Fachberater bei TV-Dokumentationen und Krimi-Serien. Stephan Harbort lebt in Düsseldorf.

Stephan Harbort

WENN KINDER TÖTEN

Wahre Verbrechen.
Deutschlands bekanntester
Serienmordexperte
klärt auf

DROEMER

Besuchen Sie uns im Internet:
www.droemer.de

Originalausgabe November 2018
Droemer Taschenbuch

Ein Imprint der Verlagsgruppe
Droemer Knaur GmbH & Co. KG, München

Redaktion: Nadine Lipp
Covergestaltung: Kathrin Keienburg-Rees, Freiburg
Coverabbildung: Kirill Kurashov
Satz: Adobe InDesign im Verlag
Druck und Bindung: GGP Media GmbH, Pößneck
Printed in Germany
ISBN 978-3-426-30186-9

2 4 5 3 1

Für Amelie und David und Katharina

»Es gibt leider nicht sehr viele Eltern,
deren Umgang für ihre Kinder wirklich ein Segen ist.«
Marie von Ebner-Eschenbach

Inhalt

Die in diesem Buch geschilderten Verbrechen sind authentisch und entsprechen dem Ergebnis der kriminalpolizeilichen Ermittlungen bzw. der prozessualen Wahrheit. Die Namen der handelnden Personen sind teils pseudonymisiert. Auch biografische Angaben oder örtliche und zeitliche Bezüge wurden mitunter verfremdet. Diese Verfahrensweise ist dem Schutz der Persönlichkeitsrechte geschuldet.

Vorwort

»Es gibt nur die Tat, nicht den Täter;
bestimmte Umstände rufen
eine bestimmte Tat unabwendbar hervor.«
Erik Wolf

»Ich habe Dad erschossen.
Diese Vater-und-Sohn-Geschichte musste enden.«
Joseph Hall (zehn Jahre alt)

Im August 2013, São Paulo, Brasilien.
Eine Überwachungskamera filmt das Auto am Montagmorgen um genau 1.25 Uhr, als es in der Nähe einer Schule abgestellt wird. Wer das Auto benutzt hat, ist nicht zu erkennen, weil der Fahrer merkwürdigerweise nicht aussteigt. Und auch in den folgenden fünf Stunden das Fahrzeug nicht verlässt. Erst um 6.32 Uhr zeichnet dieselbe Überwachungskamera auf, wie jemand aus dem Wagen aussteigt und in Richtung der Schule geht. Es handelt sich augenscheinlich um eine kleinwüchsige Person, die einen Rucksack auf dem Rücken trägt. Oder ist es vielleicht ein Schulranzen? Später wird die Polizei annehmen, es habe sich bei dieser Person um Marcelo Pesseghini gehandelt, den 13-jährigen Sohn der Fahrzeughalterin.

Marcelo nimmt an diesem Vormittag wie gewöhnlich am Unterricht teil, gibt sich wie immer ungezwungen und fröhlich, lässt sich aber entgegen der sonst üblichen Gepflogenheiten nach Schulschluss nicht von seiner Mutter abholen, sondern bittet den Vater eines befreundeten Klassenkameraden, ihn doch freundlicherweise nach Hause zu fahren, seine Mutter, von Beruf Polizeibeamtin, habe infolge der Nachtschicht wohl verschlafen. Einverstanden. Als sie eine Viertelstunde später vor dem Haus seiner Eltern stoppen und Marcelo aussteigt, spricht er seine letzten Worte – »Tschüs, bis morgen« –, verschwindet im Hauseingang – und schießt sich wenige Minuten später mit der Dienstpistole seines Vaters eine Kugel in den Kopf.

Gegen Mittag desselben Tages bietet sich den Ermittlern im Haus der Familie Pesseghini ein Bild des Grauens: Marcelo findet man auf einer Matratze, die Tatwaffe noch in der Hand haltend. Daneben liegen die toten Körper seiner Mutter Andreia (36) und seines Vaters Luis (40). In einem Nachbarhaus stoßen die schockierten Polizisten auf die Leichen der Großmutter und der Großtante des Jungen – alle Opfer sind, dies wird sich später herausstellen, mit derselben Pistole im Schlaf jeweils mit Kopfschüssen förmlich hingerichtet worden. Warum Marcelo diese unfassbare Tat begangen und seine gesamte Familie ausgelöscht hat, bleibt letztlich ungeklärt.

Wenn Kinder wie Marcelo töten, vereinzelt sogar in Serie töten oder ihre Waffen wahllos auf andere Menschen abfeuern und Amok laufen, gerät auch die Experten-Welt regelmäßig in Erklärungsnot. Denn bei solch gravierenden, irritierenden, den Verstand überfordernden Ereignissen werden berechtigterweise immer wieder dieselben bohrenden Fragen gestellt, die nicht nur auf den bedauerlichen Einzelfall abzielen: Wer hat versagt? Wer ist seiner Verantwortung nicht gerecht geworden? Wer hat Schuld? Sind es die Eltern? Familienangehörige? Pädagogen? Die Schulen? Die Gesellschaft? Warum passiert so etwas? Was treibt Mädchen und Jungen zum Äußersten?

Allein bei dem Gedanken an solche Taten sträubt sich alles. Für Kinder, Sinnbilder der Unbedarftheit und der Unschuld, passen weder die gängigen Sanktionen der Justiz noch die üblichen Erklärungs- bzw. Feststellungsmodelle der Juristen. Mord, Totschlag, Vergewaltigung oder Raub, inkriminierte Handlungen, die sich nach entsprechenden Merkmalen als Tatbestände des Strafgesetzbuches subsumieren lassen und somit selbsterklärend sind, dürfen bei Kindern keine Anwendung finden und stehen demzufolge als Ausgangspunkt für Forschungsvorhaben nicht zur Verfügung. Erschwerend kommt hinzu, dass mitunter Lehrmeinungen vertreten und verbreitet werden, die sich bei näherer Betrachtung als unzutreffend erweisen – wenn Kinder töten, soll es sich beispielsweise ganz überwiegend um Taten zwischen Geschwistern handeln, die angeblich durch eine emotionale Krise ausgelöst werden. Ich werde mit dem vorliegenden Buch nachweisen, dass diese spezielle Erscheinungsform der Tötungsdelinquenz wesentlich facettenreicher und dementsprechend differenzierter zu betrachten ist.

Die einzige unumstößliche wissenschaftliche Erkenntnis zu diesem Gewaltphänomen fußt indes lediglich auf den jährlich durchzuführenden statistischen Erhebungen. Nach den amtlichen Zahlenkolonnen des Bundeskriminalamtes handelt es sich nicht nur hierzulande zweifellos um ein sehr seltenes Ereignis: In den vergangenen Jahrzehnten lag der prozentuale Anteil von kindlichen »Tatverdächtigen« im Bereich von »Mord und Totschlag« lediglich bei durchschnittlich 0,16 Prozent. Im Jahr 2016 waren es genau zehn Jungen und ein Mädchen. Wahrscheinlich sind diese extrem geringen Fallzahlen auch einer der Hauptgründe dafür, dass Tötungen durch Kinder wissenschaftlich bislang kaum Beachtung gefunden haben.

Und eben diese stiefmütterliche Behandlung, dieses Nichtwissen, hat mich neugierig werden lassen und dazu inspiriert, einmal genauer hinzuschauen und solche Fälle zusammenzutragen, die möglichst alle Erscheinungsformen und Facetten dieser extremsten Form von Kinderdelinquenz abbilden. In den vergangenen 25 Jahren hatte ich mit den grausamsten Verbrechen und den schlimmsten Mördern Deutschlands zu tun, aber allein die Taten der Kinder haben mich sprachlos gemacht.

Was unter dem Begriff »Kind« verstanden werden soll, ist keine soziologische, psychologische oder kriminologische, sondern in erster Linie eine juristisch zu beantwortende Frage. Erste Hinweise darauf, ab welchem Alter Kinder für ihr Verhalten verantwortlich gemacht werden können, ergeben sich aus Paragraf 828 Absatz 1 des Bürgerlichen Gesetzbuches. Darin heißt es: »Wer nicht das siebente Lebensjahr vollendet hat, ist für einen Schaden, den er einem anderen zufügt, nicht verantwortlich.« Demzufolge besteht für Sechsjährige und jüngere Kinder eine absolute Schuldunfähigkeit und Unzurechnungsfähigkeit.

Anders verhält es sich indes, wenn darüber zu entscheiden ist, ab welchem Mindestalter Sanktionen im Sinne des Strafgesetzbuches (StGB) verhängt werden dürfen bzw. verhängt werden sollen. Um eine Person beispielsweise mit einer Geld- oder Freiheitsstrafe belegen zu können, muss sie schuldfähig im Sinne des Paragrafen 20 StGB sein. Gemeint ist damit die Fähigkeit, »das Unrecht der Tat einzusehen oder nach dieser Einsicht zu handeln«. Ihr Fehlen wird in Paragraf 19 StGB für Kinder unwiderleglich vermutet. Und weil die Bestrafung ein persönliches Verschulden voraussetzt, können Kinder, die jünger als 14 Jahre sind, in Deutschland grundsätzlich nicht belangt werden.

Das Einsetzen der Strafmündigkeit wird aufgrund geschichtlicher, politischer oder kultureller Faktoren international höchst unterschiedlich festgelegt. Während in vielen mittel- und westeuropäischen Staaten ein Kind erst dann bestraft werden kann, wenn es bei Begehung der Tat das 14. Lebensjahr vollendet hat (indes Belgien: 18), dürfen in England bereits ab dem Alter von zehn Jahren auch Freiheitsstrafen verhängt werden. Kürzlich ist in Israel die Altersgrenze der Strafbarkeit auf zwölf Jahre herabgesenkt worden. Die amtliche Begründung: »Für diejenigen, die mit einem Messerstich ins Herz ermordet werden, ist es belanglos, ob der kindliche Täter 12 oder 15 Jahre alt ist.« Eine überaus fragwürdige Argumentation, denn gerade Kinder lassen sich entwicklungsbedingt noch viel weniger von verschärften Strafandrohungen beeindrucken oder abschrecken als Erwachsene. Aus diesem Grund ist auch die weltumspannend praktizierte Todesstrafe nicht nur eine menschenunwürdige, sondern auch eine dumme Strafe.

Besonders verwirrend erscheint die Rechtslage in den USA: Einerseits dürfen Kinder erst frühestens mit sieben Jahren strafrechtlich verfolgt werden, andererseits gibt es aufgrund des föderalen Prinzips keine einheitliche Rechtsauslegung, sodass in vielen Bundesstaaten teils höchst unterschiedliche Altersgrenzen der Strafmündigkeit Anwendung finden sollen – nämlich zwischen dem vollendeten sechsten und dem vollendeten zwölften Lebensjahr –, obwohl sich die betroffenen Kinder bezüglich ihrer strafrechtlichen Verantwortlichkeit, aber auch sonst nicht plausibel begründbar unterscheiden lassen. Juristischer Wildwuchs, der zu Lasten der Kinder geht, die im Einzelfall längere Haftstrafen verbüßen müssen als Erwachsene, die eine ähnliche Tat verübt haben. Auch hiervon wird dieses Buch handeln.

Im Zuge meiner Recherchen, aber auch bei der Analyse und Bewertung der einzelnen Fälle (Studienergebnisse siehe Anhang), ist mir sehr schnell bewusst geworden, dass bei jeder vorsätzlichen Tötung eines Menschen, die einem Kind zugeschrieben werden muss, die inneren und äußeren Abläufe der kollektiven Wahrnehmung, Einordnung und Bewertung stereotyp sind: ungläubiges Erstaunen, maßloses Entsetzen, allgemeines Unverständnis, inquisitorisch anmutende Fragen zu Verantwortlichen, reflexartige Vorverurteilungen, zeitnahe Schuldzuweisungen, gemeinschaftliches Verdrängen – als wäre das alles nicht passiert, als wäre die böse Tat nur ein böser Traum gewesen.

Dieses ubiquitäre und wiederkehrende Verhaltensmuster ist nur allzu verständlich. Denn Tötungen durch Kinder sind weder in unseren Lebensentwürfen noch in unserem Selbstverständnis vorgesehen, wir nehmen vielmehr an, Mädchen und Jungen, die sich noch auf dem Spielplatz tummeln und Räuber und Gendarm spielen, sind aus vielerlei Gründen zu extremen Gewalttaten gar nicht fähig. Wir können sie uns mit einer Waffe in der Hand oder später in Handschellen vor einem Richter nicht vorstellen. Vielleicht ist dieser weitverbreitete Irrglaube einer der Gründe dafür, warum solche Taten überhaupt erst möglich werden.

Stephan Harbort
Düsseldorf, im Juni 2018

Das Ende der Unschuld

»Er beschloss, das Leben des Jungen zu beenden,
und er entschied sich dafür, es auf eine Weise zu tun,
die weit mehr war, als nur zu töten.«

»Da ist eine Sache, die macht mir besonders Angst.
Wäre er nicht erwischt worden,
hätte er ganz sicher wieder gemordet.
Und das ist erschreckend.«

»Das Schwierigste ist für mich, wenn jemand fragt:
›Wie viele Kinder hast du?‹
Am häufigsten antworte ich so:
›Ich habe einen Jungen, hier zu Hause.
Und ich habe einen Jungen,
der im Himmel auf mich wartet.‹«

Montag, 2. August 1993
Savona, ein Dorf mit 942 Einwohnern im Steuben-County, etwa 120 Kilometer südöstlich von Rochester, im US-Bundesstaat New York. Die Straße, in der die vierköpfige Familie Robie ihr Steinhaus gebaut hat, wird von großen Ahornbäumen gesäumt. Das Rathaus der Gemeinde ist nur etwa 200 Meter entfernt, gegenüber steht die Kirche, dann folgen die Grundschule auf der linken Seite und ein Freizeitpark auf der rechten. Ein idyllischer, beschaulicher, friedfertiger, sicherer Ort.

9.15 Uhr. Der Himmel ist wolkenverhangen. Es sieht so aus, als würde es in der nächsten Viertelstunde regnen. Doreen

Robie (27) muss sich nun entscheiden. Entweder sie bringt ihren Sohn Derrick, vier, zum Feriencamp, bis dorthin sind es gerade einmal 300 Meter, oder sie lässt den Jungen dieses eine Mal alleine gehen, ausnahmsweise; andernfalls müsste sie den 18 Monate alten Dalton, der gerade nach Leibeskräften schreit, weil er zahnt, auf den Arm nehmen, versuchen, ihn zu beruhigen, um zu dritt zum Camp zu marschieren.

»Kein Problem, Mom, ich gehe alleine.«

Derrick hat wohl das Dilemma seiner Mutter erkannt und will ihr die Entscheidung abnehmen, sie entpflichten. Doreen überlegt trotzdem noch einige Augenblicke. Sie hat kein gutes Gefühl bei der Sache.

Was soll denn schon passieren auf der kurzen Strecke? Der Junge kennt den Weg. Es sind doch nur zwei Blocks. Es geht immer nur geradeaus. Er muss keine Straße überqueren. Außerdem sind zu dieser Zeit viele Nachbarn in der Gegend unterwegs, die ihre Kinder zum Camp bringen. Da kann Derrick doch mitgehen. Hier ist noch nie etwas passiert. Hier kennt jeder jeden. Außerdem weiß er, dass er mit einem Fremden nicht mitgehen darf. Das habe ich ihm schon so oft gesagt.

Der Junge mit den blonden Haaren und den hellblauen Augen ist für sein Alter schon recht selbstständig, ausgesprochen unternehmungs- und lebenslustig. Die Nachbarn kennen ihn als regelrechten Wirbelwind und lachen gerne über seine Späße, wenn er etwa eine giftgrüne Plastikschlange auf den Bürgersteig legt, sich erwartungsvoll hinter einem Busch unsichtbar macht und hofft, dass jemand vorbeikommen und sich erschrecken möge. Häufig sieht man »DJ« (steht für Derrick Joseph) – den Spitznamen hat ihm sein Opa gegeben – mit seinem Basketball tippend vor dem Elternhaus herumlaufen, oder er steht mit seinem knallroten

Fahrrad an der Straßenecke und winkt den vorbeifahrenden Autos freundlich zu. Jeder, der ihn kennt, mag den Jungen. Er ist ein geborener Sympathieträger.

Doreen gibt Derrick einen Abschiedskuss auf die Wange. »Ich liebe dich!«

»Ich liebe dich auch, Mom!«

Seine Mutter drückt ihm noch seine Frühstücksbox in die Hand, und im nächsten Moment sieht sie ihren Sohn schon die Auffahrt vor dem Haus hinunterlaufen. Sie winkt ihm schweigend hinterher, Sekunden später biegt Derrick um die Ecke und ist aus ihrem Blickfeld verschwunden. Doreen kann zu diesem Zeitpunkt nicht ahnen, dass sie ihren Sohn soeben das letzte Mal lebend gesehen hat. Später wird sie sich erinnern: »Kurz darauf zogen Sturmwolken auf. Ich geriet in Panik. Ich glaube, das war der Moment, an dem er gestorben ist. Ich denke, er wollte uns ein Zeichen geben.«

»An dem Tag, als die Sache mit dem Jungen passierte, hatte ich sehr schlechte Gefühle. Ich zitterte vor Erregung am ganzen Körper, ging am frühen Morgen zu meinem Vater und fragte ihn: ›Papa, ich bin so wütend! Ich möchte jemanden verletzen! Du musst mir helfen! Was soll ich bloß machen?‹ Er sagte zu mir: ›Wenn ich früher sauer war, nahm ich ein Kissen mit in unsere Scheune und schlug so lange darauf ein, bis ich zu müde war, um noch etwas anderes zu tun.‹

Ich ging raus und stellte mich vor einen Baum. Dann schlug ich mit meiner Faust so lange gegen den Baum, bis die Haut aufplatzte und meine Finger blutig waren. Es hat nicht besonders wehgetan. Danach ging ich zurück ins Haus. Es war okay. Mein Vater hat nichts dazu gesagt. Er hat nur blöd geguckt. Als ich wenig später das Haus verließ, wollte ich trotzdem jemanden verletzen.«

Gegen 11 Uhr. Als der bereits für den frühen Vormittag angekündigte Sturm erst anderthalb Stunden später losbricht und Starkregen bringt, muss das Ferienprogramm abgebrochen werden. Wie alle anderen Mütter und Väter auch fährt Doreen Robie zum Camp, um ihren Sohn abzuholen. Nach und nach steigen Dutzende Kinder vollkommen durchnässt zu ihren Eltern ins Auto. Der Parkplatz vor dem Camp leert sich. Doch keine Spur von Derrick. Doreen Robie fragt einen der Erzieher, wo ihr Sohn sei. Der Mann stutzt, überlegt kurz – und fragt leicht verdutzt zurück:

»Derrick?«

Doreen nickt.

»Der ist doch heute gar nicht hier gewesen, ganz bestimmt nicht.«

Wie bitte? Das kann nicht sein. Das kann überhaupt nicht wahr sein! Doreen glaubt ihm erst mal nicht und fragt alle übrigen Mitarbeiter des Camps, ob sie Derrick nicht gesehen haben, wenn auch nur kurz, wo auch immer. Kopfschütteln. *Derrick, wo steckst du nur? Oh mein Gott, dir wird doch nichts passiert sein?!* Mit einem Mal schlägt Doreen das Herz bis zum Hals. Ein bis dahin nicht gekanntes Gefühl erfasst sie mit ungeheurer Wucht: Panik.

Doreen ruft ihren Mann Dale (34) an, der als Produktassistent in einer Druckerei im Zentrum der Stadt arbeitet. Sie sprechen nur kurz, sie setzt ihn in Kenntnis darüber, dass sie Derrick nicht finden kann, und ihnen beiden ist klar, dass die Zeit drängt, dass sie schnell handeln müssen. Minuten später steht Doreen im Büro des Sheriffs und berichtet aufgelöst vom mysteriösen Verschwinden ihres Sohnes.

Etwa zur selben Zeit kommt nur anderthalb Kilometer entfernt ein Junge nach Hause. Er ist für sein Alter eher klein, hat rote Haare, Sommersprossen und trägt normalerweise eine Brille, die ihm aber anderthalb Wochen zuvor beim Sportunterricht kaputtgegangen ist. Der 13-Jährige wohnt mit seiner Mutter Tammy Smith, seinem Stiefvater Ted und zwei Schwestern an der Westseite von Savona in einem grauen renovierungsbedürftigen Holzhaus. Seine Ankunft wird nur von Ted bemerkt. Er begrüßt den Jungen, ihm fällt aber nicht auf, dass Eric seine Hände vor ihm versteckt – weil sie blutbesudelt sind. Und Ted reagiert auch nicht, als der Junge kurz zu ihm spricht.

»Das war schon eine komische Situation. Ich konnte ihm natürlich nicht sagen, was ich angestellt hatte. Aber trotzdem sagte ich ihm etwas, weil ich es unbedingt loswerden wollte: ›Papa, es geht mir jetzt besser!‹ Dann habe ich mir die Hände gewaschen und eine Runde Nintendo gespielt. Am Nachmittag, als keiner im Haus war, habe ich das Blut aus meinen Klamotten rausgewaschen.«

Alle verfügbaren Polizisten des Distrikts, Feuerwehrleute, Dutzende Freiwillige, aber auch Freunde und Bekannte der Familie Robie durchkämmen die Gegend, immer wieder ist der auffordernde Ruf nach »D-e-r-r-i-c-k!« zu hören, er möge doch antworten, sich zu erkennen geben. Doch es bleibt still, der Junge scheint nur noch auf den Fahndungsfotos zu existieren, die Polizisten vor der Suchaktion an alle Helfer verteilt haben.

Viereinhalb Stunden, geprägt von Hoffen und Bangen und gegenseitigen Ermunterungen, vergehen, für Doreen und Dale Robie eine halbe Ewigkeit.

15.45 Uhr. Der Moment der Wahrheit, zugleich aber auch der Beginn eines hässlichen Dramas, als Polizeibeamte am Rand eines Waldgebietes auf einer wilden Wiese den leblosen Körper eines kleinen Jungen bemerken, bekleidet mit roten Shorts und einem gelben T-Shirt, auf dem geschrieben steht: »Ich bin ein kleiner Teufel«. Diese Merkmale passen zur Beschreibung des Vermissten, die Haarfarbe auch. Wenige Minuten später gibt es keinen Zweifel mehr, aber auch keine Hoffnung: Es ist Derrick Robie, und er ist tot.

»Fünf Minuten später bin ich zu dem Jungen zurückgefahren. Ich hatte Angst, dass der vielleicht doch nicht tot ist. Ich hatte Angst, dass er nicht mehr im Gebüsch sein könnte. Ich wollte unbedingt sichergehen, dass der Junge auch wirklich tot ist. Weil ich dachte, wenn der tot ist, dann muss ich mir um nichts mehr Sorgen machen, dann wird alles gut. Ja, und dann lag der da immer noch. Ich war sehr erleichtert und fuhr wieder weg.«

Derrick liegt auf einem Teppich von Moos neben einem Brombeergebüsch in der Nähe einer Baumgruppe, als hätte er sich dort hingelegt und wäre friedlich eingeschlafen.

»Nachdem ich den Jungen getötet hatte, bin ich nach einer halben Stunde noch einmal zu ihm hingefahren, weil mir das so nicht mehr gefiel. Ich wollte nicht, dass er schnell gefunden werden kann. Deshalb habe ich den Körper bis zu dem Brombeergebüsch gezogen.«

Erst bei näherem Hinsehen werden die gravierenden Kopfverletzungen erkennbar. Neben dem toten Körper liegen mehrere Steine, klein wie ein Baseball, aber auch groß wie ein Basketball. Vom Fundort der Leiche bis zum Haus der Familie Robie sind es nur knapp 300 Meter.

»Als ich mit dem Jungen fertig war, schleppte ich ihn zu der Stelle mit den Bäumen und ließ ihn dort liegen. Mir war es zu dem Zeitpunkt egal, ob ihn jemand finden würde. Ich kannte den Jungen ja nicht. Dann bin ich zu meinem Fahrrad gelaufen, das ich vorher im hohen Gras versteckt hatte, und bin weggefahren, erst mal ein paar Zigaretten rauchen.«

Als Derricks Eltern die Todesnachricht überbracht wird, will Doreen spontan zum Leichenfundort laufen, um bei ihrem Sohn sein zu können, ein letztes Mal. Wenigstens das. Sie muss von den Polizisten sanft zurückgehalten werden. Derweil sitzt Dale Robie wie geistesabwesend und schweigend in einem Sessel. Der 34-Jährige ist in Gedanken bei seinem Sohn, der nicht mehr wiederkommen wird, den er nicht mehr in den Arm nehmen kann, mit dem es keine Gespräche mehr geben, den er nicht mehr aufwachsen sehen wird. Nur eins ist in diesem Moment höchster seelischer Beanspruchung gewiss: Nichts wird mehr so sein, wie es einmal war.

Die überaus bizarr anmutende Auffindesituation des Leichnams bereitet nicht nur den Spezialisten für die Tatortarbeit einiges Kopfzerbrechen, denn der Täter hat offenkundig Dinge getan, die keinen Sinn zu ergeben scheinen: Neben Derricks totem Körper liegt etwa in Hüfthöhe eine zerquetschte Banane; nicht weit davon entfernt wird die leere Verpackung eines Getränkepulverkonzentrats (Kool-Aid) gefunden, das dem Opfer sowohl ins Gesicht als auch in die Wunden gespritzt worden ist; und rechts neben dem Oberkörper des Leichnams liegt eine zerknüllte Papierserviette. Merkwürdig ist auch, dass die Schuhe des Opfers neben seinen Händen platziert worden sind; außerdem hat der Täter Derrick Hose und Unterhose heruntergezogen, am After des Opfers dürfte dem äußeren Anschein nach gewaltsam manipuliert worden sein; Spuren von Sperma werden jedoch nicht gefunden.

»Als der tot war, habe ich mir sein Lunchpaket genommen. Da war eine Banane drin. Ich mag aber keine Bananen. Deshalb habe ich die gleich kaputt gequetscht. Warum ich das mit dem Kool-Aid gemacht hab, weiß ich nicht genau. Ich kann nur sagen, dass ich irgendwie das Gefühl hatte, den Jungen bestrafen zu müssen, ihm noch mal richtig

wehzutun. Ich war einfach so wütend. Den Stock hab ich ihm hinten reingesteckt. Ich wollte einfach mal wissen, wie das ist. Wie ich darauf gekommen bin, keine Ahnung.«

Dem Ergebnis der Obduktion zufolge muss Derrick einen grausamen Tod gestorben sein – multiple Schädelfrakturen, zerebrale Prellungen und Quetschungen am Kopf, ausgedehnte Einrisse und Blutungen im Brustgewebe sowie eine Perforation der Darmwand sind stumme Zeugen brachialer Gewalt. Der Todeskampf muss zwischen sechs und sieben Minuten gedauert haben, schätzen die Experten.

»Ich wollte unbedingt, dass der tot ist. Der machte aber immer noch so komische Geräusche. Deshalb hab ich einen kleineren Stein genommen und ihm damit mehrfach auf seine rechte Kopfseite geschlagen. Das gab keine großen Verletzungen. Deshalb holte ich einen viel größeren, schwereren Stein und ließ ihn dreimal auf den Kopf fallen. Danach hab ich den Stein zweimal auf die Brust fallen lassen.«

Punktförmige Blutungen im Gewebe von Hals, Gesicht und Augen des Toten deuten laut vorläufigem Gutachten darauf hin, dass es neben »stumpfer Gewalt«, die mit todesursächlich gewesen sei, einen »länger andauernden Angriff gegen den Hals« des Opfers gegeben haben muss. Als Todesursache wird dementsprechend »ein stumpfes Schädel-Hirn-Trauma mit Asphyxie (Atemdepression)« angenommen.

»Ich packte ihn am Hals und würgte ihn. Der Junge schrie und schlug mit den Händen und trat mich. Ich schätze, der Kampf hat so ungefähr eine Minute gedauert. Dann hat er sich nicht mehr gewehrt. Ich lockerte den Haltegriff, und der Junge begann nach Luft zu schnappen. Dann hab ich wieder zugedrückt, bis er sich nicht mehr bewegt

hat. Ich hab die Papierserviette aus seinem Lunchpaket geholt und wollte sie ihm in den Rachen stopfen. Das hat aber nicht geklappt, weil er mir plötzlich in den Finger biss. Der hat sich einfach zu stark gewehrt. Da hab ich ihn wieder gewürgt, immer weiter gewürgt, bis er endlich ruhig war.«

Die Ermittler rekonstruieren zunächst den Ablauf dieses besonders abscheulichen Verbrechens. Sie schlussfolgern aus dem Tatortbefund, den Zeugenaussagen, dem Obduktionsbericht und den Lebensumständen des Opfers, dass der Mörder Derrick zufällig begegnet sein und sich bei günstiger Gelegenheit spontan zur Tat entschieden haben dürfte, denn niemand außer Doreen Robie, die als Verdächtige nicht in Betracht kommt, hätte wissen können, dass sich der Junge an diesem Tag zu dieser Zeit am Begegnungsort aufhalten würde.

»Ich kannte den Jungen nicht, wusste auch nicht, wie er heißt. Ich hatte ihn vorher einige Male gesehen. Als er an dem Tag an mir vorbeiwollte, sagte ich zu ihm: ›Hey, du!‹ In dem Moment hat der Junge sich umgedreht. Da wusste ich, dass ich ihn irgendwohin bringen wollte, um ihm wehzutun. Ich wollte ihn schlagen, ihm Schmerzen bereiten. Er sollte leiden, richtig leiden.«

Derrick ist in einem kleineren Waldgebiet gefunden worden, das von den Bewohnern Savonas üblicherweise nicht für Freizeitzwecke genutzt wird; auch seine Mutter hat ausgesagt, dass ihr Sohn am Leichenfundort oder in der näheren Umgebung zuvor niemals gespielt hat und auch sonst keinen Grund gehabt haben dürfte, sich dort aufzuhalten. Demzufolge wird der Täter den Jungen in den Wald gelockt haben, glauben die Ermittler; auch ergibt sein dortiger Aufenthalt im Kontext des Ferienprogramms keinen Sinn, jedenfalls dann nicht, wenn er, wie anzunehmen ist, sich auf direktem Weg zum Feriencamp befunden haben soll.

»Ich habe ihn gefragt, wo er hinwollte. Er sagte, er würde zum Freizeitprogramm gehen. Ich habe ein bisschen überlegt, was ich ihm sagen könnte, damit er mit mir kommt. Da kam mir die Idee, ihm zu sagen, ich würde eine Abkürzung kennen. Ich fragte ihn, ob er nicht mitkommen wolle. Aber der Junge wollte nicht, weil ihm seine Mutter verboten hätte, mit Fremden mitzugehen.

Deshalb habe ich versucht, ihn zu beruhigen: ›Hey, ist doch okay, ich bin doch dabei, du musst keine Angst haben.‹ Aber der wollte einfach nicht. Da habe ich nicht lange überlegt. Ich wollte den Jungen unbedingt haben. Da habe ich ihn gepackt, meine Hand über sein Genick gelegt und ihn so gezwungen, mitzukommen. Vorher habe ich mein Fahrrad versteckt. Wir sind dann zu diesem Waldstück gegangen. Das war nicht weit. Da kannte ich mich aus. Plötzlich hat der angefangen, sich zu wehren. Er hat seine Tasche fallen gelassen, mit den Füßen nach mir getreten und mich mit den Fäusten geschlagen. Er wollte weg. Ich wurde wütend.«

Arbeitshypothese Nummer drei: Mit großer Sicherheit dürfte es sich bei dem Gesuchten um einen älteren Erwachsenen handeln – sehr wahrscheinlich kein Bürger von Savona –, der pädophil ist und bei der Tat trotz fehlenden Spermas am Leichnam ein sexuelles Motiv realisieren wollte. Was es mit der seltsamen Anordnung der Schuhe des Opfers, dem verspritzten Kool-Aid, der Papierserviette, der zerquetschten Banane und der analen Verletzung auf sich hat, bleibt indes rätselhaft – diese Handlungen des Täters erscheinen aus Sicht der Ermittler wenig plausibel. Vielleicht ist der Mörder ein Psychotiker, ein Verrückter?

»Nachdem ich den Jungen getötet hatte, fühlte ich mich nicht schlecht. Ich fühlte mich eher gut, irgendwie befreit. Als ich an dem Tag abends ins Bett ging, habe ich geschlafen wie ein Baby.«

Die Nachricht von Derricks gewaltsamem Tod trifft alle Bewohner von Savona gleichermaßen wie ein grollender Donnerschlag, den jemand von »Rattlesnake Hill« auf sie heruntergeschleudert hat, jenem bewaldeten, steil aufragenden Gebirgskamm, der die Gemeinde wie ein Schutzwall nach Osten natürlich begrenzt. Ein Dorf, in dem jeder jeden kennt, in dem man sich gegenseitig vertraut, die Haustüren nicht abgeschlossen werden müssen und Verbrechen den Menschen wesensfremd sind, genau an diesem Ort der Friedfertigkeit hat das Böse Einzug gehalten und präsentiert seine hässliche Fratze.

Die zweite Schockwelle erschüttert die Gemeinde, als gerüchteweise weitererzählt wird, der Junge sei sogar sexuell missbraucht und somit Opfer einer dieser hemmungslosen »Sex-Bestien« geworden, von denen vielleicht mal etwas in der Zeitung gestanden hat, wenn über schreckliche Morde aus fernen Großstädten berichtet wurde – diese »Monster« und »Ungeheuer« kannte man aber sonst nur aus schlechten Kriminalromanen oder üblen Kriminalfilmen. Bis jetzt. Und weil man so eine »Schandtat« keinem Mitbewohner zutrauen mag, muss der Täter ein Fremder sein, jemand, der jedenfalls nicht in Savona wohnt, schlimmstenfalls ein Mann aus einem der Nachbardörfer, aber mit an Sicherheit grenzender Wahrscheinlichkeit eher ein übler Bursche mit einem ellenlangen Vorstrafenregister aus einem anderen Bundesstaat, der rein zufällig im Ort gewesen ist und niemals zurückkehren wird.

Nicht nur der Name des Opfers, sondern auch die seiner Eltern sind in aller Munde. Viele Menschen leiden still mit und bieten ihre Hilfe an, was auch immer es sein mag. Es gibt aber auch solche Leute, die sich Gedanken darüber machen, wer neben dem Täter noch Schuld hat an dieser Tragödie. Das Ergebnis dieser Überlegungen wird Doreen Robie prompt mitgeteilt, jedoch nicht persönlich, sondern schriftlich, natürlich anonym. »Du verdammte Schlampe!«, heißt es in einem dieser Schmähbriefe. »Wie konntest du dein Kind nur alleine lassen?!«

Doreen Robie tigert jeden Tag gedankenverloren durchs Haus und sucht verzweifelt nach Derrick. Sie weiß sehr wohl, dass sie den Jungen nicht finden wird, doch gibt ihr dieses Umherlaufen Gelegenheit, sich einer verlockenden Vorstellung hinzugeben, die zwar letztlich fast immer implodiert, aber wenigstens für eine kurze Dauer eine berauschende und schmerzlindernde Wirkung entfaltet. Und dann gibt es, wenn auch nur sehr selten, diese magischen Momente, in denen Doreen »DJ« vor sich glaubt: in Shorts und T-Shirt, lachend, zum Greifen nah – ein wahres Wunder, das aber jedes Mal jäh endet, wenn sie Derrick in den Arm nehmen möchte.

Während die Ermittler der zuständigen Staatspolizei mehr als 500 Zeugen befragen und die üblichen Verdächtigen überprüfen (polizeibekannte Sexual- und Gewalttäter aus der Region), keimt andernorts ein beunruhigender Verdacht auf. Es sind die Großeltern des 13-jährigen Eric aus Savona. Sie gehen zwar nicht davon aus, dass ihr Enkel der Täter sein könnte, allerdings haben sie nach Bekanntwerden der Tat beobachtet, dass er sich seltsam verhält. Vor allem aber haben sie seine merkwürdigen Fragen argwöhnisch gemacht: »Was passiert denn, wenn herauskommt, dass der Täter ein Kind ist? Was ist ein DNA-Test? Was kann die Polizei damit herausfinden? Kommen Kinder für Mord ins Gefängnis? Wie lange?«

Ihr Enkel hat den Jungen nicht getötet, das kann gar nicht sein, außerdem passt er nicht einmal ansatzweise in das polizeiliche Täterprofil, das jüngst in der Zeitung veröffentlicht wurde (gesucht wird nach einem pädophilen Erwachsenen). Man zieht Erics Tante ins Vertrauen, die mit dem Jungen in den vergangenen Tagen ähnliche Erfahrungen gemacht hat und deshalb vermutet, er könnte unbeabsichtigt Zeuge des Mordes geworden sein und von dem Täter nunmehr unter Druck gesetzt oder vielleicht sogar erpresst werden, sich wie gefordert zu verhalten bzw. zu schweigen.

Wie auch immer es gewesen sein könnte, die resolute Tante findet, es bestehe dringender Handlungsbedarf, sie will Gewissheit. Mittlerweile hat die 34-Jährige jeden Zeitungsartikel zum »DJ-Mord« studiert, kennt alle grausigen Details des mutmaßlichen Tatverlaufs, die öffentlich geworden sind. Und sie weiß um die Vorlieben und Abneigungen ihres Neffen.

Eric bekommt alsbald überraschend Besuch. Seine Tante hat eben im Supermarkt eingekauft und dabei, angeblich, an ihren lieben Neffen gedacht, behauptet sie, Vitamine seien gerade für junge Menschen wie ihn ungemein wichtig und so weiter. Die Tante reicht ihm, natürlich nur aus Fürsorge und Gefälligkeit, ein bestimmtes Stück Obst.

»Magst du eine Banane?«

Eric verzieht das Gesicht. »Ich hasse Bananen!«

»Ach so …« Seine Tante erstarrt förmlich, lässt sich aber nichts anmerken, packt die Banane wieder in ihren Einkaufskorb und verlässt das Haus. In den kommenden Stunden gibt es innerhalb der Familie Smith kein anderes Thema mehr. Man überlegt, was Erics Reaktion bedeuten könnte und welche Konsequenzen daraus abzuleiten sind. Es wird hart und hitzig diskutiert, doch zu einer Lösung, die alle überzeugt, gelangen sie nicht.

Etwa 150 Trauergäste sind zu Derricks Beerdigungszeremonie in der überfüllten altehrwürdigen Savona Federated Church erschienen und nehmen Abschied, fünf Tage nach seinem gewaltsamen Tod. Der Grabstein auf dem Friedhof zeigt ein Bild des Jungen, so fröhlich und lachend, als gäbe es gar keinen Grund zur Trauer. Daneben die Gravur: »In unseren Herzen wirst du für immer jung bleiben.« Beerdigt wird er in seinem Lieblingsbaseballtrikot. Darauf steht: »Gewidmet als sanfte Erinnerung an das, was seine Kindheit hätte sein sollen«. Niemand will an diesem Ort über den Täter sprechen, doch alle Anwesenden verbindet nicht nur an diesem Tag ein und dieselbe Frage: Wer hat das getan?

Kreuzverhör. Tammy Smith misstraut ihrem Sohn. Obwohl Eric in vielerlei Hinsicht ein eher gewöhnlicher Teenager ist, der Videospiele mag, am liebsten Stephen-King-Romane liest, Schlagzeug in der Schulband spielt und gerne seine Hausaufgaben vernachlässigt, wird sie das Gefühl nicht los, er könnte wesentlich mehr über den Tod des Jungen wissen, als er bislang preisgegeben hat. Deshalb stellt sie ihm gebetsmühlenartig immer wieder dieselben Fragen: »Kennst du den Jungen? Wo warst du am Montagvormittag? Was hast du gemacht? Ist dir der Junge begegnet? Hast du etwas Verdächtiges gesehen? War da vielleicht ein fremder Mann? Ein fremdes Auto? Hast du etwas mit der Sache zu tun? Gibt es jemanden, der dich bedroht? Ist alles in Ordnung mit dir?«

Das Ergebnis dieser peinlichen Befragung ist aus Tammys Sicht nicht besorgniserregend. Nichtsdestotrotz hält sie es für geboten, ihren Sohn den in diesem Fall ermittelnden Beamten vorzustellen, denn Eric will nun, entgegen seinen bisherigen Beteuerungen, sogar mehrmals zur tatrelevanten Zeit in der Nähe des Tatortes gewesen sein, jedoch ohne dabei verdächtige Beobachtungen gemacht zu haben.

Gedankenspiele. *Kann das sein? Möglicherweise hat Eric doch etwas gesehen oder gehört und sieht nur keinen Zusammenhang. Er ist doch noch ein Kind! Wie soll er das beurteilen können? Das kann nur die Polizei. Dieses Monster läuft noch frei herum und sucht vielleicht schon nach einem neuen Opfer. Es muss alles getan werden, um diesen Typen aus dem Verkehr zu ziehen. Und wir helfen dabei!*

Noch am selben Tag auf der örtlichen Polizeistation. Erics Eltern erklären den Beamten, warum sie gekommen sind, und übergeben ihren Sohn in die Obhut eines Detectives. Der Junge hat offenbar weder Bedenken noch Angst, vielmehr wirkt er stolz und ist sichtlich hocherfreut, sich mit einem echten Polizisten alleine über einen Mordfall unterhalten zu dürfen. Eric genießt die ungeteilte Aufmerksamkeit, das Interesse an ihm als Person, an dem, was er zu sagen hat – das ist nicht nur eine willkommene Abwechslung, sondern gerade für ihn eine ganze neue Lebenserfahrung.

Eine Viertelstunde später, die ersten Fragen sind bereits gestellt worden.

»Kennst du dich in der Gegend aus?«

»Klar, ich bin da häufiger mit meinem Fahrrad unterwegs.«

»Und an diesem Morgen auch?«

»Ja.«

»Was hast du da gemacht?«

»Och, bin so rumgefahren, hab geguckt, ob da was los ist, ob ich jemanden treffe.«

»Und, hast du jemanden getroffen?«

»Nein.«

Eric wird das Foto des Opfers zu Lebzeiten vorgelegt.

»Das ist der Junge, der getötet worden ist. Kennst du den?«

»Nein.«

»Hast du den Jungen an diesem Morgen gesehen?«

»Nein.«

Die nächsten Fragen ähneln jenen, die ihm seine Mutter, sein Stiefvater, seine Großeltern und seine Tante bereits häufiger gestellt haben, damit hat er kein Problem, so kann es gerne weitergehen. Erst als ihm der Detective eine Viertelstunde später zu verstehen gibt, nun alle Fragen gestellt zu haben und die Anhörung beenden zu wollen, will Eric dieses abrupte Ende nicht akzeptieren – das muntere Frage-Antwort-Spiel darf nicht aufhören, es ist so aufregend, besser als alles, was er bisher erlebt hat. Er muss dem Detective einen Grund geben, sich weiter mit ihm zu beschäftigen.

»Ähm, Sir …«

»Ja?«

»Mir ist da noch was eingefallen …«

»Ja, bitte …«

»Es geht um den Jungen …«

Der Detective sagt nichts, nickt nur kurz.

»Ich habe ihn doch gesehen.«

»Den getöteten Jungen?« Der Detective ist mit einem Mal wieder hoch konzentriert.

»Ja.« Erics Augen beginnen zu leuchten.

»Aha. An diesem Montagmorgen?«

»Ja.«

»Wo hast du den Jungen denn gesehen?«

»Da, wo noch keine Bäume stehen, auf dieser großen Wiese.«

»Und wo warst du zu diesem Zeitpunkt?«

»Auf der anderen Straßenseite.«

Eric werden Fotos von der Umgebung des Leichenfundortes vorgelegt, er soll zeigen, wo genau er Derrick gesehen haben will. Der Junge bezeichnet, ohne die Bilder länger betrachten zu müssen, auf der wilden Wiese am Rand des Waldes eine Stelle, etwa 50 Meter von jener Position entfernt, an der das Opfer gefunden worden ist: »Da hat der gestanden.« Und Eric kann sowohl den getöteten Jungen als auch dessen Bekleidung zutreffend beschreiben.

Der Detective ist einerseits überrascht, andererseits ist es eher die Regel, dass gerade kindliche Zeugen zunächst widersprüchliche Angaben machen oder ihre Aussage korrigieren, sich erst später an Details erinnern. Nichtsdestotrotz ist Eric Smith nun ein eminent wichtiger Zeuge, mit dem man sich weiter zu befassen haben wird. Vielleicht weiß er noch mehr über die äußeren Umstände der Tat und erinnert sich bei entsprechenden Vorhalten spontan an Dinge, die er, aus welchen Gründen auch immer, bislang noch nicht gesagt hat. Nach einer kurzen Pause wird die Anhörung fortgesetzt.

»Er hatte also rote Shorts an und ein gelbes T-Shirt. Ist dir sonst noch etwas aufgefallen?«

»Ja, der hatte so eine Frühstücksbox dabei, ein geiles Ding!«

Eric steht unvermittelt auf, tanzt wie Rumpelstilzchen um das Feuer herum, er ist offenkundig begeistert, klatscht in die Hände, strahlt vor Freude, will dem Detective aber nicht verraten, warum er sich so verhält, was dieser Gefühlsausbruch zu bedeuten hat. Nach etwa einer halben Minute ist der Spuk vorbei. Die nächste Frage, bitte.

»Welche Farbe hatte die Frühstücksbox?«

»Grün.«

»War der Junge allein unterwegs?«

»Ja.«

»Kannst du mal bitte beschreiben, wie es da aussieht, ich meine die Stelle, an der du den Jungen zum letzten Mal gesehen hast?«

Eric schaut den Detective unverwandt an und bleibt die Antwort schuldig. Er ist jetzt nicht mehr der auskunfts- und tanzfreudige, fröhliche Junge von eben. Mit einem Mal springt er auf, fuchtelt mit den Armen herum, schreit mit sich überschlagender Stimme Unverständliches, ballt die Hände zu Fäusten, legt sie an die Ohren, verharrt für einen Moment, setzt sich unvermittelt wieder hin und sagt – nichts.

»Alles okay?«

»Sie glauben …« Eric ist irritiert.

»Was glaube ich?«

Der Junge sieht den Detective mit weit aufgerissenen Augen an. Er braucht eine Weile, bis er so weit ist, bis er sich traut, bis er es sich zutraut.

»Sie glauben, dass ich ihn getötet habe, nicht wahr?«

»Nein«, antwortet der Detective spontan, »das tue ich nicht. Das geht schon in Ordnung.«

»Können wir bitte eine Pause machen?«

Während der Detective sich am Automaten eine Tasse Kaffee besorgt, wird Eric von seinen Eltern, die während der Anhörung draußen gewartet haben, in Empfang genommen. »Ich will ein Kool-Aid!« Ted geht in den Supermarkt gegenüber und besorgt das gewünschte Getränk. Kurz darauf wird die Anhörung fortgesetzt.

»Okay, Eric, können wir weitermachen?«

»Klar.«

»Noch mal zu dieser Frühstücksbox …«

Bevor die Frage zu Ende formuliert werden kann, klatscht das Kool-Aid auf den Fußboden. Eric hat es dort wutentbrannt hingeschmissen. Kein Wort mehr! – So jedenfalls interpretiert der Detective das Verhalten des Kindes und bietet nach Rücksprache mit den Eltern an, die Anhörung erst am nächsten Tag fortzusetzen. Einverstanden.

Für den Detective und seine Kollegen ist der Fall einigermaßen klar: Eric ist sehr wahrscheinlich traumatisiert worden, er hat nach Lage der Dinge etwas beobachtet oder mit ansehen müssen, das mit der Frühstücksbox bzw. dem Kool-Aid in Verbindung steht und ihn deshalb zu diesem Wutausbruch im Vernehmungszimmer animiert hat. Aus diesem Grund will man den Jungen am nächsten Tag zunächst nicht weiter befragen, sondern eine andere Maßnahme vorziehen, die mehr Erkenntnistiefe bringen soll.

Tags darauf, 9.30 Uhr. Beginn der Rekonstruktion. Eric ist wieder guter Dinge. Vielleicht liegt es daran, dass er sein neues BMX-Rad präsentieren darf und gebeten wird, mit den Beamten jenen Weg abzufahren, den er sechs Tage zuvor zurückgelegt hat, und sich an genau jener Stelle postieren soll, von der aus er Derrick gesehen haben will.

Mit großem Enthusiasmus geht Eric ans Werk, fährt mit den Beamten die Wegstrecke ab, gestikuliert dabei, macht Scherze, lacht, und stellt sein Fahrrad schließlich an einer Straßenecke ab. »Hier war das«, sagt er zu den Detectives, die alles videografieren. »Und da drüben war der Junge.« Eric zeigt auf die andere Straßenseite, dort, am Rand des Waldgebietes, in vielleicht 70 Metern Entfernung, will er den Jungen gesehen haben, »aber nur kurz«, versichert er. Die Beamten sind verblüfft, lassen sich ihre Verwunderung jedoch nicht anmerken.

Nochmals wird Eric aufgefordert, detailliert zu beschreiben, wo er gestanden hat, was Derrick angehabt, dabeigehabt und getan haben soll und so weiter. Eric plaudert munter drauflos und bemerkt nicht, dass er sich um Kopf und Kragen redet. Auch wenn die Beamten ihn nach Beendigung der Befragung ohne weiteren Vorhalt in die Obhut seiner Eltern entlassen, hat sich sein rechtlicher Status soeben dramatisch verändert: Er ist nämlich kein Zeuge mehr, sondern jemand, der sich verdächtig gemacht hat.

Denn die Ermittler haben ihm während der Rekonstruktion einige Wiederholungsfragen gestellt, sich zudem nach Dingen erkundigt, die Eric aus der eingenommenen Position ohne seine Brille unmöglich hätte erkennen können (z. B. die Farbe der Frühstücksbox oder die Aufschrift des gelben T-Shirts, das

Derrick getragen hat). Auch sind ihm Personen gezeigt worden, die er aus etwa 30 Metern Entfernung nur unzureichend hat beschreiben können. Derrick hat demnach bei seinen Befragungen frech gelogen und Wissen offenbart, über das nur der Täter verfügen kann oder jemand, der die Tat beobachtet hat. Auch wenn es angesichts seines Alters schwerfällt, daran zu glauben, die Ermittler müssen nun ernsthaft in Erwägung ziehen, wegen Mordes gegen einen Minderjährigen zu ermitteln.

Und über diesen Verdacht wollen nicht nur die Detectives mit Eric sprechen, sondern auch seine Eltern. Tammy und Ted Smith sind die polizeilichen Aktivitäten naturgemäß nicht verborgen geblieben und haben ihr ungutes Gefühl befeuert, ausgerechnet Eric könnte in dieses furchtbare Verbrechen, begangen an einem Vierjährigen, verwickelt sein – der eigene Sohn, selbst noch ein Kind.

Eric muss sich einiges anhören, er wird von seinen Eltern in langen Gesprächen wechselweise zur Wahrheit ermahnt, es sei von größter Bedeutung, ein rechtschaffener Mensch zu sein, sich von Sünde freizuhalten, Mutter und Vater bedingungslos zu vertrauen, man werde ihn gewiss nicht verdammen, egal, was passiert sei, egal, was er getan und darüber zu sagen habe, man werde eine Lösung finden. »Eric!«

Es dauert zwei Tage, bis die Ansprachen endlich Wirkung zeigen. Eric hat lange überlegt, sich die Tat immer wieder in Erinnerung gerufen, mit sich gerungen, doch jetzt muss es raus.

»Ich habe es getan«, flüstert der Junge, als Tammy vor seinem Bett steht und ihm einen Gutenachtkuss geben will.

»Bitte?«

»Mama, ich habe es getan.«

»Was hast du getan?«

»Ich habe ihn mir geschnappt und es getan.«

»W-e-n hast du dir geschnappt, und w-a-s hast du getan?«

»Diesen kleinen Jungen. Ich habe ihn getötet.«

Tammy Smith hat mit allem gerechnet, nur damit nicht. Sie will nicht glauben, was Eric ihr da gerade in dürren Worten entgegengeschleudert hat, sie schüttelt den Jungen, schreit, schreit unentwegt, schreit so laut, dass Ted die Treppe heraufgestürmt kommt, fragt, was denn los sei, und eine brutal ehrliche Antwort erhält, die er lieber nicht bekommen hätte: »D-e-i-n Sohn ist ein Mörder!«

Ohrenbetäubendes Schweigen. Mit einem Mal ist es so unheimlich still, als wäre niemand im Zimmer, als wäre alles in bester Ordnung, als hätte Eric diesen unheilvollen, existenzbedrohenden, entlarvenden Satz, diese vier Wörter, nicht gesagt. Ratlosigkeit. Fassungslosigkeit. Tränen. Schluchzen. Es dauert eine Weile, bis Tammy sich wieder in der Gewalt hat, bis sie einen klaren Gedanken fassen kann. »Und jetzt raus mit der Sprache, wir wollen alles wissen!«

Schließlich ist es Erics Großvater, ein pensionierter Sheriff, der noch am selben Abend seine ehemaligen Kollegen informiert und mit dünner Stimme darum bittet, den Jungen abzuholen. Eine Viertelstunde später erscheinen zwei Beamte und nehmen Eric in Empfang. Das Leben, so wie er es bislang gekannt hat, ist nun vorbei. Ab sofort ist er unfrei, ein Gefangener, dem Handschellen angelegt werden müssen, die aber nicht recht passen wollen, weil er noch so dünne Handgelenke hat.

Die auf der Polizeistation kurz darauf durchgeführte Vernehmung des Jungen bestätigt die spärlichen Angaben seiner Eltern. Drei Stunden lang beantwortet Eric geduldig alle Fragen der Beamten und schildert minutiös, wie die Tat abgelaufen sein soll und was er dabei empfunden hat. Nur auf eine Frage weiß der Junge keine Antwort: »Warum hast du ihn getötet?«

Stirnrunzeln. Achselzucken. »Ich weiß es nicht. Ich weiß es einfach nicht.«

8. August, 10 Uhr. Pressekonferenz. Blitzlichtgewitter. Statements. Nachfragen der Journalisten. Interviews. Das bis dahin paradiesisch abgeschieden gelegene Savona wird binnen weniger Stunden in den Blickpunkt der Weltöffentlichkeit katapultiert. Und mit einem Mal ist der Allerweltsname Eric Smith weltbekannt. Die Bürger der Gemeinde indes sind schockiert: Der mutmaßliche Mörder ist, entgegen aller Erwartungen, also doch kein älterer Erwachsener, kein Fremder, kein Pädophiler, auch kein Bewährungsversager – sondern einer von ihnen, schlimmer noch: ein Kind, das ein anderes Kind getötet hat, obwohl ihre Eltern in demselben Ort wohnen, in dieselbe Kirche gehen, ihre Kinder zum selben Ferienprogramm schicken.

Der Bürgermeister spricht aus, was die meisten Menschen in Savona dieser Tage denken: »Du hattest eine Woche lang so unendlich viel Hass auf diese Person, und dann erfährst du, dass es ein 13-jähriger Junge ist, der drei Häuser von dir entfernt lebt. Was soll man dazu sagen? Was bringt jemanden dazu, so etwas zu tun? Aber wir müssen im Hinterkopf behalten, dass selbst ein Junge für sein kriminelles Tun verantwortlich ist.«

So sieht es auch der Bezirksstaatsanwalt John Tunney und weist auf die besonders hohe Verwerflichkeit in diesem Mordfall hin: »Er beschloss, das Leben des Jungen zu beenden, und er entschied sich dafür, es auf eine Weise zu tun, die weit mehr war, als nur zu töten. Er ist eine sehr gefährliche Person in einem besonders jungen Alter.« Dieser Einschätzung, die allgemein viel Beifall findet, widerspricht nur Kevin Bradley, der Eric mittlerweile anwaltlich vertritt: »Ich will nicht sagen, dass er es nicht gewesen ist. Und ich kann auch nicht behaupten, dass Eric ein normaler 13-Jähriger ist. Ich denke, es ist ein Fall für einen forensischen Experten, der Eric auf seinen Geisteszustand untersuchen muss. Das Ergebnis bleibt abzuwarten.«

Auch Doreen Robie wartet. Verzweifelt sehnt sie sich danach, dass der seelische Schmerz abnimmt. Doch alles bleibt grau und schwer. Kein Antrieb, kein Interesse, kein Lebensmut. Der einzige Ausweg scheint ihr der eigene Tod. Nachdem sie sich seit Wochen in diesem Zustand befindet, hat sie nun alle Vorbereitungen getroffen; sie legt sich im Schlafzimmer aufs Bett, um sich mit Schlaftabletten das Leben zu nehmen. Doch plötzlich hört sie ein Geräusch. Es ist ihr kleiner Sohn Dalton, der die Tür aufdrückt, im nächsten Moment vor ihr steht – und seine Mutter anstrahlt. Doreen begreift, dass sie weiterleben muss.

120 Kilometer vom Haus der Robies entfernt ringt ein anderer Mensch mit sich, versucht zu verstehen, was nicht zu verstehen ist, jedenfalls nicht von ihm selbst. Eric Smith ist in die Jugendstrafanstalt in der Nähe von Rochester verlegt worden, nur seine Eltern besuchen ihn dort. Der Junge macht einen unsicheren, zerknirschten Eindruck, stets an sich selbst zweifelnd, mitunter verzweifelnd – *warum nur, warum habe ich das getan?*

Derweil werden die Untersuchungen der Polizei und der gerichtlichen Sachverständigen fortgeführt. Es beginnt ein zähes Ringen um die Deutungshoheit in diesem Fall, es gilt darüber zu befinden, ob Eric überhaupt zurechnungsfähig bzw. strafrechtlich verantwortlich ist, und falls dem so sein sollte: Welche Strafzumessung erscheint bei einem kindlichen Delinquenten und der sonstigen Besonderheiten dieses Falls, beispielsweise der ungewöhnlich brutalen Vorgehensweise und menschenverachtenden Gesinnung des Täters, angemessen? Wie weit will man, darf man, muss man gehen?

17. August 1994, 9 Uhr. Justizieller Showdown vor dem Bezirksgerichtshof in Bath, dem Verwaltungssitz für den Bezirk Steuben County. Eric Smith, mittlerweile 14 Jahre alt, wird, wie bei Schwerstverbrechern üblich, in Handschellen durch die kaum

zu bändigende Pressemeute geführt, er wird und wirkt eingeschüchtert, lässt alle Fragen, die ihn zu einer unbedachten Aussage provozieren sollen, unbeantwortet.

Wesentlich mitteilungsfreudiger ist Doreen Robie. Die Mutter des getöteten Opfers lässt sich vor dem Gerichtsgebäude bereitwillig interviewen, wünscht sich einen kurzen Prozess mit einer möglichst harten Bestrafung des Angeklagten, sie verrät aber auch, was sie denjenigen gewöhnlich antwortet, die wissen möchten, was sie besonders belastet: »Das Schwierigste ist für mich immer noch, wenn jemand fragt: ›Wie viele Kinder hast du?‹ Am häufigsten antworte ich: ›Ich habe einen Jungen, hier zu Hause. Und ich habe einen Jungen, der im Himmel auf mich wartet.‹«

In der mit Spannung erwarteten Hauptverhandlung wird es nicht primär darum gehen, die Täterschaft des Angeklagten zu beweisen, sondern vielmehr zu begründen, warum Eric Smith getötet hat, welche inneren und äußeren Umstände sein Handeln entscheidend geprägt und beeinflusst haben. Für den Staatsanwalt war es »ein geplanter, kaltblütiger Mord«, und er warnt die Geschworenen (sechs Frauen und sechs Männer), sich nicht vom Alter des Angeklagten bzw. seiner Knabenhaftigkeit täuschen zu lassen. Dem hält die Verteidigung entgegen, Eric Smith leide von Geburt an unter einer psychischen Erkrankung, »pathologische Wut«, die ihn ohne vorherige Provokation zu einer kriminellen Handlung gezwungen habe, zu der er gewöhnlich gar nicht fähig sei. Während die Staatsanwaltschaft die höchstmögliche Gefängnisstrafe fordert, plädiert die Verteidigung dafür, den Angeklagten in einem psychiatrischen Krankenhaus unterzubringen.

Erst im Zuge des Prozesses wird deutlich, dass Eric Smith kein gewöhnliches Kind ist. Schon als Vierjähriger war er verhaltensauffällig, schlug grundlos mit dem Kopf auf den Fußboden, musste sich ständig bewegen, riss sich die Haare aus, bekam anlassunabhängige Wutanfälle, hatte Probleme mit dem Sprechen. Auch später in der Schule fand Eric sich nicht zurecht, hatte keine Freunde, vernachlässigte die Schularbeiten, schwänzte den Unterricht, musste eine Klasse wiederholen. Zu Hause wurde er kaum unterstützt, sah zu viel fern, blieb sich häufig selbst überlassen. Das Verhältnis zu seinem Stiefvater ist besonders belastet und von gegenseitiger Abneigung geprägt.

Aber das Schlimmste für ihn ist die soziale Ausgrenzung. Niemand, weder seine Mitschüler noch Kinder aus der Nachbarschaft oder der Schulband, wollen mit ihm etwas zu tun haben. Vor allem sein leuchtend rotes Haar, die abstehenden Ohren, seine nicht zu übersehenden Sommersprossen, die etwas zu groß geratene dickglasige Brille und seine Sprachstörungen machen den Jungen fortwährend zum Gespött der Klassenkameraden, die ihn deswegen gnadenlos beschimpfen, beleidigen und bedrohen, gelegentlich auch verprügeln. »Ich war immer der Dummkopf!« Nach solchen Negativerlebnissen kommt Eric häufig schreiend nach Hause, wirft sich auf den Boden, weint, ist kaum zu beruhigen. »Ich will nicht mehr zur Schule gehen! Ich hasse das!«

Aus all diesen Zurücksetzungen, Erniedrigungen und Diskriminierungen resultieren erhebliche Aggressionen, die Eric nicht zu einer Gefahr für Menschen werden lassen, sondern für Tiere: Vögel, die er fängt, ertränkt er in einem Eimer; Hunde beschießt er mit einer Luftpistole; einmal erwürgt er sogar die Katze des Nachbarn. Niemand reagiert auf diese besorgniserregenden Verhaltensweisen, und so fühlt Eric sich ermuntert, weiterzumachen, weiter zu quälen, weiter zu töten, um sich abreagieren zu können, seine Wut loszuwerden, wenn auch nur für kurze Zeit.

Und genau an diesem Punkt setzt der wichtigste Zeuge der Verteidigung an. Dr. Stephen Herman, ein Kinderpsychiater, hat bei Eric eine »Störung mit intermittierend auftretender Reizbarkeit« diagnostiziert. In diese Kategorie fällt ein sich dauernd wiederholendes unangepasstes Verhalten, das nicht Folge eines erkennbaren psychiatrischen Syndroms ist und bei dem der Betroffene den Impulsen, das pathologische Verhalten auszuführen, nicht widerstehen kann. Nach einer vorausgehenden Periode mit Anspannung folgt während des Handlungsablaufs ein Gefühl der Erleichterung.

Der Sachverständige berichtet den Geschworenen zunächst von einer Hausaufgabe, die der Junge drei Monate vor der Tat zu erledigen hatte. Die Aufgabe habe darin bestanden, über eine Figur aus Lehm zu schreiben, die zum Leben erweckt werden könne. Erics Geschichte sei diese gewesen: Ein Junge namens Chris ist teuflisch böse und wird deshalb gekreuzigt, übrig bleibt nur sein Skelett, das Eric aus Lehm nachformt. Die Lehmfigur kehrt als Chris ins Leben zurück und verwickelt Eric in einen Schwertkampf, in dessen Verlauf er seinem Feind beide Arme und den Kopf abschlägt. Und weiter im Text: »Du bist der Nächste. Du bist der Nächste, mein Freund. Du bist AAAAHHHHH. Bis bald in der Hölle, mein bald toter Freund!«

Dr. Herman referiert auch über die mit dem Angeklagten geführten Gespräche, um seine Diagnose zu belegen und plausibel zu machen. Bei dem ersten Interview, genau einen Monat nach der Tat, habe Eric, angesprochen auf seine Empfindungen unmittelbar vor und während des Tötens, gesagt, er sei »sehr wütend geworden«, habe »den Jungen verletzen wollen und mit dem Würgen begonnen«, allerdings sei der Drang so stark gewesen, dass er »nicht mehr loslassen« konnte.

Tags darauf sei Eric von ihm gefragt worden, warum er das Opfer erstickt, die Steine auf den Jungen geworfen und mit einem Stock verletzt habe. »Ich wollte ihn nicht umbringen«, sei die Antwort gewesen, vielmehr habe »ein verrückter Schalter«

ihn dazu gebracht. Immer wenn er in diesen Zustand der unkontrollierten Wut geraten sei, habe er sich diesem Gefühl der inneren Anspannung beugen müssen und nicht mäßigen können: »Ich war wie ein Rohr, das unter Druck steht, aber an beiden Enden verstopft ist. Und dann machte es irgendwann bumm!«

Zur Tatzeit, so Dr. Herman, habe diese gravierende Störung Eric Smith »ohne Zweifel« so stark beeinträchtigt und ihn so zornig werden lassen, dass diese Gefühlswelt durch ihn nicht mehr kontrollierbar gewesen sei, eine besondere Form von Bewusstseinsveränderung, deren eklatante Auswirkungen weder absehbar noch umkehrbar seien. Mit anderen Worten: Eric Smith wusste nicht, was er tat. Oder mit den Worten des Angeklagten: »Das war der verrückte Schalter. Ich wurde wütend. Und Minuten später lag der Junge auf dem Boden.«

Dem hält der Staatsanwalt entgegen, dass Erics Tatverhalten überwiegend eben nicht von überbordender Affektivität geprägt gewesen sei, sondern in erster Linie von Kalkül und Kaltblütigkeit: Er habe das Opfer gezielt ausgewählt, weil es ihm körperlich unterlegen gewesen sei; er habe zwecks Risikominimierung vor der Tat sein Fahrrad versteckt; das Opfer sei an eine Örtlichkeit gelockt worden, die ausreichend Sichtschutz geboten habe – demzufolge sei ihm bewusst gewesen, Unrecht zu tun; die Steine seien mit direkter Tötungsabsicht auf den Kopf des Opfers geworfen worden, um es als lästigen Zeugen zu beseitigen; er habe den Leichnam gegen unmittelbares Entdecken abgesichert, um sich einen Zeitvorsprung zu verschaffen; und er sei nach Verlassen des Tatortes sogar mehrfach zurückgekehrt, um sich zu vergewissern, dass er den Jungen auch tatsächlich getötet hatte, aber auch, um die Leiche besser zu verstecken und deren Entdeckung zu vereiteln bzw. hinauszuzögern. »So agiert kein geistesgestörter Täter!« Doch damit nicht genug. »Da ist eine Sache, auf die ich noch hinweisen möchte, die mir besonders Angst macht«, gibt der Vertreter der Staatsanwaltschaft zu bedenken. »Wäre der Angeklagte nicht erwischt worden, hätte er ganz sicher wieder gemordet. Und das ist erschreckend.«

Und auch Eric Smiths Verhalten während der mehrmonatigen Verhandlung scheint die Einschätzung des Staatsanwalts zu bestätigen, der nicht an eine »unheilbare Geisteskrankheit« des Angeklagten glauben will, denn der zeigt sich durchwegs gelassen, wirkt entspannt, lächelt mitunter seinen Eltern zu oder winkt, vor allem aber bleiben die von Dr. Herman diagnostizierten angeblich anlassunabhängigen, überfallartig auftretenden und unkontrollierbaren Wutanfälle aus, mit denen bei derart großem Stress durchaus zu rechnen gewesen wäre.

Am Ende jedoch haben die Geschworenen über die Schuldfrage zu entscheiden. Es ist der Morgen des 7. November 1994, als die Laienrichter aufgefordert werden, über ein Urteil zu befinden. Nach einer elfstündigen Beratung wird der Vorsitzende gegen 22 Uhr über die getroffene Entscheidung informiert: »Schuldig im Sinne der Anklage«. Gegen Eric Smith, der vor dem Gesetz des Staates New York als Jugendlicher zu gelten hat, wird demzufolge die Höchststrafe verhängt; er muss für mindestens neun Jahre ins Gefängnis, unter Umständen droht sogar »lebenslänglich«, nämlich dann, wenn das Gericht nach Verbüßung der Mindeststrafe eine Freilassung auf Bewährung ablehnen sollte.

Während Eric Smith das Urteil regungslos zur Kenntnis nimmt, kann seine Mutter ihre Tränen nicht zurückhalten und verlässt fluchtartig den Gerichtssaal, gestützt von ihrem Mann. Ihr Sohn wird den Statuten nach die ersten vier Jahre im Jugendvollzug verbringen müssen, um anschließend in ein Staatsgefängnis verlegt zu werden.

Doreen und Dale Robie zeigen sich nach dem Richterspruch erleichtert, schränken aber auch ein: »Das Urteil wird uns Derrick nicht zurückbringen.« Sie bedauern, dass letztlich ungeklärt geblieben ist, warum ihr Sohn Opfer dieses Verbrechens wurde. Und sie fürchten sich bereits jetzt vor dem Tag, an dem Dericks Mörder wieder frei sein könnte.

Erstmals wird eine Entlassung auf Bewährung für Eric Smith im August 2002 vor dem New York State Board of Parole verhandelt. Es soll darüber entschieden werden, ob der Antragsteller, mittlerweile 22 Jahre alt, immer noch eine Gefahr für die Gesellschaft darstellt. Davon ist jedenfalls der Bezirksstaatsanwalt überzeugt und bezeichnet Eric Smith als »verhinderten Serienmörder«. Auch die Eltern des Opfers haben sich in mehreren Briefen an das Gericht gewandt und ein Video beigelegt, das Derricks kurzes Leben in überaus eindrucksvollen Ausschnitten zeigt. Und ihre Erwartungshaltung unmissverständlich formuliert: »Der Killer soll hinter Gittern bleiben!«

Vor dem Bewährungsausschuss präsentiert sich ein durchaus selbstbewusster, adrett gekleideter junger Mann: die Haare akkurat gescheitelt, Designerbrille, Vollbart. Eric Smith darf eine Erklärung verlesen. »Ich weiß, dass meine Handlungen zu einem großen Verlust in der Familie Robie geführt haben«, sagt er mit leiser Stimme. »Dafür entschuldige ich mich ausdrücklich. Ich denke oft darüber nach, was Derrick alles vorenthalten worden ist, was er nie erfahren durfte: seinen 16. Geburtstag, einen Schulabschluss, ein eigenes Haus zu bauen, der Besuch einer Universität, verheiratet zu sein, Vater werden. Wenn ich die Zeit zurückdrehen könnte, ich würde mit Derrick tauschen und alle Schmerzen auf mich nehmen. Er würde statt meiner leben.«

Über sich selbst und sein eigenes Leid sagt er: »Während der Zeit meiner sozialen Ausgrenzung wurde ich beschimpft, ein Niemand zu sein, ein Nichts. Ich lernte zwar, meine negativen Gefühle zu unterdrücken, aber meine seelische Beschädigung war nicht rückgängig zu machen. Irgendwann begann ich daran zu glauben, was die anderen Kinder zu mir sagten: »Versager! Nichtsnutz!« Mein Leben war ein düsteres Verlies. Wenn ich zur Schule musste, ging ich durch die Hölle. Es war die Hölle auf Erden!«

Seine Anwältin streicht in ihrem Vortrag die positiven Veränderungen ihres Mandanten heraus, die während der Zeit des Strafvollzugs erreicht worden seien. Eric habe eine Fremdsprache erlernt, sei schlau, hellwach, sehr belesen, vor allem aber hätte er zu sich selbst gefunden, sei wesentlich ruhiger geworden – keine Wutanfälle mehr. »Er war ein gestörtes Kind, aber das ist vorbei. Eric Smith hat die Freiheit verdient!«

»Nachdem Sie mit Derrick in den Wald gegangen waren, was wollten Sie als Nächstes tun?«, fragt einer der Richter.

»Ihm meine Hände um den Hals legen und ihn würgen.«

»Als Sie das getan haben, hatten sie dabei ein gutes Gefühl?«

»In dem Moment, als ich es tat, ja.«

»Warum haben Sie den Jungen getötet?«

»Statt meiner sollte ein anderer verletzt werden.«

Diese und weitere Äußerungen, aber auch die forensischen Gutachten wertet das Gericht nicht als hinreichenden Beweis dafür, dass Eric Smith entlassen werden könnte, der junge Mann sei nach wie vor gefährlich. Zu eben diesem Ergebnis kommt der Bewährungsausschuss auch in den kommenden Jahren, der Fall wird alle zwei Jahre neu geprüft.

Erst im April 2014 erscheint eine positive Legalprognose möglich, als Eric Smith bei seinem siebten Versuch, auf Bewährung freizukommen, überraschend Dinge zugibt, die er bis dahin für sich behalten hat.

»Irgendwann kam ich an den Punkt, dass ich jemandem das antun wollte, was mir angetan worden war«, versucht der 34-Jährige seine damaligen Empfindungen und seine Motivation zu erklären. »Ich wollte meine Enttäuschung, meine Wut und meinen Hass loswerden. Und deshalb habe ich Derrick Gewalt angetan. Ich hätte das alles gerne nicht getan, aber ich wusste nicht, wie ich es hätte anstellen sollen.«

Er habe das Opfer allein in der Erwartung getötet, in Schwierigkeiten zu geraten, falls Derrick überleben sollte und von den erlittenen Misshandlungen jemandem hätte erzählen können. Eric Smith behauptet nun, den Stock nur in den After des Jungen gestoßen zu haben, um »sein Herz zu stoppen« – also keine sexuellen Absichten, kein Sadismus. Und: »Derjenige, der ich im Alter von 13 Jahren war, existiert nicht mehr. Dieses Kind, das dieses Verbrechen begangen hat, ist weg. Es kommt nie wieder.«

Sein kriminelles Tun bezeichnet er als »horrend«, »gewalttätig«, »unberechtigt« und »sicher falsch«. Eric Smith reklamiert, für Dritte keine Bedrohung mehr darzustellen, weil sich seine innere Einstellung zu Gewalt und seine ethischen Werte positiv verändert hätten, überdies habe er sich im Vollzug seit fast einem Jahrzehnt beanstandungsfrei geführt. Doch obwohl dem 34-Jährigen seitens des Gerichts Fortschritte im Rahmen seiner therapeutischen Bemühungen attestiert werden, bleibt seine Freilassung »unvereinbar mit dem Wohlergehen und der Sicherheit der Gesellschaft«. Und dieser Grundsatz gilt bis zum heutigen Tage.

Die Eltern von Derrick Robie und die Eltern von Eric Smith haben in all den Jahren nach dem Verbrechen keinen direkten Kontakt zueinander gehabt, kein Wort miteinander geredet. Gelegentlich trifft man sich an der einzigen Ampel in Savona, bei Rotlicht. Man vermeidet den Blickkontakt, sieht aneinander vorbei oder weg.

Endlich schaltet die Ampel auf Grün.

Wohin mit ihm?

»Unser Sohn kann es nicht gewesen sein,
wir kennen ihn doch, der ist zu so was gar nicht fähig!«

»Der Junge ist eine Gefahr für die Allgemeinheit!«

»Gebt euch nicht erst die Mühe mit der Irrenanstalt,
ich werde dort unter allen Umständen wieder weglaufen.«

Mittwoch, 15. August 1962, 23.16 Uhr. Polizeiinspektion Regensburg, Kommissariat 1, Vernehmungsraum.
Ein Mann und ein Junge sitzen sich leicht versetzt gegenüber, etwa drei Meter voneinander entfernt. Beide trennt nur ein Schreibtisch, auf dem eine Schreibmaschine der Marke »Olympia« steht.
Der Mann heißt Franz Brungs, ist 53 Jahre alt, arbeitet seit sieben Jahren im »K 1« und ist insbesondere zuständig für Todesermittlungen. Er sagt ganz bewusst nichts, während er das amtliche Formular »Anhörung eines Kindes« in die Schreibmaschine fummelt.

Der Junge sagt auch nichts und schaut sich misstrauisch im Arbeitszimmer des Beamten um. Er ist schlank, mit 155 Zentimetern für sein Alter eher klein, hat blond gelocktes Haar, blaue Augen, eine sichelförmige Nase und auffallend weiche Gesichtszüge – »sanftmütig und wohlgeraten, wie einer der beiden Engel Raffaels«, so oder so ähnlich werden Medienvertreter den Jungen später beschreiben.

»Du bist also der Leopold Gruber …« Franz Brungs spricht

eher zu sich selbst, erwartet keine Antwort und tippt den Namen ins Protokoll. Er hat den Zwölfjährigen vor etwa einer Dreiviertelstunde bei seinen Eltern abgeholt. Obwohl es bereits sehr spät und Leopold noch ein Kind ist, duldet die Angelegenheit keinen Aufschub.

»Meine Freunde sagen ›Leo‹ zu mir – nur falls das wichtig sein sollte, Herr Kommissar«, sagt Leopold in die bedrückende Stille hinein.

»Interessant, wird notiert …«

Franz Brungs schaut kurz auf und mustert den jungen Burschen scharf, der augenscheinlich keine Angst zu haben scheint, obwohl er dazu allen Grund haben müsste, denn der gegen ihn gerichtete Verdacht ist ungewöhnlich und ungeheuerlich. Der Beamte lässt Leopold gewähren und schreibt die übrigen Personaldaten des Jungen auf, die er sich eben bereits von den Eltern hat geben lassen: geboren am 12. September 1947 in Regensburg, keine Geschwister, Anschrift der Eltern, der Schule, Name der Klasse, der Klassenlehrerin und so weiter.

»Kennst du den Anton?«

»Was denn für einen Anton?«

»Den Anton Aumüller …«

»Ach, den. Ja, ein bisschen.«

»Wo habt ihr euch kennengelernt?«

»Auf dem Spielplatz. Hab mich da umgeschaut. Dann kam er angelaufen. War allein.«

»Und weiter?«

»Der hatte so eine Spielzeugpistole dabei, ein richtig teures Ding. Hätte ich mir nie kaufen können …«

»Und da wurdest du neugierig?«

»Nee.«

»Was dann?«

»Spielzeugpistolen sind doch was für Kinder!«

»Hast du denn schon mal eine echte Pistole in der Hand gehabt, damit geschossen?«

»Auf keinen Fall, nee ...« Leopold mustert den Polizisten unentwegt, als wolle er dessen Gedanken lesen, um ihm einen Schritt voraus zu sein, den entscheidenden einen Schritt. Er hat sich fest vorgenommen, sich nicht überraschen und nicht in die Falle locken zu lassen. Die Bullen sind zwar wie Schnittlauch, also außen grün und innen hohl – das jedenfalls sagt sein Vater immer, wenn zu Hause über die Polizei gesprochen wird –, aber man darf ihnen trotzdem nicht über den Weg trauen, niemals und zu keiner Gelegenheit, so viel ist sicher.

»Und da bist du dir sicher?«

»Todsicher!«

»Wie lange warst du mit dem Anton befreundet?«

»Ach, ich kenn den doch gar nicht richtig!« Leopold macht eine wegwerfende Handbewegung. »Hab kaum was mit dem zu tun. Der ist doch viel jünger als ich.«

»Zwei Jahre, so groß ist der Altersunterschied nun auch nicht ...«

Leopold überlegt eine Weile, sagt aber nichts.

»Nach den mir vorliegenden Informationen sollt ihr sogar befreundet sein!«

»Wer behauptet denn so was?« Leopold empört sich.

»Meine Kollegen haben heute mit den Eltern von Anton gesprochen ...«

»Die kennen mich doch gar nicht, die haben doch gar keine Ahnung!«

»Leopold!« Franz Brungs ruft den Jungen zur Ordnung. »Das hier ist kein Spaß. Ich sitze hier nicht zu deinem Vergnügen. Die Sache ist verdammt ernst. Bleib bei der Wahrheit, mein Junge!«

Leopold trotzig: »Tu ich doch.« Nach einer kurzen Pause.

»Über mich werden so viele Lügen erzählt, wissen Sie das eigentlich?«

»Das interessiert hier nicht.« Nach einer bewusst gedehnten Pause. »Ich habe auch mit *deinen* Eltern darüber geredet. Also, jetzt mal raus mit der Sprache …«

»Okay, ich kenne den. Aber Freundschaft kann man das nicht nennen, nee.«

»Sondern?«

Leopold blickt auf den Boden und wirkt erstmals ein wenig verlegen. »Ich kenne ihn halt.« Jetzt mit leiser werdender Stimme. »Wir haben hin und wieder was zusammen gemacht, und sind durch die Wälder gelaufen, und haben Verstecken gespielt, und Leute erschreckt, und andere Kinder geärgert, und solche Sachen halt. Aber er ist ein echter Schisser!«

»Wie kommst du darauf?«

»Er traut sich nix. Der will immer großes Abenteuer spielen, aber traut sich nix. Meint immer nur: ›Wenn meine Eltern was davon erfahren, dann ist was los. Nee, das mach ich nicht!‹ Wenn es drauf ankommt, zieht der immer den Schwanz ein. Mit so einem kann man gar nicht befreundet sein!«

»Du *konntest* nicht mit ihm befreundet sein?«

»Haben Sie was an den Ohren?«

Franz Brungs überhört die Unverschämtheit des Jungen, der sich jetzt provokativ in den Holzstuhl fläzt und demonstrativ die Arme vor der Brust verschränkt.

»Also, Antons Eltern haben uns erzählt, du seist häufiger bei ihnen zu Besuch gewesen, so seit etwa einem halben Jahr …«

»Und wenn schon!«

»Hört sich doch nach echter Freundschaft an. Auch deine Eltern haben mir gesagt, der Anton ist ein richtig netter Bursche.«

»Ist er doch auch.« Leopold setzt sich gerade hin, bevor er weiterspricht. Er wirkt verändert, gibt seine störrische Verweigerungshaltung auf. »Ja, er ist ein netter Kerl. Ich kann ihn gut leiden. Das gebe ich zu. Ja, ich mag ihn. Ich komme mit ihm gut klar.« Nach einer kurzen Pause. »Aber was hat das alles mit mir zu tun?«

Zwei Stunden zuvor, gegen 22 Uhr, kommt Georg Aumüller zur Polizeiwache. Der 46-Jährige ist Inhaber eines Restaurants in der Altstadt, keine 200 Meter vom Dom St. Peter entfernt. Er berichtet den Polizisten aufgeregt, sein Sohn sei heute Abend nicht nach Hause zurückgekehrt: »Er kam wie immer von der Schule heim, hat mit meiner Frau zu Mittag gegessen, seine Schularbeiten erledigt und ist anschließend zum Spielen raus. Er sollte spätestens um 18.30 Uhr zu Hause sein.«

Georg Aumüller begründet seine Besorgnis so: »Er hat sich bisher immer an unsere Abmachungen gehalten und ist niemals zu spät gekommen. Wir konnten uns auf ihn immer hundertprozentig verlassen. Es gab auch sonst keine Auffälligkeiten.« Man habe bereits in der näheren Umgebung des Elternhauses eine Suchaktion gestartet, erklärt der groß gewachsene hagere Mann, alle infrage kommenden Verwandten und Freunde abtelefoniert bzw. befragt – nichts, keine Spur von Anton, kein Hinweis, wie vom Erdboden verschluckt.

»Er hatte eine dunkelbraune kurze Hose an«, diktiert er den Beamten in die Schreibmaschine, »ein rotes T-Shirt und schwarze Sandalen. Meine Frau hat ihm kürzlich die Haare geschnitten, deshalb sind sie jetzt sehr kurz.« Besondere Merkmale weise der Junge nicht auf. »Wir wissen leider nicht, mit wem er sich treffen wollte. Aber er hat einen Freund, den Leopold Gruber, vielleicht war er mit dem zusammen. Wir haben bei den Leuten angerufen, aber niemanden erreicht.«

»Was habt ihr denn so unternommen?«

»Halt irgendwas.«

»Kannst du ein paar Beispiele geben?«

»Wir waren öfter mal im Kino.«

»Was denn für Filme?«

»Filme mit Cowboys und Indianern. Da wurde ordentlich rumgeballert.«

»Du interessierst dich für Waffen?«

»Nee, wieso?«

»Deine Eltern haben mir erzählt, dass du kein Taschengeld bekommst.«

»Was die so erzählen ...«

»Stimmt das denn nicht?«

»Von meinem Vater krieg ich nichts, das stimmt schon. Der ist zurzeit arbeitslos.« Leopold überlegt einen Moment. »Meine Oma gibt mir manchmal was.«

»Wenn du mit Anton häufiger im Kino gewesen bist, wie hast du das bezahlt?«

»Ich habe nichts bezahlt.«

»Wer denn? Oder hattet ihr Freikarten?«

»Nee, Anton hat bezahlt. Er hat mich immer eingeladen. Seine Eltern sind reich.«

»Und was habt ihr gemacht, wenn ihr nicht im Kino gewesen seid?«

»Boot fahren.«

»Und wer hat das bezahlt?«

»Anton.«

»Hast du überhaupt mal etwas bezahlt?«

»Nee.«

»Der Anton hat dich immer freigehalten?«

»Ist doch egal.«

»Hattest du mal Ärger mit der Polizei?«

Leopold lacht. »Das müssten Sie doch am besten wissen, Herr Kommissar!«

Das weiß der Kommissar auch, er sagt es nur nicht.

Die Akte »Leopold Gruber« füllt beim Jugendamt bislang mehrere Hundert Seiten. Besonders in den vergangenen zwölf Monaten haben seine schulischen Leistungen stark nachgelassen, die Lehrer beschreiben ihn als »bequem, unaufmerksam, gedankenlos, unzuverlässig, lügenhaft und rauflustig«, ein Schüler »mit Hang zur Faulheit und zu Ausreden«. In der jüngeren Vergangenheit sei er insgesamt 31-mal dem Unterricht unentschuldigt ferngeblieben.

Wenn Leopold nicht zur Schule geht, streunt er in der Gegend umher, häufig in Begleitung eines drei Jahre älteren Jugendlichen, der ihn wohl des Öfteren zu Diebereien angestiftet hat. So gerät Leopold immer wieder mit der Polizei in Konflikt, die gegen ihn wenig unternehmen kann, weil er noch strafunmündig ist. Mit wohlmeinenden Ratschlägen oder ernsten Ermahnungen erreichen die Beamten den Jungen jedenfalls nicht, Autoritäten erkennt er grundsätzlich nicht an.

Das Jugendamt regt beim Vormundschaftsgericht schließlich die Fürsorgeerziehung an. Anfang Mai erfolgt schließlich Leopolds Einweisung in ein Erziehungsheim in der Nähe von Augsburg. Sein Vater interveniert und legt gegen den amtlichen Beschluss Beschwerde ein. Er wirft dem Jugendamt »Willkür gegenüber einem ehrlichen Staatsbürger« vor und beschuldigt die Schule »der Verleumdung«. Die Beschwerde wird abgeschmettert.

Noch am Tag seiner Einweisung in das Erziehungsheim flieht Leopold, als die Formalitäten seiner Aufnahme erledigt werden sollen. Kurz darauf wird er von einer Polizeistreife aufgegriffen und ins Heim zurückgebracht. Zwei Wochen später ist er wieder weg, drei Wochen darauf bringt ihn eine Bekannte der Familie zurück ins Heim. Kaum sind einige Stunden seit seiner Einlieferung vergangen, ist er abermals »abgängig«, diesmal aber nicht allein, sondern in Begleitung von drei Kumpanen aus dem Heim.

Um möglichst schnell nach Regensburg zu gelangen, stiehlt Leopold einen Volkswagen. Geschwindigkeitsbegrenzungen gelten für ihn nicht, mit hohem Tempo jagt der Wagen über die Landstraßen Richtung Heimat. Nahe der Ortschaft Elsendorf, etwa 35 Kilometer vom Zielort entfernt, passiert das Unvermeidliche: Der Wagen gerät ins Schleudern, schlingert zwischen zwei Bäumen hindurch und kommt auf einem Kartoffelacker zum Stehen. Die Kinder bleiben nahezu unverletzt, Endstation einer abenteuerlichen Flucht.

»Hast du dich heute mit dem Anton getroffen?«

»Nee.«

»Sicher nicht?«

»Ganz sicher nicht!«

»Das ist aber komisch.«

»Was soll daran komisch sein?«

»Mir liegen Aussagen vor, dass du dich heute Nachmittag mit Anton getroffen hast, dass ihr zusammen gewesen seid.«

»Das stimmt nicht. Alles Lügen!«

Franz Brungs blättert in der Ermittlungsakte. »Wir haben mit verschiedenen Zeugen gesprochen, darunter sind auch Klassenkameraden von dir. Sie haben dich mit Anton gesehen, und zwar zu unterschiedlichen Zeiten an unterschiedlichen Orten. Die können sich nicht alle geirrt haben ...«

Leopold schweigt einige Augenblicke. »Das ist doch bloß einer dieser miesen Tricks«, empört er sich, »ich glaube Ihnen kein Wort!«

»Muss ich dir die Aussagen erst vorlesen?«

»Ich bitte darum ...«

Es ist etwa 14.50 Uhr, als ein junger Mann im Alleengürtel unterwegs ist. Die Altstadt von Regensburg ist auf der Landseite von einem Alleengürtel umgeben, den im Westen der Herzogspark und im Osten der Villapark abschließen. Der Grüngürtel wird von vielen Bürgern der Stadt auch für Freizeitaktivitäten genutzt.

Der junge Mann befindet sich am Fuß eines Abhangs, als er plötzlich ein komisches Geräusch hört – vielleicht das Röcheln eines Menschen? Er glaubt, das Geräusch aus einem Gebüsch kommend gehört zu haben, schaut dort nach, erstarrt beim Anblick des Jungen, den er findet, erkennt, dass schnelle Hilfe notwendig ist, alarmiert die Sanitätsbereitschaft, das Kind wird eine Viertelstunde später in eine nahe gelegene Klinik gebracht. Von dort wird auch die Polizei verständigt.

Der behandelnde Arzt vermutet zunächst, der Junge könnte beim Spielen von einem Baum gefallen sein, dies würde seine Verletzungen im Gesicht und am Kopf plausibel machen. Doch als der Junge für eine Operation vorbereitet und der Kopf näher untersucht wird, macht der Arzt eine überraschende Entdeckung: zwei frische Schussverletzungen, ein Einschuss im Genick, ein weiterer am Hinterkopf.

Nachdem Franz Brungs die belastenden Zeugenaussagen vorgelesen hat, fragt er Leopold, ob er etwas trinken oder essen möchte.

»Nee, lassen Sie mal.«

Franz Brungs telefoniert darüber kurz mit seinen Kollegen, bevor er die Anhörung fortsetzt. Es ist mittlerweile 0.30 Uhr geworden.

»Also noch einmal: Hast du Anton heute getroffen?«

Leopold überlegt lange, bevor er antwortet. »Sie wissen es doch schon ...«

»Aber ich möchte es von dir hören.«

»Also, der Anton kam heute Mittag zu mir nach Hause. Wir

wollten schwimmen gehen, zur Badebucht nach Pentling. Der Anton konnte nicht so gut schwimmen, deshalb hatte er einen Autoschlauch dabei.«

»Und ihr seid dann zusammen schwimmen gegangen?«

»Ja.«

»Hattest du die Pistole schon dabei?«

»Was denn für eine Pistole?«

Zwei frühere Klassenkameraden haben der Polizei übereinstimmend und glaubhaft erzählt, Leopold habe noch vor drei Tagen eine Pistole besessen. Zu diesem Zeitpunkt wird der Junge von seinen Eltern vor dem Zugriff von Jugendamt und Polizei zu Hause versteckt, man will so unbedingt verhindern, dass die als unberechtigt und ungesetzlich empfundene Fürsorgeerziehung ihres Sohnes eine Fortsetzung findet.

Die Sache mit der Pistole habe sich nach Angaben der ehemaligen Schulkameraden so ereignet: Die Kinder seien sich zufällig in einem Waldgelände begegnet, man habe zusammen eine Weile lang »Räuber und Gendarm« gespielt. Währenddessen sei Leopold auf die Jungs zugekommen und habe geheimnisvoll von einer echten Pistole erzählt, die er angeblich besitzen würde und mit der er schon geschossen habe. Die Kinder seien eher skeptisch gewesen und hätten ihn aufgefordert, die Pistole doch zu zeigen. Leopold habe die Waffe den Kindern allerdings erst bei einem weiteren Treffen vorgeführt und auch mehrere Schüsse abgegeben.

»Und ob du eine Pistole besessen hast!«

»Nee, hab ich nicht!«

»Kennst du einen Jens Huber und einen Maximilian Fischer?«

Leopold zögerlich. »Und wenn schon …«

»Du hast sie vor drei Tagen getroffen und ihnen deine Pistole gezeigt! Und sogar damit geschossen …«

»Die lügen doch …«

»Du meinst, die haben sich die Geschichte einfach so ausgedacht und belügen die Polizei? Warum sollten die das tun?«

»Ist nicht mein Problem.«

»Und ob, mein Junge!« Franz Brungs macht eine kurze Pause, bevor er Leopold ins Gewissen redet. »Jetzt mal raus mit der Sprache! Wie bist du da drangekommen, wo hast du die Waffe her? Wo ist sie jetzt?«

»Sie gehört mir doch gar nicht …«

»Wem denn?«

»Meinem Onkel.«

»Geht das auch etwas genauer?«

»Das ist ein paar Wochen her, da kam Onkel Matthias zu uns nach Hause. Ich habe die Pistole gesehen. Er hat mir gesagt, er hätte mit einem Nachbarn Ärger gehabt und müsste die Pistole jetzt verstecken, die dürfte auf keinen Fall gefunden werden, sonst würde er einen Riesenärger bekommen.«

»Und weiter?«

»Ich habe nicht gesehen, wo er die Pistole versteckt hat, aber als er wieder weg war, habe ich danach gesucht und sie gefunden.«

»Wo war sie denn?«

»Im Wohnzimmer hinter einem Schrank.«

Die Krankenhausärzte ringen verzweifelt um Antons Leben, doch während der Operation stirbt der Junge. Als Georg Aumüller später zur Polizei kommt, um seinen Sohn als vermisst zu melden, wird schnell eine Verbindung zwischen dem noch unbekannten toten Jungen im Krankenhaus und dem aktuell vermissten Jungen hergestellt. Georg Aumüller wird ins Krankenhaus gebracht und muss dort seinen Sohn identifizieren – ein Drama nimmt seinen Lauf.

An dem Zehnjährigen ist zweifelsfrei ein Verbrechen verübt wor-

den, deshalb wird noch in der Nacht eine Mordkommission eingesetzt. Am Tatort werden mehrere Blutspuren gefunden und nach längerem Suchen auch eine Patronenhülse vom Kaliber 9 mm. Als die Ermittler den Freundeskreis des Opfers ausforschen, stoßen sie auf Leopold Gruber, der nachmittags mit Anton zusammen gewesen sein dürfte, jedenfalls behaupten das zwei Ex-Schulfreunde. Als auch noch herauskommt, dass Leopold eine Pistole besessen haben soll, avanciert er zum Verdächtigen Nummer eins.

»Und du hast die Pistole genommen?«

»Ja.«

»Und hast sie danach wo versteckt?«

»Erst in meinem Zimmer unter dem Bett, später habe ich sie im Wald versteckt. Zu Hause war mir zu heiß. Mein Onkel würde ja irgendwann zurückkommen und danach suchen.«

»Hast du die Pistole dabeigehabt, als du mit Anton schwimmen warst?«

»Nein.«

»Dein Plan war es also nicht, Anton beim Schwimmen zu erschießen?«

»Nein, auf keinen Fall, das war ganz anders!« Leopold fühlt sich unterschätzt und platzt unvermittelt mit der Wahrheit heraus. »Mein Plan ging ganz anders ...«

»Was hattest du denn vor?«

»Anton sollte mit dem aufgeblasenen Autoschlauch weit aufs Wasser hinauspaddeln. Ich wollte ihm dann hinterherschwimmen und mit einem Messer von unten den Schlauch aufschlitzen.« Leopold macht eine kurze Pause und überlegt. »Anton konnte nicht gut schwimmen. Ich dachte, der geht einfach unter, wenn ich den Schlauch aufschlitze.«

»Anton ist aber nicht ertrunken ...«

»Nee.«

»Dein Plan ist nicht aufgegangen …«

»Nee.«

»Warum nicht?«

»Der Plan war gut, ja. Anton ging ins Wasser, wollte aber immer nur am Ufer bleiben. Er ist halt ein Schisser!«

»Und was ist dann passiert?«

»Nichts.«

»Nichts?«

»Wir haben unsere Sachen zusammengepackt und sind nach Hause gelaufen.«

»Wie spät war es da?«

»Schätze mal so um 17 Uhr rum.«

»Ihr seid zu deinen Eltern nach Hause?«

»Ja.«

Mittlerweile haben Franz Brungs' Kollegen den familiären Hintergrund des Jungen recherchiert. Das Ergebnis ist besorgniserregend: Erwin Gruber, 46, von Beruf Dreher, und seine fünf Jahre jüngere Frau Helga haben vor 16 Jahren geheiratet, leben in bescheidenen Verhältnissen. Vor drei Monaten ist Erwin Gruber arbeitslos geworden, man hat ihm gekündigt, weil er das Betriebsklima in der Firma zu stark belastet haben und auch sonst ein schwieriger, unzuverlässiger Mitarbeiter gewesen sein soll.

Überhaupt gilt Erwin Gruber als jemand, der zum Querulantentum neigt, von Nachbarn, ehemaligen Arbeitskollegen und Bekannten als rechthaberisch, misstrauisch, fanatisch und unbelehrbar beschrieben wird, sich behördlichen Maßnahmen grundsätzlich widersetzt, insbesondere dann, wenn es um seinen Sohn Leopold geht.

Erwin Gruber ist blind gegen die charakterlichen Defizite und die eklatante Fehlentwicklung des Sohnes, er leistet passiven Widerstand gegen alle notwendigen erzieherischen Maßnahmen, versteckt Leopold zu Hause vor dem Zugriff der Behörden. Übertroffen wird er in dieser Einstellung noch von seiner Frau, sie steht ihrem Sohn willenlos und kritiklos gegenüber; wenn der Junge Ärger hat und wessen auch immer beschuldigt wird, heißt es mütterlicherseits stets: »Unser Sohn kann es nicht gewesen sein, wir kennen ihn doch, der ist zu so was gar nicht fähig!«

»Wie lange ward ihr bei deinen Eltern?«

»Vielleicht eine halbe Stunde.«

»Was habt ihr in der Zeit gemacht?«

»Über die Pistole geredet.«

»Wie seid ihr darauf gekommen?«

»Ich hatte Anton davon erzählt. Er fand das voll spannend, wollte die Knarre unbedingt sehen.«

»Wann hast du ihm die Pistole gezeigt?«

»Gar nicht.«

»Gar nicht?«

»Erst später, als wir von meinen Eltern weg sind.«

»Wo wolltet ihr denn hin?«

»Zu unserem Lieblingsversteck.«

»Und das ist wo?«

»Im Herzogspark, da, wo diese Denkmäler sind, da haben wir unser Versteck, da sind viele Bäume und Büsche, da ist auch ein Abhang. Da können wir uns verstecken, ohne dass man gesehen werden kann.«

»Und was wolltet ihr da machen?«

»Ich hatte dem Anton versprochen, ihm die Knarre zu zeigen und damit rumzuballern.«

»Rumballern?«

»Einen Hasen schießen. Im Park gibt es ganz viele.«

»Und auf dem Weg zum Park hast du die Pistole aus deinem Versteck geholt?«

»Genau, Herr Kommissar!« Leopold lächelt.

»Und was habt ihr in dem Park gemacht?«

»Wir sind so durch die Büsche und haben nach Hasen gesucht oder anderen Tieren, die man abknallen kann.«

»Und? Habt ihr geschossen?«

»Nee.«

»Wie ging es dann weiter?«

»Der Anton war müde und hat sich hingesetzt, hat mit einem Lappen seine Schuhe geputzt. Der hatte immer Schiss, dass seine Eltern meckern, wenn er mit dreckigen Klamotten nach Hause kommt.«

»Und was hast du gemacht?«

»Ich stand hinter ihm. Da fing Anton wieder von der Pistole an. Er wollte, dass ich ihm erkläre, wie man das Ding lädt. Er wollte das unbedingt wissen!«

»Und dann?«

»Dann habe ich ihm gezeigt, wie das geht.«

»In welchem Zustand befand sich die Pistole dann?«

»Ich hatte sie durchgeladen.«

»Was ist dann passiert?«

Leopold schweigt.

»Was ist passiert?«

Leopold antwortet zögerlich. »Er hat sich immer noch die Schuhe geputzt … Und dann hab ich auf sein Genick gezielt …«

Mittlerweile ist der Mordkommission das vorläufige Gutachten aus der Rechtsmedizin übermittelt worden: Der Obduzent stellt darin fest, dass der Tod des Jungen durch eine Hirnlähmung eingetreten ist. Ursächlich dafür seien zwei Schussverletzungen gewesen. Es habe sich jeweils um Durchschüsse gehandelt, von denen einer durch das linke Scheitelbein schräg abwärts unter Verletzung des Gehirns bis zur linken Wange und der zweite vom Nacken durch die hintere Schädelgrube unter Verletzung des Kleinhirns bis zur rechten Wange gedrungen sei. Spuren, die auf Nahschüsse hingedeutet hätten, seien nicht gefunden worden.

»Ich stand ungefähr einen Meter hinter ihm ... und dann hab ich abgedrückt.«

»Und weiter?«

»Der hat gestöhnt und ist umgekippt.«

Franz Brungs ermuntert Leopold mimisch, weiter zu sprechen.

»Da war Blut im Gesicht vom Anton, der hat immer so gestöhnt ... Da hab ich Panik gekriegt.«

»Und du bist weggelaufen?«

»Nee.«

»Was denn?«

»Ich hab den am Arm gepackt und den Abhang runtergestoßen.«

»Warum hast du das gemacht?«

»Keine Ahnung.«

»Du hast nur einmal geschossen?«

»Nee.«

»Sondern?«

»Als der da unten so lag, hat er mir plötzlich leidgetan. Bin also zu ihm runter und hab nachgesehen ...«

»Und was hast du gesehen?«

»Ich hab versucht, ihn hochzuziehen, dass er aufsteht.« Leopold wirkt jetzt wie geistesabwesend, spricht leise. »Das hat aber nicht geklappt, der war so schlapp, der Körper war so schlaff.«

»Und weiter?«

»Ich hab nachgedacht.«

»Worüber?«

»Was passiert, wenn sie den lebend finden, dass ich dann dran bin. Der hätte mich doch garantiert verpfiffen!«

»Und dann hast du was gemacht?«

»Hab ihn auf den Boden fallen lassen …«

»Und dann?«

»Hab mich in Position gebracht.« Leopold zögert einige Augenblicke, bevor er weiterspricht. »Hab mich hinter ihn gestellt und auf den Kopf gezielt. Und dann hab ich abgedrückt.«

»Und weiter?«

»Als ich geschossen hab, hat der Körper von dem so komisch gezuckt. Dann war nix mehr.«

»Anton war tot?«

»Glaub schon.«

»Was hast du dann gemacht?«

»Ab nach Hause!«

Die Mutter des mutmaßlichen Todesschützen hat inzwischen ausgesagt, Leopold habe ihr gegenüber Antons Tod erwähnt, und zwar soll der Junge erschossen worden sein; erfahren habe sie dies, als Leopold gegen 20.15 Uhr nach Hause gekommen sei, eine Beteiligung habe ihr Sohn indes vehement abgestritten. Sie sei jedoch misstrauisch geblieben und habe hinter dem Schrank im Wohnzimmer nach der Pistole des Onkels gesucht, die Waffe wurde dort mit ihrem Wissen und Einverständnis deponiert, sei zu dem Zeitpunkt aber nicht mehr vorhanden gewesen. Sie habe ihren Sohn daraufhin abermals zur Rede gestellt, Leopold sei schließlich in den Wald gelaufen, habe dort die Pistole geholt und sie in das ursprüngliche Versteck des Onkels zurückgelegt.

Gegen 21 Uhr sei ihr Mann nach Hause gekommen und habe von Antons Tod erfahren. Sofort sei Leopold scharf befragt worden, abermals habe er eine Täterschaft bzw. Beteiligung bestritten. Helga Gruber hat weiter ausgesagt, ihrem Mann nichts davon erzählt zu haben, dass Leopold vorübergehend im Besitz der Pistole des Onkels war. Gegen 22 Uhr habe sich Antons älterer Bruder nach seinem Verbleib erkundigt, allerdings vergeblich, ihm sei nämlich vorgelogen worden, man habe Anton letztmals zwei Tage zuvor gesehen, als er zu Besuch gewesen sei, und seitdem habe es zweifellos keinen Kontakt mehr gegeben.

Weil der Verdacht gegen Leopold Gruber zu diesem Zeitpunkt noch eher vage erschien, haben die Ermittler zunächst auf eine Durchsuchung der elterlichen Wohnung verzichtet, diese nun allerdings nachgeholt, und zwar mit Erfolg; auch wenn die Tatwaffe nicht gefunden worden ist, haben die Ermittler im Hinterhof der Gruber-Wohnung Gegenstände entdecken können, die Leopolds Geständnis teils belegen, auf jeden Fall Antons Anwesenheit im Hause Gruber und den nachmittäglichen Ausflug: die Badehose des Opfers, seine Decke, sein Handtuch und den Autoschlauch.

»Eine Sache müssen wir noch klären …«

»Was denn?«

»Warum hast du den Anton erschossen?«

Leopold wird wütend. »Diese Scheißarmbanduhr!«

»Was denn für eine Armbanduhr?«

»Der hatte eine Armbanduhr geschenkt bekommen. Die wollte ich unbedingt haben.«

»Einfach so? Warum hätte Anton dir die Uhr geben sollen?«

»Weil ich sie haben wollte!« Kurzes Nachdenken. »Ich hab ihn immer wieder darum gebeten. Und er hat immer gemeint: ›Klar, morgen kriegst du sie.‹ Der hat mich doch nur verarscht. Einen Scheißdreck hab ich bekommen!«

»Und wann hast du dich dazu entschieden, ihn deswegen zu erschießen?«

»Als wir auf dem Weg zum Schwimmen waren, da hab ich ihn wieder gefragt. Aber Anton wollte mir die Uhr nicht geben. Da hab ich mir gedacht, okay, dann eben anders.«

»Wie, anders?«

»Da hab ich mir den Plan mit dem Autoschlauch ausgedacht, aber das hat ja nicht geklappt.«

»Und dann?«

»Nichts, dann ...«

»Wann genau hast du dich entschieden, den Jungen zu erschießen?«

»Als er sich die Schuhe geputzt hat. Da ist mir die Armbanduhr wieder aufgefallen. Dann hab ich es gemacht.«

»Und wann hast du Anton die Uhr abgenommen?«

»Nach dem ersten Schuss.«

»Wo ist die Uhr jetzt?«

Leopold zögert kurz. »Die habe ich zu Hause in meinem Zimmer versteckt, im Bettkasten.«

Es ist mittlerweile 1.45 Uhr nachts. Die Anhörung wird unterbrochen und soll im Laufe des Vormittags fortgesetzt werden. Leopold ist einverstanden.

Auch wenn ein belastbares Geständnis vorliegt, fehlen noch zwei wichtige Beweismittel: Antons Uhr und die Tatwaffe. Während die Armbanduhr wenige Stunden später im Hause Gruber gefunden wird, und zwar genau dort, wo Leopold es angegeben hat, bleibt die Pistole unauffindbar. Die Eltern Gruber behaupten, »davon nichts zu wissen« und »damit nichts zu tun zu haben«.

Um 10 Uhr wird Leopold weiter angehört. Es geht zunächst insbesondere um den Verbleib der Pistole.

»Was kannst du zu der Pistole sagen?«

»Was wollen Sie wissen?«

»Wo sie ist ...«

»Das würden Sie wohl gerne wissen ...«

Franz Brungs nickt kurz.

»Was bekomme ich denn dafür?«

Franz Brungs antwortet nicht.

»Okay, ich verrate es Ihnen auch so.« Kurze Pause. »Die Knarre hab ich in den Brunnen geschmissen.«

Gemeint ist ein achteckiger Brunnen aus Natursandstein, der sich im Zentrum des Herzogsparks befindet, gelegen am Westrand der Regensburger Altstadt. In der Nähe des Brunnens haben Leopold und Anton Hasen gejagt, der Fundort des Opfers ist nur einige Hundert Meter entfernt. Obwohl der Brunnen noch am selben Tag durchsucht und dessen nähere Umgebung intensiv abgesucht werden, bleibt die Pistole unauffindbar. Und Leopold behauptet bei weiteren Befragungen gebetsmühlenartig, in diesem Punkt nicht gelogen zu haben. Das Rätsel um die Tatwaffe bleibt damit zunächst ungelöst.

Ein weiteres Problem betrifft die Unterbringung des Jungen. Obwohl tatbestandlich ein klassischer Raub- bzw. Verdeckungsmord vorliegt, kann Leopold deswegen strafrechtlich nicht belangt werden, weil er erst in vier Wochen 14 Jahre alt wird und nach Paragraf 1 Absatz 3 des Jugendgerichtsgesetzes erst ab diesem Zeitpunkt strafrechtlich belangt bzw. verurteilt werden könnte. Aus diesem Grund zeigt die Staatsanwaltschaft an dem Jungen kein Interesse, man erklärt sich berechtigterweise für unzuständig.

Auch der Ermittlungsrichter kommt zum selben Ergebnis, ein Strafgericht dürfe in diesem Fall über die weitere Unterbringung des Jungen keinesfalls entscheiden, wird der Polizei mitgeteilt, in deren Gewahrsam sich Leopold immer noch befindet. Weil für das Kind Fürsorgeerziehung angeordnet worden ist, wird das Jugendamt eingeschaltet. Man entscheidet schließlich, Leopold abermals in ein Erziehungsheim zu geben, doch der Junge verkündet daraufhin wiederholt trotzig-vollmundig: »Das könnte euch so passen! Wenn ihr das macht, hau ich da sofort wieder ab. Das könnt ihr vergessen!« Da es ihm in der Vergangenheit bereits viermal gelungen ist, aus Heimen zu fliehen, muss nun eine geschlossene Einrichtung gefunden werden – doch die gibt es in Bayern zu diesem Zeitpunkt noch nicht. Und außerbayerische Heime weigern sich standhaft, den Jungen aufzunehmen. Also, wohin mit ihm?

Während behördlicherseits weiter kontrovers darüber diskutiert wird, wo Leopold die nächsten Monate und Jahre seines Lebens verbringen soll, löst sich überraschend das Rätsel um die Tatwaffe, als Erwin Gruber ungebeten bei der Polizei vorstellig wird. Er gibt zu, die Pistole in einem morastigen Gelände an der Peripherie Regensburgs entsorgt zu haben – dort wird sie Stunden später auch tatsächlich gefunden. Es handelt sich um eine Beretta 951, Kaliber neun Millimeter. Kriminaltechnische Untersuchungen werden in den nächsten Tagen ergeben, dass mit dieser Selbstladepistole auf Anton Aumüller geschossen wurde.

Leopold zeigt sich bei der Polizei überaus geständnisfreudig und berichtet wortreich und stolz, was er in den vergangenen zwölf Monaten angestellt hat: Er raubte älteren Damen Handtaschen, in Lebensmittelläden klaute er Nahrungsmittel, in Wohnungen Geld und andernorts Fahrräder oder Mopeds – am Ende listet die Kripo insgesamt 124 Taten auf, die eine 268 Seiten starke Sonderakte füllen. Und es kommt heraus, dass der methodisch wie ein Berufsverbrecher agierende Junge auch im Umgang mit Waffen geübt war, er besaß einen Gasrevolver und schoss damit am Ufer der Donau oder in den Waldgebieten der Stadt auf Bäume, Blechdosen oder Tiere. Leopold Gruber passt in keine kriminelle Schablone, er sprengt alle verbrecherischen Dimensionen.

Als die Presse von der Sache Wind bekommt und ausführlich über »den Unhold« und »seine Untaten« berichtet, erhält die Polizei Briefe, in denen Leopold mit dem Tode bedroht wird, man will ihn »abschlachten«, »massakrieren« oder »bei nächster Gelegenheit totschlagen«. So empfinden und gebärden sich auch die Angehörigen des Opfers, Anton muss gerächt werden, und sollten die Behörden den Täter, der juristisch keiner ist, in die Freiheit entlassen, wird man »die Bestie aufstöbern und umbringen«.

Noch hat die Polizei den Schwarzen Peter, denn sie hält Leopold zwar in ihrem Gewahrsam, sie will ihn jedoch nicht nur wegen der gegen ihn gerichteten Todesdrohungen, sondern insbesondere wegen der ihm unterstellten Gefährlichkeit nicht ohne Weiteres ziehen lassen. Derweil man sich beim Jugendamt in Ermangelung rechtlich zulässiger Möglichkeiten der Unterbringung dem Bayerischen Verwahrungsgesetz zuwendet, dessen Artikel 1 so lautet: »Geisteskranke, Geistesschwache, rauschgift- oder alkoholsüchtige Personen, die gemeingefährlich oder selbstgefährlich sind, können in einer Heil- und Pflegeanstalt [...] oder sonst in geeigneter Weise verwahrt werden, wenn dies aus Gründen der öffentlichen Ordnung erforderlich ist.«

Wenn man mit Sicherheit annehmen kann, dass Leopold nach einer Entlassung Straftaten verüben würde, so überlegt man nun, so wäre der junge Mann zweifellos gemeingefährlich. Wenn Leopold obendrein geisteskrank oder schwachsinnig wäre, könnte er amtlich verwahrt werden. Solchen Gedankengängen folgend, stellt die Stadt Regensburg beim Verwaltungsgericht einen Antrag, Leopold Gruber »zur Überprüfung seines Geisteszustandes in eine Nervenheilanstalt einzuweisen«. Der Betroffene selbst kann sich vieles vorstellen, nur das eben nicht: »Gebt euch nicht erst die Mühe mit der Irrenanstalt, ich werde dort unter allen Umständen wieder weglaufen.«

In der »Kreis-Heil- und Pflegeanstalt Kaufbeuren-Irsee« wird der ungewöhnlich kriminelle und ungewöhnlich junge Patient im »festen Haus« (besonders gesicherte Einrichtung) untergebracht, ab sofort lebt er als Kind und Jugendlicher nur noch in der Welt der Erwachsenen, die entweder »geistesgestört« oder

»gemeingefährlich« sind und ein ähnliches Schicksal teilen wie er oder aber allein beruflich mit ihm zu tun haben müssen – soziale Kontakte zu Gleichaltrigen werden ihm vorenthalten.

Die psychiatrischen Gutachter stellen bei Leopold Gruber »einen ausgeprägten Hang zum Lügen und Stehlen« fest, begleitet von »hoher Aggressivität«. Dieser »aggressive Drang« sei vor der Tötung Antons »ungewöhnlich massiv und elementar« gewesen. Leopolds »psychopathische Triebhaftigkeit« manifestiere sich insbesondere in »Kleptomanie, Pseudologie und Poriomanie« – wiederholtes Stehlen, chronisches Lügen und impulshaftes Weglaufen gehören demnach untrennbar zu der hochabnormen Persönlichkeit des Jungen und prägen nicht nur sein aktuelles, sondern auch sein künftiges Verhalten. Die Experten für die Abgründe der menschlichen Seele sehen in ihrem Patienten einen »prospektiven Kriminellen« und stellen eine düstere Prognose: »Er wird höchstwahrscheinlich die meiste Zeit seines Lebens im Gefängnis oder Zuchthaus verbringen.«

Allerdings zeigt Leopold während der Untersuchungen, aber auch danach keinerlei Verhaltensauffälligkeiten, ein Muster-Patient, formbar, führbar, lammfromm. Wahrscheinlich ist es dieses unerwartet positive Auftreten, das die Gutachter glauben (vielleicht auch nur hoffen) lässt, den Patienten möglicherweise doch noch zu einem besseren, vor allem für die Allgemeinheit ungefährlichen Menschen (um)erziehen zu können.

Die amtliche Begründung dafür offenbart das Dilemma dieses Falls: »Man braucht sich nur zu überlegen, was aus Leopold Gruber werden muss, wenn die Fürsorgeerziehung als aussichtslos bezeichnet würde. In Freiheit setzen kann man ihn nicht, weil die Gefahr schwerwiegender Straftaten nach wie vor besteht. In eine Erziehungsanstalt kommt er nicht, wenn Fürsorgeerziehung als aussichtslos bezeichnet wird. In eine Strafanstalt kann man ihn nicht bringen, weil er im strafmündigen Alter noch keine Straftat begangen hat. So bleibt also nur die Möglichkeit, ihn auf Jahre in der Heil- und Pflegeanstalt unterzubringen.

Aber auch hier muss er im festen Haus der Anstalt gehalten werden, um zu vermeiden, dass er flüchtet und neue Straftaten begeht. Stellt sich aber nach Jahren des Anstaltsaufenthalts heraus, dass der Junge doch noch zu einem Gleichgewicht der Strebungen kommt und sein Lebenswandel sozial gerichtet zu werden verspricht, so hätte er Jahre nutzlos unter Geisteskranken vertan.

Für die weitere Unterbringung bleibt daher als einzige Möglichkeit, ihn in einer geschlossenen Erziehungsanstalt unterzubringen. Bei Leopold kommt es darauf an, die nächsten zwei oder drei Jahre abzuwarten und verstreichen zu lassen. Fast wäre es am wünschenswertesten, wenn er nach Vollendung des 14. Lebensjahres einige Straftaten begangen hätte oder begehen würde; dann wären eine Unterbringung in einem Jugendgefängnis, unter Umständen eine Verurteilung auf unbestimmte Zeit möglich.

Dies wäre in vielerlei Hinsicht von Vorteil. Die Gefährlichkeit Leopolds wäre mit einem Schlag beseitigt. In der Jugendstrafanstalt spielt heute die Erziehung eine große Rolle, und eine Verurteilung auf unbestimmte Zeit würde es ermöglichen, Zeit zu gewinnen, und eine etwaige Reifung des Jungen könnte abgewartet werden.«

Ein Jahr nach der Tat wird Leopold durch Beschluss des Verwaltungsgerichtes vorläufig in eine Heil- und Pflegeanstalt eingewiesen, allerdings soll der Aufenthalt maximal drei Monate dauern. Nach Ablauf der Frist kommen die Gutachter zu dem Ergebnis, Leopold sei »gemeingefährlich« und müsse weiterhin verwahrt werden. Er sei zwar weder geisteskrank noch alkohol- oder drogenabhängig, mit seiner »psychopathischen Abartigkeit und intellektuellen Minderbegabung« würde er indes »die öffentliche Sicherheit und Ordnung gefährden«.

Weitere sieben Monate später wird der Einweisungsbeschluss aufgehoben und Leopold zu seinen Eltern nach Regensburg entlassen. Die sind in der Zwischenzeit wegen »Verletzung der Aufsichtspflicht« zu kurzen Bewährungsstrafen verdonnert worden und sehen sich nicht in der Lage – weder jetzt noch irgendwann –, die Erziehung ihres Sohnes fortzuführen. Stattdessen wird der Junge ohne behördliche Zustimmung in die Obhut eines 43-jährigen Bäckermeisters in Norddeutschland gegeben. Dort bleibt Leopold jedoch nur für anderthalb Jahre. Ab Oktober 1968 lebt der nun 17-Jährige bei Verwandten in Norderstedt bei Hamburg, findet dort jedoch kaum sozialen Anschluss, besucht nur unregelmäßig die Schule und schafft letztlich auch keinen Abschluss.

Als Erwachsener wird Gruber immer wieder straffällig, muss mehrere Haftstrafen insbesondere wegen Einbruchs und Bandendiebstahls absitzen, sein Strafregister liest sich wie das Inhaltsverzeichnis des Strafgesetzbuchs und umfasst im Jahre 1976 insgesamt 57 Positionen, allerdings sind keine Gewaltdelikte darunter.

Als er mit 29 Jahren nach einer weiteren verbüßten Haft freikommt, ist es Gruber immer noch nicht gelungen, sich mit gesellschaftlichen Konventionen anzufreunden, Regeln zu respektieren, sich unter Menschen zurechtzufinden – bindungs- und orientierungslos irrlichtert der notorische Rechtsbrecher durchs Leben.

Zwei Jahre später stirbt Gruber bei einem Verkehrsunfall, ohne jemals zwischenmenschliche Nähe und Anerkennung erfahren bzw. soziale Verantwortung übernommen zu haben. Niemand nimmt Notiz von seinem Tod, niemand will sich um seine Belange kümmern, niemand steht an seinem Grab, selbst seine

Eltern nicht. Leopold Grubers Lebensgeschichte ist heute zwar längst in Vergessenheit geraten, aber sie steht nach wie vor als Menetekel für ein persönliches, vor allem aber systemisches Versagen, wenn es darum geht, junge Menschen, die unbequem und nicht systemkonform erscheinen, in die Sozialgemeinschaft zurückzuführen – muss das so sein?

Tod im Klassenzimmer

»Ich hörte von der Sache im Radio.
Als ich den Namen der Schule erfuhr,
begann ich mir Sorgen zu machen.
Alle meine Kinder gingen auf diese Schule.
Als ich zu Hause anrief und die Wahrheit erfuhr,
war ich gar nicht so überrascht.«

»An dem Tag, an dem er geboren wurde,
war es bereits um ihn geschehen.
Er hatte nie eine Chance.«

»Wenn man sagt,
er weiß nicht, was er getan hat,
und gesetzt den Fall, es stimmt,
wird er nicht wissen können,
ob er es nicht wieder tut.«

August 2001. Das Interview findet im Tennis-Haus einer prachtvollen Residenz auf den Hügeln von Beverly Hills statt, einer 34 000 Einwohner zählenden Kleinstadt unweit von Los Angeles im US-Bundesstaat Kalifornien.

Charlton Heston, 78, der Besitzer des Anwesens, weltberühmter Hollywood-Schauspieler und Oscar-Preisträger, lässt sich von Michael Moore (46), Filmregisseur und Autor, für den Dokumentarfilm »Bowling for Columbine« befragen. Der Gastgeber ist seit drei Jahren Präsident der Waffenbesitzervereinigung »National Rifle Association« (NRA).

Nachdem man kurz über die Ursachen von Gewalttaten im Zusammenhang mit Schusswaffen insbesondere in den USA diskutiert hat, kommt Michael Moore auf ein besonders tragisches Ereignis zu sprechen.

»Ich stamme aus Flint in Michigan, wo letztes Jahr ein sechs Jahre alter Junge eine Pistole mit in die Schule brachte und damit ein sechs Jahre altes Mädchen tötete ... und, äh, das war eine echte Tragödie ...«

»Aber das waren Kinder ...«

»Ja, ein sechsjähriges Mädchen ... haben Sie davon gehört?«

»Ja, zwei Sechsjährige.«

»Und dazu habe ich folgende Frage: Nachdem das passiert war, kamen Sie nach Flint und veranstalteten eine große Pro-Schusswaffen-Kundgebung (der NRA) ...«

»Der Vizepräsident aber auch ...«

»Fanden Sie nicht, dass es gegenüber dieser Gemeinde etwas taktlos war? Die Leute standen noch unter Schock ...«

»Ehrlich gesagt, ich wusste nichts davon. Wir kamen früh am Morgen zu dieser Veranstaltung und fuhren dann weiter.«

»Sie wussten also nicht, dass dieser Mord passiert war?«

»Nein.«

»Wenn Sie aber davon gewusst hätten ...«

»Sie meinen, ob ich die Veranstaltung abgesagt hätte?«

»Genau ...«

»Ich ... bin mir nicht sicher.«

»Ihr Kommen war ursprünglich nicht vorgesehen. Ihre Entscheidung, dorthin zu fahren, fiel erst nach dieser Schreckenstat. Wenn Sie aber davon gewusst hätten, wären sie trotzdem zu der Kundgebung gekommen?«

Charlton Heston überlegt kurz. »Ich weiß es nicht ... keine Ahnung.«

»Vielleicht wären Sie nicht gekommen?«

»Hmh.«

»Vielleicht nicht?«

Charlton Heston beantwortet die Frage nicht, sondern reicht Michael Moore die Hand, um sich zu verabschieden. Er möchte das Interview vorzeitig beenden. Kurzes Händeschütteln.

»Möchten Sie sich bei den Menschen in Flint für damals entschuldigen, dass Sie die Kundgebung zu diesem Zeitpunkt durchgeführt haben?«

»Sie möchten, dass *i-c-h* mich bei den Menschen in Flint entschuldige?«

[...]

Rückblende.

Montag, 28. Februar 2000. Gegen 20 Uhr in Mount Morris Township, einem knapp 24 000 Einwohner zählenden Vorort von Flint, der achtgrößten Stadt im US-Bundesstaat Michigan.

Zwei Bewohner von Mount Morris Township werden am frühen Vormittag des folgenden Tages weltweit traurige Berühmtheit erlangen: ein kleiner Junge und ein kleines Mädchen. Kayla Rolland wohnt mit ihrer Familie in einem weißen bescheidenen Bungalow mit roten Fensterläden an der 1260 Princeton Avenue. Das Grundstück macht einen gepflegten Eindruck und wird von einem anderthalb Meter hohen Maschendrahtzaun umschlossen, vor dem Haus dreht sich still ein Windrad. Die Patchworkfamilie Rolland/McQueen wird in der Nachbarschaft besonders wegen ihrer Hilfsbereitschaft geschätzt, es gibt üblicherweise weder Animositäten noch Streit, am Wochenende trifft man sich gerne zum Barbecue.

Kayla trägt ihr kastanienbraunes Haar schulterlang, verhält sich aber sonst eher wie ein Junge: Sie mag weder Röcke noch Kleider, sie spielt lieber mit Autos als mit Barbie-Puppen, und sie möchte, wenn sie erwachsen ist, nicht Tierärztin werden, sondern Polizistin. Gerne unterhält sie ihre Umgebung mit Klopfklopf-Witzen. Ihr Lieblingsscherz geht so:

Klopf, klopf.

»Wer ist da?«

»Merry.«

»Merry wer?«

»Merry Christmas!«

»Kay Kay« gilt allgemein als etwas schüchtern, fürsorglich und liebevoll, sie betet jeden Morgen und jeden Abend, tollt gerne mit den Hunden der Familie durch den Garten, hüpft mit einem Springseil umher oder radelt mit ihrem pinkfarbenen Fahrrad von einem Haus zum nächsten, um sich dort eine heißbegehrte Süßigkeit abzuholen. Es gibt niemanden in der Umgebung, der das Mädchen nicht mag.

Bis auf einen, berichtet Kayla an diesem Abend ihrer Mutter vor dem Schlafengehen. Dedrick, ein Junge aus ihrer Klasse, fast genauso alt wie sie selbst, beschimpft, beleidigt, bedrängt oder schubst sie, wann immer sie sich begegnen. Heute ist es besonders schlimm gewesen, empört sich Kayla, der Junge wollte sie küssen, auf den Mund, ohne Grund, und sie hat ihn wegschubsen müssen, weil er einfach nicht damit aufhören wollte. »Mama, ich will das nicht mehr! Was soll ich tun?«

Veronica McQueen kennt den Übeltäter nur vom Hörensagen, ein übler Bursche soll er sein, rüpelhaftes Benehmen, ein ewiger Unruhestifter und Mobber, bekannt und berüchtigt für seine rüden Umgangsformen, ein Problemkind, das keine Freunde hat und in der Schule bereits x-fach ermahnt und bestraft werden musste. »Du gehst morgen zu deiner Klassenlehrerin und sagst ihr, was Dedrick gemacht hat. Okay?«

Eifriges Kopfnicken. Es folgt der obligatorische Gutenachtkuss. Kayla wird an diesem Abend noch eine Weile wach liegen und grübeln, bis der Schlaf sie endlich übermannt.

1103 Juliah Avenue, nur zwei Blocks vom Domizil der Rollands entfernt, etwa zur gleichen Zeit. Das graue renovierungsbedürftige Holzhaus erweckt den Eindruck, als wäre es eine Autowerkstatt, jedenfalls liegen im verwilderten Vorgarten alte Motorhauben herum, verbeulte Radkappen, ein ausgebauter Sitz, und vor der Treppe steht eine verrostende Corvette, aufgebockt mit Betonklötzen. Die zersplitterten Fensterschreiben des Hauses sind durch blaue Müllsäcke oder Decken notdürftig ersetzt worden, überall auf dem Grundstück sind leere Wodka- oder Whiskyflaschen verstreut, achtlos entsorgt wie der übrige Unrat. Selbst an einem sonnigen Tag wirkt hier alles kalt und grau, als wäre die Zeit stehen geblieben, als gäbe es hier keine Zukunft. Wer in dieser verkommenen Bruchbude sein Dasein fristen muss, der ist ganz unten angekommen.

Genau hier wohnt Dedrick Owens. Auch er kann an diesem späten Abend nicht einschlafen, wie so häufig. Das zerzauste, muffige, unbequeme Schlafsofa muss er sich mit seinem zwei Jahre älteren Bruder teilen. Falls es Dedrick gelingt einzuschlafen, wird er meistens irgendwann von den ewig gleichen Geräuschen aus dem Schlaf gerissen, die entstehen, wenn Fremde ins Haus kommen und Drogen oder Waffen kaufen wollen: Anklopfen, langsame Schritte, lautes Stimmengewirr, schnelle Schritte, Türenschlagen – in unregelmäßigen Abständen geht das so, jede Nacht. Dedrick wohnt erst seit zwei Wochen im »Crack-Haus« seines Onkels, nachdem die vorherige Unterkunft zwangsgeräumt und die Familie notgedrungen aufgeteilt worden ist. Dedrick glaubt sich seitdem in der Hölle, so unangenehm und unheimlich erscheint ihm sein Interimsdomizil.

Der nächste Morgen. Es ist 7.45 Uhr, als Kayla mit ihren sechs bzw. sieben Jahre älteren Geschwistern das Haus verlässt, um zur Schule zu gehen. Sie trägt ihre blaue Lieblingsjeans, ein geblümtes Hemd, rosa Stiefel, ihre Haare hat sie mit einem purpurnen Gummi zusammengebunden. Kayla ist nicht viel größer als der Tornister, den sie auf dem Rücken hat. Bis zum Schulgelände sind es nur drei Blocks.

Während Jonathan und Elisabeth sich angeregt unterhalten, ist Kayla ungewöhnlich still und in sich gekehrt. Sie denkt an die bevorstehende Begegnung mit Dedrick. Kayla ist zwar immer noch fest entschlossen, sich gegen den Jungen zu wehren und ihre Klassenlehrerin zu informieren, nur befürchtet sie, Dedrick könnte sie trotz einer Bestrafung weiter behelligen oder sogar verprügeln, denn das hat er mit anderen Kindern auch schon so gemacht.

Nur einige Hundert Meter entfernt macht sich auch Dedrick Owens an diesem Morgen auf den Weg zur Schule, wie gewöhnlich unvorbereitet, unausgeschlafen und unausgeglichen. Der farbige Junge wirkt mit seiner geringen Körpergröße, der klaffenden Lücke im Bereich der Schneidezähne und den nach hinten gebundenen Rastazöpfchen eher zart, irgendwie zerbrechlich, wie ein niedlicher Vierjähriger, und nicht wie jemand, der einen Menschen töten könnte.

Als er durch den zugemüllten, stellenweise morastigen Vorgarten seines Onkels stapft, vorbei an verwesenden oder bereits skelettierten Nagetieren, kickt er entschlossen die leeren Flaschen zur Seite und passiert Augenblicke später die verwaisten Grundstücke, auf denen sich einst Häuser von Fabrikarbeitern und Managern befanden, denen der Niedergang der Automobilindustrie noch bevorstehen sollte. Auf diesem Abschnitt der Juliah Avenue gibt es keine Gehwege, eine verrufene Gegend, in der sich gerne Junkies und Dealer herumtreiben, weil es viele dunkle Ecken gibt und die Polizei sich auch nur selten blicken lässt. Von hier aus sind es für Dedrick nur noch einige Minuten Fußweg bis zur Schule.

Die »Theo J. Buell Elementary« liegt am Rand einer gepflegten Siedlung aus Einfamilienhäusern und gilt als Vorzeigeschule. 60 Prozent der etwa 500 Schüler sind farbig, 30 Prozent weiß. In diesem Jahr nimmt die Schule erstmals am »Primary Mental Health Project« (PMHP) teil. Mithilfe dieses computerunterstützten Interventionsprogramms sollen Schüler mit aggressivem Verhalten bzw. entsprechenden Tendenzen frühzeitig identifiziert werden, um ihnen bei den festgestellten schulischen Anpassungsproblemen rechtzeitig helfen zu können – damit sollen aber auch Tragödien wie jüngst an der Columbine Highschool, als der 18-jährige Eric Harris und sein ein Jahr jüngerer Freund Dylan Klebold innerhalb einer knappen Stunde zwölf Schüler und einen Lehrer erschossen haben, sich möglichst nicht wiederholen können. Der Name Dedrick Owens ist im PMHP bereits erfasst.

Als der Junge kurz nach acht Uhr das Schulgelände erreicht, spaziert er wie immer unter einem Schild hindurch: »Wir sorgen für die Sicherheit Ihrer Kinder!«, steht darauf in großen Lettern geschrieben. Nachdem Dedrick das Schulgebäude betreten hat, wendet er sich nach rechts und schlendert in Richtung Klassenzimmer Nummer 6, wie immer. Dort wird er gleich, wie sonst auch, auf seine Mitschüler stoßen und sich mit ihnen auseinandersetzen. Alles wie gehabt. Es sind allein zwei Gegenstände, die er in seinen weiten Hosentaschen versteckt hat und die befürchten lassen, dass es für Dedrick und seine Klassenkameraden kein Tag wie jeder andere werden soll: ein braunes Klappmesser, Klingenlänge 9,5 Zentimeter, und eine schwarze halbautomatische Pistole, Kaliber 32, handtellergroß, mit braunen Griffschalen aus Holz und drei Patronen im Magazin.

Es ist genau 9.52 Uhr, als sich der Klassenraum 6 allmählich zu leeren beginnt. Die Kinder stellen sich wie vorgegeben im Flur in einer Reihe auf, um mit ihrer Klassenlehrerin, Alicia Judd (34), anschließend gemeinsam in das Computerlabor zu gehen. Nur fünf der 23 Kinder befinden sich zu diesem Zeitpunkt noch im Klassenzimmer, die üblichen Trödler, darunter auch Kayla und Dedrick.

Plötzlich gibt es einen lauten Knall. Alicia Judd erschrickt, überlegt kurz, denkt spontan an eine mit großer Wucht zugeschlagene Schranktür oder einen umgestürzten Schreibtisch, der auf den Boden geknallt ist – *aber das klingt doch irgendwie ganz anders!* Erst als sie Augenblicke später schrille Schreie hört, die offenbar aus ihrem Klassenzimmer kommen, ahnt sie, dass etwas Schreckliches passiert sein muss – und rennt los.

Alicia Judd stürzt in den Klassenraum und sieht Kayla: bäuchlings auf dem Boden liegend, leise stöhnend, sich vor Schmerzen windend, blutend. Der 911-Disponent erhält ihren Notruf Augenblicke später um 9.53 Uhr.

Judd: »In der Buell-Schule wurde eine Schülerin niedergeschossen! Schicken Sie sofort einen Krankenwagen!«
911: »Wo ist das Kind, das niedergeschossen wurde?«
Judd: »Genau hier auf dem Boden in meiner Klasse. Oh, Gott, bitte, sie wird bleich. Das kleine Mädchen wird bleich!«
911: »Sie wird bleich? Atmet sie noch?«
Judd: »Ja, das kleine Mädchen wird ganz bleich!«
911: »Atmet sie noch?«
Judd: »Nein, tut sie nicht!«
911: »Wo ist das Kind, das geschossen hat?«
Judd: »Es ist im Büro.«
911: »Es ist im Büro?«
Judd: »Ja!«
911: »Wo befindet sich die Waffe?«
Judd: »Die liegt hier neben mir auf dem Schreibpult.«
911: »Wo wurde das Kind getroffen?«
Judd: »Ich kann es nicht sagen. Ich habe Angst, ihren Körper

umzudrehen. Oh, lieber Gott, bitte, Herr, lieber Gott, bitte, Herr!«

911: »Ma'am, woher kommt das Blut?«

Judd: »Ich kann es nicht sagen. Sie liegt auf dem Bauch.«

911: »Wurde ihr in den Kopf geschossen?«

Judd: »Nein, es sieht nicht so aus. Es sieht so aus, als wäre sie von vorne beschossen worden.«

In diesem Augenblick betritt ein Deputy des Sheriff's Office den Klassenraum, sieht Alicia Judd mitfühlend an, verschafft sich einen Überblick, bemerkt die Pistole auf dem Schreibtisch, nimmt sie an sich und verlässt das Zimmer.

911: »Sie ist von vorne beschossen worden?«

Judd: »Ich kann ihren Puls nicht fühlen, aber sie bewegt sich!«

911: »Okay, aber sie ist definitiv eine Schülerin?«

Judd: »Aber sie bekommt Krämpfe, leichte Krämpfe! Sie versucht Luft zu bekommen!«

911: »Wissen Sie, wie man eine HLW (Herz-Lungen-Wiederbelebung) macht?«

Judd: »Ja, aber ich erinnere mich nicht. Ja ... Ich kann ihren Puls nicht mehr fühlen!«

911: »Okay, lassen Sie mich Ihnen sagen, wie man HLW macht, okay?«

Judd: »Okay.«

911: »In welchem Raum sind Sie?«

Judd: »Ich bin in Raum 6, aber ich kann bei ihr keinen Puls fühlen!«

911: »Beruhigen Sie sich!«

Judd: »Oh, mein Gott! Sie verdreht die Augen so komisch nach hinten. Es sieht so aus, als wollte sie Luft bekommen! Machen Sie schnell, ich brauche Hilfe!«

911: »Ma'am. Hilfe ist bereits unterwegs.«
Judd: »Der Täter ist weg. Helfen Sie mir, ich brauche dringend Hilfe!«

Der Dispatcher führt Alicia Judd stufenweise durch das HLW, sie folgt den Anweisungen des Disponenten und kämpft verzweifelt um das Leben ihrer Schülerin. »Atme, Kayla, atme doch!« Währenddessen, es ist jetzt 9.59 Uhr, stürmen zwei Sanitäter in den Raum und führen die Wiederbelebungsmaßnahmen fort.

Einer von ihnen ist Rodney Grant, 40. Er schiebt Alicia Judd sanft zur Seite, sucht den Puls des Mädchens, findet ihn erst nicht, dann doch, aber er ist kaum mehr zu ertasten. Rodney erkennt eine Verletzung an Kaylas Schulter. Seine Schlussfolgerung: Das Projektil dürfte dort eingedrungen sein, innere Verletzungen verursacht haben und das austretende Blut die Atmung des Kindes behindern. »Infusion! Sie braucht eine Infusion!«

Rodney bemerkt nicht die anderen Sanitäter um ihn herum, nicht die Frau, die eben noch hektisch versucht hat, Kayla Atem zu spenden, nicht die ankommenden Polizisten, auch nicht die Lehrer, die hereinkommen wollen und von den Deputys mit vereinten Kräften zurückgedrängt werden müssen. Er konzentriert sich ausschließlich auf Kaylas Atmung, sieht, wie intravenöse Zugänge gelegt, wie Flüssigkeiten in den leblosen Körper geleitet werden. Er nimmt ein Skalpell zur Hand, schneidet ein Loch in Kaylas Kehlkopf, steckt einen Tubus hinein und legt eine Sauerstoffmaske, die an einer zusammendrückbaren Pumpe befestigt ist, über den Mund des Mädchens. Er will in diesem Moment nichts mehr auf dieser Welt, als dass Kayla wieder ins Leben zurückkehrt.

Atmen! Du sollst atmen! Während sie das kleine Mädchen auf eine Trage legen, während sie durch die leeren Gänge der Schule zum Krankenwagen eilen, während sie mit Blaulicht und Martinshorn binnen sechs Minuten zum Hurley Health Center nach Flint, der nächstgrößeren Stadt, rasen, während sie in der pädiatrischen Notaufnahme Kayla den wartenden Fachärzten übergeben. *Atmen, mein Kind! Atmen!* Doch alle Hilfe kommt zu spät, Kayla wird um 10.29 Uhr für tot erklärt.

Während im Krankenhaus nichts weiter getan werden kann, überschlagen sich in der »Buell-Schule« die Ereignisse. Denn noch ist unklar, ob Dedrick tatsächlich geschossen hat, ob es weitere Opfer oder einen zweiten Täter gibt, wohin er gegebenenfalls geflüchtet ist oder ob er versuchen könnte, andere Kinder oder Lehrer zu gefährden – die dramatischen Ereignisse an der Columbine Highschool mit 15 getöteten und 21 verletzten Opfern im April 1999 sind noch in frischer Erinnerung und mahnen zu Umsicht und Vorsicht. Deshalb werden alle Lehrer über die Lautsprecheranlage der Schule angewiesen, sich mit ihren Schülern in der Klasse einzuschließen und nur dann wieder herauszukommen, wenn eine entsprechende Durchsage gemacht wird.

Erst 30 quälend lange Minuten später kann Entwarnung gegeben werden. Gegen 11.15 Uhr müssen die 458 Mädchen und Jungen ihre Schule, die nun ein großräumig abgesperrter Tatort ist, verlassen und werden mit Pendelbussen bis zu einer größeren Kirche im Nachbarort Beecher gefahren, wo sie von ihren besorgten Eltern in Empfang genommen werden, die bisher lediglich wissen, dass es in der Grundschule ihrer Kinder »einen schweren Unfall« gegeben haben soll.

Veronica McQueen, Kaylas Mutter, wird Ähnliches mitgeteilt, als sie während der Arbeit einen Telefonanruf erhält, nur soll dieser Unfall ihrer Tochter passiert sein. »Kommen Sie bitte sofort ins Krankenhaus!« Die 38-Jährige erfährt keine Details und denkt deshalb spontan an ein aufgeschlagenes Knie, eine lädierte Hand, vielleicht einen Knochenbruch.

Erst eine Viertelstunde später konfrontiert man sie im Krankenhaus mit der niederschmetternden Realität: »Es tut uns sehr leid, aber Ihre Tochter ist erschossen worden. Von einem Klassenkameraden.« Es dauert nur einen kurzen Moment, bis Veronica McQueen realisiert, dass sie ihre Tochter nicht mehr lebend wiedersehen wird, dass ihr Dasein, aber auch das der übrigen Familie eine dramatische Wendung genommen hat. Augenblicklich wirft sie sich voller Verzweiflung gegen die Wand, kreischt: »Wo ist mein Baby?« – und hört erst wieder auf zu schreien, nachdem man ihr ein starkes Beruhigungsmittel gespritzt hat. Einige Zeit später wird sie bei der unvermeidlichen Identifizierung neben ihrem toten Kind zusammenbrechen, es umarmen, flehen: »Bitte, wach auf! Bitte!«

Unterdessen haben die Ermittler den mutmaßlichen Todesschützen in Gewahrsam genommen und ins Büro des Sheriff's Office in Flint gebracht. Dort wird der teilnahmslos und verängstigt wirkende Junge von zwei besonders geschulten Detectives angehört. Der Bezirksstaatsanwalt ist ebenfalls anwesend.

Detectives:	»Hast du heute eine Pistole mit in die Schule gebracht?«
Dedrick:	»Nein.«
Detectives:	»Weißt du, wem die Pistole gehört?«
Dedrick:	»Nein.«
Detectives:	»Du hast nicht mit der Pistole geschossen?«
Dedrick:	»Nein.«
Detectives:	»Warst du in der Klasse, als das passiert ist?«
Dedrick:	»Ja.«
Detectives:	»Weißt du, wer geschossen hat?«
Dedrick:	»Ja.«
Detectives:	»Wer?«
Dedrick:	»Ein Junge.«

Detectives:	»Wie heißt der Junge?«
Dedrick:	»Thomas.«

Es dauert eine Weile, bis Dedrick versteht, dass die Polizisten ihn berechtigterweise für den Schützen halten und ein weiteres Abstreiten der Tat keinen Sinn macht. Also gibt er zu, die Pistole an diesem Morgen in die Schule geschmuggelt und später damit vor den anderen Kindern herumgefuchtelt zu haben, er bestreitet indes vehement eine Verletzungs- oder Tötungsabsicht.

Dedrick:	»Ich wollte die doch nur erschrecken.«
Detectives:	»Wen wolltest du erschrecken?«
Dedrick:	»Die anderen Kinder. Ich mag die nicht.«
Detectives:	»Und warum hast du auf Kayla geschossen?«
Dedrick:	»Ich wollte gar nicht schießen.«
Detectives:	»Du wolltest nicht schießen?«
Dedrick:	»Ich wollte ihr nur Angst machen.«
Detectives:	»Warum?«
Dedrick:	»Sie hat mich gestern gehauen. So ganz fest auf die Hand gehauen!«
Detectives:	»Warum hat sie dich gehauen?«
Dedrick:	»Weiß nicht.«
Detectives:	»Aber du hast auf sie geschossen ...«
Dedrick:	»Ich habe mit der Pistole nur so rumgespielt.«
Detectives:	»Rumgespielt? Was heißt das genau?«
Dedrick:	»Auf andere Kinder gezielt. Um sie damit zu erschrecken.«
Detectives:	»Und du hast mit der Pistole nicht auf Kayla gezielt?«
Dedrick:	»Nicht so richtig.«
Detectives:	»Nicht so richtig?«
Dedrick:	»Das wollte ich nicht. Ich wollte nur, dass sie Angst

	kriegt. Ihr ein bisschen Angst machen. Die Kugel ist dann einfach rausgekommen aus der Pistole. Bumm!«
Detectives:	»Und dann?«
Dedrick:	»Dann ist sie umgefallen. So wie im Fernsehen.«

Dementsprechend soll die Tötung Kaylas ein tragischer Unfall gewesen sein, lediglich eine versehentliche Schussabgabe mit verheerenden Folgen. Die »Onkel-Pistole« will Dedrick tags zuvor im Wohnzimmer des »Crack-Hauses« unter einer Wolldecke in einem Schuhkarton gefunden und ohne Wissen Dritter an sich genommen haben.

Nach Beendigung der Anhörung geben die Beamten dem Jungen eine Schachtel mit 64 Buntstiften und einige Blatt Papier, damit er malen kann. Anschließend diskutieren die Detectives mit dem Staatsanwalt in einem Nebenraum, wie Dedricks Aussage und sein Täterverhalten zu bewerten sind. Dass er Kayla getötet hat, wird nicht bezweifelt, allerdings hält man ihn nicht für einen Täter im strafrechtlichen Sinne – dafür fehlt Dedrick offenbar das Unrechtsbewusstsein.

Die drei Männer haben vielmehr den Eindruck gewonnen, als seien die mit der Schussabgabe verbundenen Konsequenzen für den Jungen nicht real, nicht absehbar gewesen, als habe er angenommen, Kayla gar nicht erschießen zu können, weil Tötungshandlungen für ihn bislang ausschließlich im Fernsehen stattgefunden hätten und dabei niemand wirklich zu Schaden gekommen sei. Und darum könne er auch nicht verstehen, was mit ihm gerade geschieht, warum mit ihm über Kaylas Tötung gesprochen werden muss, welche Tragweite sein Handeln aktuell hat und künftig haben wird.

Cedric Owens, sein Vater (29), seit 13 Tagen inhaftiert, weil er nach einer Verurteilung wegen Einbruchs gegen seine Bewährungsauflagen verstoßen hat, erfährt zwar nicht, wer der Schütze gewesen ist, als er im Radio hört, dass in der Schule seines Sohnes ein Mädchen erschossen worden ist, allerdings muss er bei dem Gedanken an den Täter unwillkürlich an Dedrick denken, und er ist auch weder überrascht noch konsterniert, als er zu Hause anruft und die volle Wahrheit erfährt.

Als hätte Mount Morris Township in den vergangenen Jahren angesichts des industriellen Niedergangs nicht schon genug Dramen erlebt, hält die kleine Stadt nun noch einen weiteren traurigen Rekord: das jüngste Gewaltopfer an einer Schule in der an Gewalttaten so reichen Historie der USA. Die Tötung von Kayla Rolland schickt Schockwellen des Entsetzens, des Zorns, aber auch des Mitgefühls durch das ganze Land.

Und provoziert damit Fragen, auf die momentan niemand eine abschließende Antwort zu sagen weiß, die aber diskutiert werden wollen, diskutiert werden müssen. »In welches Gefängnis steckst du einen Sechsjährigen? An welchen Ort wirst du ihn bringen, um aus ihm einen besseren Menschen zu machen?« Diese und andere Fragen stellt der Moderator eines lokalen Radiosenders in Flint am Tag eins nach der Tat und fordert seine Hörer auf, sich bei ihm zu melden, um ihre Meinung zu sagen, »was immer es ist«.

Kurz darauf ruft ein Mann an. Seine Stimme klingt leidenschaftlich, als er fordert, Dedrick Owens »sollte hingerichtet werden«. Der Moderator dazu: »Dann sind Sie ein Kindermörder. Das ist doch noch ein Baby, Mann!« Doch der Anrufer widerspricht vehement: »Ja, aber er ist ein Baby, das ein Baby getötet hat« – und bleibt in der Leitung.

Eine Frau wird zugeschaltet. »Er ist ein Opfer«, sagt sie mit sich überschlagender Stimme. »Er sieht jeden Tag Gewalt im Fernsehen. Und jetzt wollen Sie ihn töten lassen?«

Der Todesstrafen-Befürworter ist immer noch on Air und beharrt auf seiner Meinung: »Der Junge soll nicht einfach nur weggesperrt werden, was soll das bringen? Der gehört auf den elektrischen Stuhl!«

Schließlich geht der Moderator dazwischen und stellt nachdenklich stimmende Fragen: »Wie viele Stunden haben Sie in einem Crack-Haus verbracht? Wie können Sie das verstehen? Sie haben doch niemals in einem Crack-Haus gelebt?« Der Anrufer antwortet nicht, sondern legt auf. »Meine Güte, wo hört es auf? Bei sechsjährigen Kindern? Wo hören wir auf, zu bestrafen? Werden wir die Gesetze ändern, um Kinder strafrechtlich verfolgen zu können? Wahrlich, es gibt zwei tragische Opfer in diesem Fall, und es sind beides Kinder!«

Während eine mit ungewöhnlicher Intensität und Härte geführte öffentliche Diskussion entbrennt, die das ganze Land umtreibt und polarisiert, versuchen die Ermittler in diesem Fall zunächst zwei Fragen zu beantworten, die auch Bill Clinton, der Präsident, nur wenige Stunden nach der Tat medienwirksam formuliert hat: »Wie konnte das Kind an diese Waffe kommen? Und wer hat ihm das Schießen beigebracht?«

Die Spur führt schon bald ins »Crack-Haus« an der Juliah Avenue in Mount Morris Township, dort, wo Dedrick die Pistole zufällig entdeckt haben will. Polizisten besorgen sich einen Durchsuchungsbeschluss und stürmen das Haus. Sie treffen dort auf Marcus Winfrey (22), Dedricks Onkel, und einen 19-jährigen Mitbewohner namens Jamelle James; beide Männer, vorbestraft und arbeitslos, werden umgehend festgenommen, weil gegen sie Haftbefehle wegen Verkehrs- bzw. Eigentumsdelikten vorliegen. Und die Ermittler finden jenen nun leeren Schuhkarton, in dem die Tatwaffe gelegen haben soll, und auch die besagte Wolldecke. Dedrick dürfte demnach in diesem Punkt die Wahrheit gesagt haben.

Diese Annahme darf für seine Schilderungen des Tatablaufs

wohl nicht gelten, jedenfalls ergibt sich nach der Anhörung von elf Klassenkameraden ein anderes Bild. Es gibt zwar nur eine Zeugin, die zweifelsfrei beobachten konnte, wie Dedrick auf Kayla geschossen hat und was vorher zwischen beiden passiert ist, allerdings werden die Angaben von Haili Durbin (sechs) als besonders glaubwürdig eingeschätzt, weil sie sich mit den objektiven Bedingungen am Tatort decken und widerspruchsfrei bzw. plausibel erscheinen.

»Ich war mit noch ein paar anderen Kindern im Klassenzimmer«, berichtet Haili Durbin mit stockender Stimme den Ermittlern, »da haben Kayla und Dedrick sich gestritten.« Nicht zum ersten Mal, sagt das Mädchen, Dedrick habe Kayla von Anfang an nicht leiden können, weil sie nicht wie die anderen Mitschüler klein beigegeben hätte, wenn sie von ihm bedrängt, beleidigt oder geärgert worden sei. Aber auch die übrigen Klassenkameraden wären vor Dedrick nicht sicher gewesen: »Der hat uns oft den Mittelfinger gezeigt und sich mit anderen Kindern geprügelt. Er ist ein böser Junge.«

Im Zuge der verbalen Auseinandersetzung, da Dedrick Kayla bespuckt hatte, schrie Kayla ihn an und beschimpfte ihn. Dedrick sei daraufhin »sauer geworden«, habe seine Pistole aus der Hosentasche gezogen, sie hörbar durchgeladen, und zunächst auf sie, Haili Durbin, gezielt, bevor er plötzlich herumgewirbelt sei und auf Kayla angelegt habe. »Er hat zu ihr gesagt: ›Ich mag dich nicht!‹ Dann hat es den Knall gegeben, und die Kugel ist in Kayla reingegangen. Sie ist umgefallen, und neben ihr war dann ein Blutfleck auf dem Fußboden. Kayla hat zu mir gesagt: ›Ich werde sterben!‹ Danach hat sie nicht mehr gesprochen.«

Die Ermittler erfahren von der Hauptbelastungszeugin auch, dass Dedrick Owens an diesem Morgen bereits vor dem tödlichen Schuss, der nach Einschätzung des rechtsmedizinischen Gutachters unterhalb der Achselhöhle eingedrungen ist und neben Herz und Lunge eine lebenswichtige Arterie verletzt hat, verhaltensauffällig geworden ist, und zwar wegen seines Klappmessers, das er einem Klassenkameraden gezeigt hat; der wiederum will sich einer Lehrerin anvertraut und Dedrick angeschwärzt haben. Die Lehrerin bestätigt die Angaben des Zweitklässlers und erklärt der Polizei, Dedrick das Messer daraufhin abgenommen zu haben, sie sei jedoch aus Zeitgründen nicht mehr dazu gekommen, den Übeltäter ins Sekretariat zu schicken oder den Vorfall dem Rektor zu melden.

Am Tag drei der Ermittlungen gelingt es der Polizei, auch das Rätsel um die Tatwaffe zu lösen – mittlerweile eine Angelegenheit von nationalem Interesse. Denn es geht nun auch darum, in diesem Fall der Öffentlichkeit möglichst bald einen Schuldigen bzw. im juristischen Sinne Verantwortlichen zu präsentieren, zumal sehr zweifelhaft ist, ob der Todesschütze dafür in Betracht kommt.

Und das kann nur derjenige sein, dem die Tatwaffe gehört und der zugelassen hat, dass sie in falsche Kinderhände geraten konnte. Der Name dieses Mannes ist Jamelle James. Der junge Mann hat in seiner Vernehmung zugegeben, die Pistole von einem Hehler für 40 Dollar und ein Päckchen Marihuana gekauft zu haben. Ursprünglich stammt die Waffe aus einem Einbruch in ein Mehrfamilienhaus drei Monate zuvor. Überdies haben mehrere Besucher des »Crack-Hauses« bezeugt, die Tatwaffe zu verschiedenen Gelegenheiten an unterschiedlichen Örtlichkeiten offen herumliegend bemerkt zu haben. In Anbetracht dieser Beweislage wird Jamelle James wegen fahrlässiger Tötung angeklagt und inhaftiert.

Dedrick Owens befindet sich derweil in der Obhut der »County Family Independence Agency«, einem sozialen Dienst, der letztlich verfügt, den Jungen und seinen älteren Bruder zunächst bei einer Tante mütterlicherseits unterzubringen, bis ein Familiengericht darüber entscheidet, wer sich um die Kinder dauerhaft kümmern soll. Nur so viel ist klar: Ihre Eltern kommen dafür nicht mehr in Betracht.

Denn die intensiven Nachforschungen der Polizei haben ergeben, dass Tamarla und Cedric Owens mit der Erziehung der eigenen Kinder komplett überfordert waren. Beide lernen sich kennen, als sie Anfang der 1990er-Jahre in Flint wohnen und Nachbarn werden. Beide stammen aus kinderreichen Familien, haben nur einen niedrigen Schulabschluss, halten sich mit Gelegenheitsjobs finanziell über Wasser, nehmen erst gelegentlich Drogen, dann regelmäßig, werden schnell abhängig.

In kurzen Abständen bekommen die Owens ab 1992 drei Kinder, zwei Jungen und ein Mädchen, um die sich Cedric – zu diesem Zeitpunkt bereits dreifacher Vater aus anderen Beziehungen – allerdings kaum kümmern kann, weil er immer wieder mit dem Gesetz in Konflikt gerät. Seine kriminelle Karriere ähnelt der eines Berufsverbrechers: versuchter Einbruch und Kokainbesitz, Drogenhandel, Widerstand gegen Vollstreckungsbeamte, Verhaftungen, Auftritte vor Gericht, Bewährungsstrafen, Verurteilungen, Haftstrafen, Entziehungskuren, Verurteilungen, Teilnahme an einem Bootcamp, Widerruf der Bewährung, Gefängnis.

Und immer dann, wenn Cedric Owens wieder einmal vor Gericht steht, wird er an seine erzieherischen Pflichten erinnert, so auch am 26. Oktober 1995 vor dem Genesee County Circuit. »Sie haben eine ziemlich dunkle Vergangenheit hinter sich«, moniert der Vorsitzende, »und Sie haben eine ganze Reihe von Kindern gezeugt, aber Ihre Fürsorge ist kaum feststellbar. Sie scheinen ganz am Rand der Gesellschaft zu leben. Wie soll es künftig mit Ihnen und Ihren Kindern weitergehen?«

Cedric Owens beklagt daraufhin seine düstere Vergangenheit als Drogenabhängiger und resümiert vollmundig, während der zurückliegenden Haft zu neuen Einsichten gelangt zu sein und nach seiner nun bevorstehenden Entlassung ein besserer Mensch werden zu wollen, weg von den Drogen, fernab von Kriminalität, frei für seine Familie, seine Verantwortung als Ehemann und Vater endlich bereitwillig annehmend und erfüllend – allerdings steht der vermeintlich Geläuterte nur drei Monate später vor demselben Richter, der daraufhin Cedric Owens' Bewährung widerruft und ihn für längere Zeit ins Gefängnis schickt.

Tamarla Owens kämpft von Beginn ihrer Mutterschaft an einen verzweifelten Kampf gegen die Drogensucht, gegen die Entfremdung von ihrem Ehemann, gegen die Arbeitslosigkeit, gegen die Verarmung, gegen die soziale Ausgrenzung, gegen die Widrigkeiten des Lebens. Alleinerziehend ist sie auf Sozialhilfe und die finanzielle Unterstützung ihrer Eltern und anderer Familienangehöriger angewiesen. Erst im Sommer 1998 gelingt es der jungen Frau, verschiedene Jobs anzunehmen und regelmäßig zu arbeiten, nachdem sie ihre Drogenabhängigkeit überwunden hat.

Wenige Monate bevor Dedrick auf Kayla schießen wird, ist Tamarla Owens' Tagesablauf zeitlich eng getaktet: morgens ab 6.30 Uhr die Kinder versorgen und nach Möglichkeit zur Kita bzw. Schule bringen; von 10 Uhr bis 16 Uhr als Verkäuferin in einem Einkaufszentrum arbeiten; übergangslos bis 21 Uhr als Aushilfe in einem Café stehen und Waffeln backen; anschließend warten die Kinder zu Hause und fordern ihr Recht. Trotzdem lebt die Familie in chronischer Armut: Es gibt kein Telefon, kein Auto, kein Fernsehen, kein Freizeitvergnügen, keinen Urlaub.

Doch auch bei allem Verzicht bleibt letztlich zu wenig Geld übrig, weil Tamarla Owens Ende 1999 nach eigenem Verschulden ihre staatlichen Subventionen gestrichen werden; fortan muss sie die Miete für ihr abbruchreifes Haus selbst aufbringen. Mit einem Jahresverdienst von gerade einmal 13 000 US-Dollar liegt sie unterhalb der offiziellen Armutsgrenze und kann die Miete nicht mehr bezahlen – erst wird ihr gekündigt, zwei Monate später folgt die Zwangsräumung. Sie und ihre Tochter kommen übergangsweise bei einer ihrer Schwestern unter, Dedrick und sein Bruder werden nur deshalb ins »Crack-Haus« des Onkels gegeben, weil Tamarla Owens ihre Schwester nicht über Gebühr belasten möchte.

Dedrick Owens wächst im Wesentlichen ohne Vater auf, den er bei gelegentlichen Besuchen nur in Gefängniskleidung und in Handschellen erlebt. Aber auch seine Mutter ist entweder mehr mit sich selbst und ihren Drogenproblemen beschäftigt, oder Tamarla hat keine Zeit, sich um ihn zu kümmern, weil sie anderen existenzsichernden Verpflichtungen nachkommen muss. Die daraus resultierenden Vernachlässigungen und seelischen Beschädigungen werden erst offenkundig, als der Junge, ohne den Kindergarten besucht zu haben, auf seine Schulkameraden trifft. Schnell gerät er in einen fortwährenden Konflikt, so sein zu wollen wie andere Kinder, angenommen und akzeptiert zu werden, letztlich bleibt er aber sich selbst überlassen, auf sich allein gestellt, an den Rand gedrängt, beargwöhnt und zurückgewiesen.

Der Junge kennt von zu Hause aus keine Regeln, keine Bindung, keine Nestwärme, niemand gibt ihm Orientierung oder taugt als Autorität bzw. Vorbild. Er kann einfach tun und lassen, was er will, er respektiert nur seine eigenen Bedürfnisse, kann sich nicht in andere Menschen hineinfühlen – und genau so gebärdet er sich auch in der Schule, wenn er seine Mitschüler hänselt, sich mit ihnen prügelt, ihnen das Pausenbrot wegnimmt oder sie mit einem Bleistift nicht unerheblich verletzt.

Dedrick kann sich in einer Gruppe weder einordnen noch unterordnen. Und auch die häufigen Suspendierungen vom Unterricht oder die gegen ihn verhängten sonstigen Sanktionen (z. B. Nachsitzen, weil er trotz Verbots immer wieder »Fuck« schimpft) beeindrucken ihn nicht, vielmehr glaubt er sich in seiner Außenseiterposition bestärkt. Nur seinem Vater offenbart er einmal, warum er sich seinen Mitschülern gegenüber so und nicht anders verhält: »Ich hasse sie. Ich hasse sie alle!«

Schon wenige Wochen nach seiner Einschulung wird Dedrick im Früherkennungs- und Interventionsprogramm PMHP als »in einer gefährlichen Umgebung lebend«, »unmittelbar gefährdet« und »potenziell gewalttätig« erfasst, nur die sich daraus üblicherweise ergebenden Konsequenzen bleiben in diesem Fall aus, weil der Junge zu Hause nicht besucht werden kann – entweder weil seine Mutter außer Haus oder seine Adresse unbekannt ist – und er disziplinarrechtliche Mitteilungen der Schule an seine Mutter kurzerhand unterschlägt. So entsteht ein Informations- und Interventionsvakuum, obwohl mithilfe des PMHP genau das verhindert werden sollte.

Nach Auffassung des Bezirksstaatsanwalts soll Dedrick für die Tötung von Kayla juristisch nicht belangt werden. Denn es besteht nur eine entfernte theoretische Möglichkeit, ihn wegen Mordes anzuklagen, dafür müsste der Junge indes entsprechende Testverfahren erfolgreich absolvieren und von einem Richter anschließend für schuldfähig erklärt werden, womit nach Lage der Dinge niemand ernsthaft rechnet. Einerseits. Andererseits hat der Oberste Gerichtshof bereits im Jahr 1893 in einem heute noch geltenden Urteil entschieden, dass niemand unter sieben Jahren wegen eines Kapitalverbrechens belangt werden könne, weil Kinder in diesem Alter per se unfähig seien, kriminelle Absichten zu verfolgen.

»Ich kann mir keine schlechtere Umgebung vorstellen, in der ein Kind aufwächst«, begründet der Bezirksstaatsanwalt in einer Pressekonferenz seine Entscheidung. »In der Welt dieses kleinen Kerls war das männliche Vorbild jemand, der eine Waffe hat und sie benutzt, um Gewalt auszuüben.« Die Erschießung des

Mädchens sei in erster Linie als Nachahmungstat zu bewerten, die Pistole habe Dedrick als Spielzeugwaffe interpretiert, ohne sich der aus dem Gebrauch gegen Menschen resultierenden Konsequenzen bewusst zu sein. Es werde in diesem Fall eben unter dem immensen Erwartungsdruck der Öffentlichkeit nicht blindlings nach einem Sündenbock gesucht, sondern nach Gerechtigkeit, die sowohl dem Opfer als auch dem Schützen zuteilwerden müsse.

Nicht wenige Menschen in den USA fordern nichtsdestotrotz, die Gesetze alsbald zu ändern und das Alter für kindliche Delinquenten herabzusetzen, um sie auch wegen Mordes belangen zu können, selbst die Todesstrafe für Kinder findet Befürworter. Auch Kaylas Eltern reklamieren für ihre Tochter ein anderes Verständnis von Gerechtigkeit: »Der Junge ist kein Opfer. Unsere Tochter ist das Opfer!«

Mehr als tausend Menschen kommen im Brown Funeral Home in Flint zusammen, um von Kayla Abschied zu nehmen. Der Körper des toten Mädchens liegt in einem offenen weißen Sarg, jemand hat ihr einen Teddybären in den Arm gelegt. In ihrem lilafarbenen Hemdchen sieht sie aus wie eine Porzellanpuppe und soll an »Barney« erinnern, ihre Lieblingsfigur aus der gleichnamigen TV-Serie. Neben dem einbalsamierten Körper Kaylas kniet ihre Mutter, Veronica McQueen, weint hemmungslos, flüstert verzweifelt: »Ich werde dich immer lieben.«

Solche Liebesbekundungen bzw. Liebkosungen hat es in Dedrick Owens Leben bislang nur selten gegeben, das behauptet der Junge jedenfalls, als er vor Gericht aussagen muss; nicht weil man ihn doch des Mordes angeklagt hat, verhandelt wird vielmehr gegen Jamelle James, den Eigentümer der Tatwaffe, wegen fahrlässiger Tötung. Kaum mehr als Dedricks Augen und Nase ragen aus dem Zeugenstand heraus, als er die unbequemen Fragen des Bezirksstaatsanwalts beantworten muss. Mitunter spricht Dedrick so leise, dass sein Anwalt die Aussage laut wiederholen muss.

Der Sechsjährige bezeugt schließlich, wie er den Angeklagten mit dessen Pistole häufiger habe hantieren sehen, wie Jamelle James gelegentlich herumgewirbelt sei und auch auf andere Menschen gezielt habe, wohl mehr aus Spaß. Der Staatsanwalt muss die Handbewegungen des Jungen wiederholen, weil sie für das Gericht sonst nicht zu erkennen sind. Während der Befragung schaut Dedrick meist verlegen auf den Boden oder mit ausdruckslosem Gesicht aus dem Fenster, als könne er nicht verstehen, warum er seine Version der Ereignisse noch einmal erzählen soll, warum man ihn nicht einfach in Ruhe lässt.

Gegen Ende der Befragung geht es auch um Kayla, das Bespucken, die Auseinandersetzung, den Schuss, ihren Tod – den Dedrick jedoch nicht herbeigeführt haben will, beteuert er, energisch den Kopf schüttelnd: »Nein! Ich habe nicht mit der Waffe gespielt, nein, das habe ich nicht!« Vielmehr soll ein anderer Junge ihm die Pistole abgenommen und auf Kayla geschossen haben. Der Staatsanwalt fragt nach.

Staatsanwalt:	»Kannst du dich noch daran erinnern, wie du bei der Polizei befragt worden bist, was du gesagt hast?«
Dedrick:	»Ja.«
Staatsanwalt:	»Hast du den Polizisten erzählt, dass es ein Unfall gewesen ist?«
Dedrick:	»Ja.«
Staatsanwalt:	»Bist du an diesem Unfall schuld gewesen?«
Dedrick:	»Nein.«

Und bei dieser Aussage bleibt er.

Während seine Klassenkameraden mit unguten Gefühlen nach einer Woche in die »Buell-School« zurückkehren können, wird Dedrick erst am 20. April 2000 an einem geheim gehaltenen Ort in eine Privatschule gegeben, begleitet von Gemeindebeamten, die für seine Sicherheit sorgen sollen. »Wir sind schockiert und entsetzt darüber, dass er in eine andere Schule gehen darf«, empören sich Kaylas Eltern öffentlich und sprechen damit vielen anderen Menschen im Land aus der Seele. »Wir sind besorgt um das Wohl der Kinder, die mit diesem Jungen zusammen sein müssen.« Denn: »Wenn man sagt, er weiß nicht, was er getan hat, und gesetzt den Fall, es stimmt, wird er nicht wissen können, ob er es nicht wieder tut.« Doch entgegen allen bösen Vorahnungen und Vorurteilen wird Dedrick sich in seiner neuen Umgebung unauffällig geben und seinen Mitschülern keinen Grund geben, sich gegen ihn zu wenden.

Juristisch betrachtet ist Jamelle James der Hauptschuldige dieses Dramas, er lässt sich letztlich auf einen Deal ein und wird zwei Jahre und fünf Monate im Gefängnis verbringen. Auch Dedricks Eltern werden belangt, man entzieht ihnen nicht nur das Sorgerecht für Dedrick, sondern für alle Kinder. Das gleiche Schicksal widerfährt Veronica McQueen, als 2003 bekannt wird, dass ihr Mann eines ihrer Kinder über einen längeren Zeitraum sexuell missbraucht hat und man ihr eine Mitschuld gibt – sie hätte das Opfer wirksam schützen können und müssen.

Wenn man in diesem Fall neben der erzieherischen Verantwortung nach sonstigen Ursachen fragt, wenn erklärt werden soll, was in dieser Gesellschaft schiefläuft, warum in den USA neunmal mehr Kinder durch Pistolen- oder Gewehrschüsse sterben als in den 25 größten Ländern dieses Planeten zusammen, dann liegt die Antwort auf der Hand, viele Amerikaner kennen sie: die ubiquitäre Verfügbarkeit von Schusswaffen. Nirgendwo sonst in der Welt wird der Besitz und das Tragen von »Knarren« gegen jede Vernunft so mystifiziert und als Grundrecht eisern verteidigt. »Gott, schütze Amerika«, steht immer wieder zu lesen, ist immer wieder zu hören. Nur – wer schützt die Kinder vor Amerika?

Dedrick Owens wird nach einem Gerichtsbeschluss schließlich dauerhaft in eine Pflegefamilie gegeben. Bis zum heutigen Tag werden sowohl seine Identität als auch sein Aufenthaltsort geheim gehalten. Wegen einer Gewalttat ist er wohl nicht mehr in Erscheinung getreten – die Welt hätte davon erfahren.

Happy End?

August 2001 in Beverly Hills.

Zurück in der prachtvollen Villa von Charlton Heston, der ein Interview mit Michael Moore zum Gebrauch von Schusswaffen in den USA unterdessen vorzeitig abgebrochen und das Tennis-Haus mit versteinerter Miene verlassen hat.

»Mr. Heston, eine Sache noch.«

Charlton Heston dreht sich um.

»Das ist sie. Ähm. Das war sie.«

Michael Moore zeigt ein Foto von Kayla Rolland zu Lebzeiten. Doch Charlton Heston wendet sich ab und entfernt sich.

»Mr. Heston, bitte gehen Sie nicht weg. Bitte sehen Sie sie sich an. Das ist das Mädchen!«

Doch Charlton Heston verschwindet Augenblicke später in seiner Villa, ohne sich noch einmal umzudrehen, ohne ein Wort zu sagen.

Stille.

Nur noch Vogelgezwitscher.

Irgendwo da draußen.

Im Fadenkreuz

»Morgen wirst du herausfinden,
ob du lebst oder stirbst!«

»Ich habe keine Erklärung für irgendetwas davon.
Niemand tut es. Es ist nichts,
was du von deinem Kind oder
dem Kind eines anderen erwarten würdest.«

»Mord ist eine Sünde.
Ich habe damals eine Wahl getroffen,
und deshalb kann ich nicht behaupten,
ein Opfer zu sein.«

Dienstag, 24. März 1998, gegen 7 Uhr. In einem Wohnmobil an einer einsam gelegenen Landstraße in Bono, einem 1200-Seelen-Dorf im Craighead County, im US-Bundesstaat Arkansas, circa 60 Kilometer von Memphis entfernt.

Mitchell muss von seiner Mutter an diesem Morgen nicht erst geweckt werden; der 13-Jährige liegt zwar noch in seinem Bett, aber er ist bereits wach, hellwach, und das seit etwa einer Stunde. Etwas treibt ihn um. Er hat zwar noch keine genaue Vorstellung davon, was genau an diesem Vormittag passieren wird, nur dass *es* passieren wird, erscheint gewiss. Denn es gibt eine Vereinbarung, eine Verabredung, ein Versprechen, das Mitchell gegeben hat und nicht brechen wird. Großes Indianerehrenwort.

Er ist gut gelaunt und erzählt am Frühstückstisch seiner Mutter, seinem Stiefvater und seinem zwei Jahre jüngeren Bruder mit einem breiten Grinsen im Gesicht, wie er gestern Nachmittag im Kirchenchor absichtlich schief gesungen habe und dass die Chorleiterin, eine ältere Dame, deswegen »richtig sauer« gewesen sei und »die alte Schachtel«, weil er mit dem Blödsinn einfach weitergemacht habe, schließlich »ausgerastet« sei und ihn – »das könnt ihr euch nicht vorstellen!« – an den Ohren gezogen »und rausgeschmissen« habe. »Das erzähle ich deinen Eltern!«, seien ihre letzten Worte gewesen. Allgemeines Gelächter.

Eine Dreiviertelstunde später verlässt Mitchell das Haus, um den Bus zu erreichen, der ihn wie üblich zur Schule bringen soll. Nach zehn Minuten kommt er zurück und berichtet seiner Mutter sichtlich aufgebracht: »So ein Mist! Ich habe den Bus nicht gekriegt, der war schon weg.« Was der Junge nicht sagt: Er hat den Bus absichtlich verpasst, weil dieses aus seiner Sicht raffinierte Täuschungsmanöver Teil eines perfiden Plans ist, den er mit einem anderen Jungen ausgeheckt hat. Wenn er jemandem davon erzählen wollte, man würde ihn belächeln oder verspotten oder für verrückt erklären, nur ernst nehmen würde man ihn nicht, so unwirklich-ungeheuerlich und abgründig ist das, was er und sein Freund sich für heute vorgenommen haben. Einfach unglaublich.

Zur gleichen Zeit zweieinhalb Kilometer entfernt im Haus Nummer 210 am Royale Drive, einem einstöckigen, bescheidenen Bungalow mit Backsteinfassade an der Peripherie von Jonesboro. Der Briefkasten ist mit einer fröhlich lächelnden Sonnenblume verziert, auf dem Hinterhof steht auf Stelzen ein Holzspielhaus, davor ein kleiner Springbrunnen inmitten einer gepflegten Grünfläche – Vorstadtidylle.

Hier wohnen Dennis und Pat Golden mit ihrem Sohn Andrew. Der Junge ist elf Jahre alt und Mitchells Komplize. Auch er hat das Elternhaus soeben verlassen, um den Schulbus zu nehmen, heute ausnahmsweise ohne Begleitung seiner Eltern, denn die mussten früher als gewöhnlich zur Arbeit, und auch er ist nicht in den Schulbus eingestiegen, sondern versteckt sich in einem Gebüsch in der Nähe seines Elternhauses und wartet dort ungeduldig auf Mitchell.

Als dessen Mutter aus dem Fenster schaut und bemerkt, dass der graue Dodge-Van nicht mehr vor dem Wohnmobil steht, nimmt sie an, Terry, Mitchells Stiefvater, würde den Wagen benutzen und ihren Sohn zur Schule bringen, das jedenfalls hat er, Mitchell, ihr gegenüber eben noch angekündigt. Allerdings hat die 43-Jährige von der Abfahrt der beiden nichts mitbekommen können, weil sie ihre zweijährige Tochter gefüttert hat. Während die Frau das hungrige Kind versorgt, ist ihr Sohn, wie angenommen, mit dem Van unterwegs – allerdings allein, und er fährt auch nicht zur Schule, sondern will seinen Freund Andrew abholen.

Etwa zur selben Zeit rollen anderthalb Kilometer vom Wohnmobil der Johnsons entfernt die gelben Schulbusse wie jeden Morgen am Treppenaufgang der Westside Highschool vorbei, an dessen Ende das große, rechteckige, weiße Messingschild hängt und einen Indianer mit gefiedertem Kopfschmuck zeigt, das martialisch anmutende Maskottchen des »Warrior-Gymnasiums«.

Die Busse fahren weiter um eine Kurve einen kleinen Hügel hinunter, vorbei am Footballfeld und der rot-schwarz bemalten Anzeigetafel, bis sie vor einem separaten Eingang für die Grund- und Mittelschulen halten, um die Fahrgäste aussteigen zu lassen. Ein großes Schild an der Auffahrt soll die Schüler jeden Tag aufs Neue motivieren und inspirieren. Der dazu passende Wahlspruch lautet: »Das Zauberwort ist – Zusammenarbeit«.

An diesem Morgen herrscht unter den etwa 250 Mädchen und Jungen eine spürbare Vorfreude, denn der Frühlingskarneval steht unmittelbar bevor, Gelegenheit für allerlei Späße und Streiche, die in erster Linie auf die Lehrer gemünzt sind. Niemand kann zu diesem Zeitpunkt ahnen, dass zwei Jungen, die der Schule heute zunächst ferngeblieben sind, dies aus einem Grund tun, über den auch Jahrzehnte später Kriminalexperten weltweit noch überaus kontrovers diskutieren werden.

Etwa eine Stunde später. Die Frühlingssonne scheint über den Büschen und Eichen, die das schmucke Haus aus roten Ziegelsteinen auf einem Hügel umgeben, als die Schulschwänzer Mitchell und Andrew an der kleinen Schaukel, der Rutsche und dem Sandkasten vorbeischleichen, den Andrews Großeltern für ihn angelegt haben; Augenblicke später brechen sie die Kellertür des Hauses auf, so leise wie eben möglich. Dies ist bereits ihr zweiter Versuch, an Schusswaffen zu gelangen; im Haus von Andrews Eltern sind sie kurz zuvor erfolglos geblieben, weil die dort vorhandenen Pistolen und Gewehre erst kürzlich in einen Safe umgelagert worden sind und sie den Schlüssel dafür nicht finden konnten. Auch der Versuch, den Tresor kurzerhand mit einem Gasbrenner aufzuschweißen, ist fehlgeschlagen.

Im Haus von Andrews Oma und Opa hingegen läuft es besser, denn im Wohnzimmer hängen an der Wand rund ein Dutzend Schusswaffen, die lediglich durch ein Kabel gesichert sind. Kein unüberwindbares Hindernis. Mit einem Seitenschneider, den sie in der Garage finden, lässt sich die Schutzvorrichtung mühelos durchtrennen; endlich verfügen die Jungen über Pistolen, Revolver und Gewehre, die sie so dringend benötigen, soll ihr teuflischer Plan in die Tat umgesetzt werden. Die beiden schleppen das brisante Diebesgut zum Van und verstauen es auf der Ladefläche im hinteren Teil des Fahrzeugs.

Als der Lieferwagen endlich vollständig beladen ist, befinden sich darin Schnellfeuergewehre mit Zielfernrohr, ein Karabiner, kurzläufige Revolver der Marke Smith & Wesson, eine Magnum, eine doppelläufige Derringer-Pistole sowie etwa 3000 Schuss

Munition und diverse Campingutensilien, darüber hinaus ein Funkgerät, eine Machete, eine Armbrust, ein Tarnnetz und diverse Nahrungsmittel, die üblicherweise benötigt werden, wenn eine längere Reise bevorsteht und die Teilnehmer auf Selbstverpflegung angewiesen sind: mehrere Dosen mit Bohnen, reichlich Tütensuppen, Obst, Brot, elf Pakete mit getrockneten Streifen Rindfleisch, acht Büchsen mit Thunfisch, fünf Pakete Cracker, Kartoffelchips und eine große Menge Süßigkeiten, alles verstaut in zwei Werkzeugkisten. Daneben liegen noch zwei Schlafsäcke, ein Bogen, acht Pfeile und drei Jagdmesser – eine Überlebensausrüstung. Es kann losgehen.

Mitchell startet den Wagen. Er ist zwar mit dem Van in Begleitung seines Stiefvaters schon einige Male kurze Strecken gefahren, allerdings besitzt er naturgemäß weder einen Führerschein, noch ist er mit den Modalitäten des Autos vertraut. Und deshalb rumpelt der Wagen schon nach kurzer Zeit mit auffallend geringer Geschwindigkeit auf die erstbeste Tankstelle zu – es ist zu wenig Benzin im Tank, um ans Ziel zu gelangen.

Mitchell steigt aus, fummelt unbeholfen an der Zapfsäule herum, er weiß aber nicht, wie er sie bedienen soll. Der pausbackige Junge überlegt, den Tankwart um Hilfe zu bitten, lässt es aber bleiben, weil er als Kind, das mit einem Kleintransporter unterwegs ist, unangenehme Fragen befürchtet und somit die gesamte Aktion gefährdet werden könnte. Also besser schnell unverrichteter Dinge wieder einsteigen und möglichst unauffällig weiterfahren.

Einige Minuten später wird auf einem Verkehrsschild die Gemeinde Bono angekündigt, ab jetzt sind es noch knapp vier Kilometer bis zum Ziel. Augenblicke später fahren die Jungs durch die Ortschaft, vorbei an kleinen, kastenförmigen Häusern, einem Autozubehörladen, dem IGA-Supermarkt, der Bono-Kirche, dem Wahrzeichen des Dorfs, und halten schließlich an einer

Tankstelle. Für die letzten noch zu absolvierenden Kilometer würde der Sprit sicher ausreichen, doch ihr Zielort soll heute nur eine Durchgangsstation sein, denn wenn sie getan haben, was sie beabsichtigen, werden sie flüchten und eine längere Strecke mit dem Van fahren müssen, bis sie in Sicherheit sind.

Duplizität der Ereignisse, Mitchell scheitert abermals an der Benzinpumpe. Diesmal muss er, wohl oder übel, den Tankwart um Hilfe bitten, er tut es auch, wird aber barsch zurückgewiesen und mit der Drohung fortgeschickt, er solle sich hier bloß nicht mehr blicken lassen, andernfalls würde man die Polizei verständigen.

Wenige Minuten später erreichen sie die nächste Tankstelle. Mitchell geht die Sache jetzt beherzter an und berichtet dem Tankwart wortreich mit gespielter Betroffenheit von einem familiären Notfall, er müsse unbedingt nach Jonesboro ins Krankenhaus fahren zu seiner Mutter, die nach einem schweren Verkehrsunfall lebensgefährlich verletzt sei, vielleicht sogar sterben müsse, und seinen Vater habe er dummerweise telefonisch nicht erreichen können, nur deshalb müssten er und sein Bruder (Andrew) nun selbst fahren, notgedrungen eben. »Können Sie mir bitte helfen?«

Der Mann glaubt dem Jungen kein Wort, aber er lässt ihn gewähren und betankt den Wagen für 15 Dollar. Mehr Geld haben die Jungen nicht dabei.

Kurz darauf steuert Mitchell den Van ein kurzes Stück über den Highway 63 nach Süden, nimmt anschließend für knapp zwei Kilometer eine zweispurige Straße, die durch hügeliges Gelände führt, passiert eine Landkirche, einige kleine Häuser, einen Schrottplatz, bis in einiger Entfernung endlich die Silhouette der Gebäude des Schulbezirks Westside erkennbar wird, auf den die Bewohner von Jonesboro und Umgebung besonders stolz sind. Die verschiedenen Grund-, Mittel- und Oberschulen des Bezirks teilen sich ein großes Areal, doch jeder Campus hat einen sehr individuellen Charakter. Das größte schulische Sicherheitsrisiko wird nicht in Menschen gesehen, sondern in Maschinen, denn die überalterten und nicht immer verkehrssicheren Schulbusse sind besonders pannenanfällig.

Mitchell und Andrew sind Schüler der Westside Middle School. Und genau dort wollen sie hin. Die Schule befindet sich auf einem weitläufigen Gelände, das im Süden und Westen von einem etwas höher liegenden, dichten Wald begrenzt wird. Auf dem Campus gibt es eine Aula, eine Cafeteria, in der alle etwa 250 Schüler verpflegt werden können, eine Bücherei, das Gymnasium und einen Altbau, der renoviert wird. Alle Gebäude sind durch überdachte Bogengänge miteinander verbunden.

Mitchell stellt den Van nicht in unmittelbarer Nähe der Schule ab, sondern etwa 500 Meter entfernt in einer Seitenstraße – die Jungen wollen nicht bemerkt werden, wenn sie sich im Wagen umziehen, die Waffen durchladen, letzte Absprachen treffen, sich gegenseitig Mut machen. Die Umsetzung ihres Plans erfordert ein bestimmtes Tarnverhalten, sie wollen wie bei einer militärischen Aktion vorgehen, als hätten sie Feindkontakt zu befürchten. Und genauso sehen Mitchell und Andrew Minuten später auch aus, als sie aussteigen: eingehüllt in erdfarbene Tarnanzüge, bis an die Zähne bewaffnet, die Jacken- und Hosentaschen prall gefüllt mit Munition und Handgranaten. Es ist so weit. Es geht los.

12.30 Uhr. Heather Pate, eine Sechstklässlerin, hat soeben den Klassenraum verlassen, um sich an einem Automaten ein Getränk zu besorgen, als sie beim Blick aus dem Fenster zufällig einen Jungen bemerkt, der sich, so sieht es jedenfalls aus, von einer Anhöhe kommend vorsichtig an das Gebäude heranschleicht, als wollte er dabei möglichst nicht gesehen werden, nicht auffallen. Dazu passen auch seine komischen Klamotten, die gewöhnlich nur Jäger oder Soldaten tragen. Die Elfjährige kennt den Jungen. Es ist Andrew Golden, er geht in die Parallelklasse.

Augenblicke später begegnen sie sich auf dem Flur. Andrew sagt nichts, sondern legt den rechten Zeigefinger an seine Lippen, was so viel bedeuten soll wie: *»Halt die Klappe!«* Im nächsten Moment läuft der Junge an ihr vorbei den Gang hinunter und macht sich an einem Gehäuse zu schaffen, das in Brusthöhe an der Wand hängt. Sogleich ertönt ein unangenehm lauter, intervallartiger, schriller Signalton. Feueralarm!

Das ist aber ein ganz übler Scherz! Heather fühlt sich nicht mehr an Andrews Schweigeverpflichtung gebunden, sie eilt zurück in die Klasse und erzählt der Lehrerin aufgeregt von ihrer merkwürdigen Begegnung, Andrew Golden sei es gewesen, der den Feueralarm ausgelöst habe, wohl aus Jux. Nichtsdestotrotz handelt die Lehrerin nach Vorschrift, alle Kinder haben das Schulgebäude zu verlassen, und zwar sofort.

Währenddessen hat Mitchell in unmittelbarer Nähe des Waldes auf »Cole Hill«, einer etwa 80 Meter vom Schulgebäude entfernt gelegenen Anhöhe, die von Kies- und Asphaltwegen umsäumt wird, wie vereinbart bereits Stellung bezogen. Von dort aus hat er freie Sicht auf den Schulhof, und damit auch ein freies Schussfeld. Ausreichend Deckung bieten dem Jungen das etwa ein Meter hochgewachsene Gras sowie eine Gruppe von Büschen und jungen Eichenbäumchen – perfekte Bedingungen für einen Hinterhalt.

Unten in der Schule stellen sich die Mädchen und Jungen in ihren Klassenzimmern wie an einer Perlenschnur gezogen hintereinander auf und befolgen damit die üblichen Vorgaben für eine Feuerübung, die es in der jüngeren Vergangenheit immer wieder einmal gegeben hat. Kein Grund zur Panik. Der erste Schüler in der Reihe hält die Tür auf, während die anderen an ihm vorbeimarschieren, dann klappt er ein Türschild um, auf dem »Alles klar« steht, und schließt sich seinen Klassenkameraden an. So ist gewährleistet, dass niemand übersehen wird und zurückbleibt.

Mittlerweile ist Andrew auf die Anhöhe zurückgekehrt. Auftrag ausgeführt. Er greift nach seinen Waffen und legt sich ebenfalls auf die Lauer, etwa drei Meter von seinem Komplizen entfernt. Kurzer Blickkontakt. Mitchell sagt nichts, nickt nur vielsagend. Atemlose Spannung. Jetzt werden sie das Schwert aus dem Stein ziehen, die Jungen sind zu allem bereit. Ihre Waffen haben sie auf den Schulhof gerichtet, auf dem sich mehr und mehr Schüler und Lehrer zu versammeln beginnen. Bislang haben Mitchell und Andrew mit Jagdgewehren nur auf Eichhörnchen, Karnickel, Ratten oder Vögel geschossen, gleich sollen es Menschen sein, die in das Fadenkreuz ihrer Zielfernrohre geraten.

Der unheimlich anmutende Sirenenalarm ertönt nach wie vor. Nur Karen Curtner, die Schulleiterin, weiß zu diesem Zeitpunkt, dass es sich nicht nur um eine Sicherheitsübung handeln kann. Später wird sie sagen: »Als der Alarm losging, wusste ich, dass etwas nicht stimmte. Schließlich wäre ich doch diejenige gewesen, die eine solche Übung initiiert hätte.«

Auch Lynette Thetford ist mit ihren Schülern auf dem Weg nach draußen. Die Mathematiklehrerin weiß mittlerweile sehr genau, wer den Feueralarm ausgelöst hat, denn Heather Pate hat es ihr eben gesagt. *A-n-d-r-e-w G-o-l-d-e-n, du wirst großen Ärger bekommen. Na warte, Bürschchen, bis ich dich in die Finger kriege!*

Zig Mädchen und Jungen laufen auf dem quietschenden Vinylboden einen langen Korridor entlang, vorbei an Reihen von grauen Schließfächern und Plakaten an den Wänden, die für das Anti-Drogen-Programm »DARE« werben, bevor sie durch die Hintertür auf den provisorischen Schulhof gelangen, der einer Schlammwüste ähnelt. Neben den vereinzelten Grasnasen strecken nur die Märzveilchen ihre violetten Blüten der Sonne entgegen. Und dann bricht urplötzlich die Hölle los.

Plop. Pause. Plop. Pause. Plop. Pause. Nachdem die Mehrzahl der Lehrer und Schüler das Gebäude verlassen hat, wird um genau 12.36 Uhr das Feuer auf sie eröffnet. Viele Kinder glauben, die lauten Plops sind explodierende Feuerwerkskörper, andere halten das unwirklich anmutende Szenario für eine Aufführung der Theater AG, eine Art Generalprobe, an der sie unwissentlich mitwirken sollen. Vereinzelt ist sogar verhaltener Applaus zu hören. Erst als neben ihnen Erdteilchen hochspritzen, Klassenkameraden wortlos zu Boden stürzen und blutüberströmt liegen bleiben, begreifen die Kinder, was vor sich geht, dass sie sich in akuter Gefahr befinden und um das nackte Leben fürchten müssen. Panik bricht aus.

»Als die Leute auf den Boden fielen, dachte ich, das sei alles nicht echt. Ich sah Natalie und Paige hinfallen, und aus Natalies Kopf spritzte Blut, aber für mich sah es nicht echt aus. Als Paige hinfiel, dachte ich, sie wäre einfach nur unglücklich gefallen.« Derweil Candace Porter selbst von einem Projektil getroffen wird und gegen eine Mauer stürzt, ruft ihr ein Klassenkamerad noch beschwichtigend zu: »Mach dir keine Sorgen, mach dir keine Sorgen, es ist alles nicht real!« Doch die Elfjährige weiß es besser und brüllt zurück: »Ist es wohl! Ich bin gerade angeschossen worden!«

»Niemand wusste, was vor sich ging. Einer meiner Schüler hob seinen Arm, und ich konnte sehen, wo zwei Kugeln durchgegangen waren. Ich erinnere mich nur an die pure Angst: Etwas bringt unsere Kinder um, und wir können nicht wieder rein, weil diese verdammten Türen verriegelt sind!«

»Meine Freundin Natalie ist neben mir einfach umgefallen, plötzlich war da überall Blut: auf mir, auf meinen Schuhen, auf dem Boden. Ich stand einfach nur da, war wie gelähmt, konnte nichts machen. Dann hat mich jemand angerempelt und gebrüllt: ›Lauf!‹«

Selbst die auf Notfallsituationen vorbereiteten Lehrer verlieren schnell den Überblick, die Kontrolle, die Selbstbeherrschung.

»Alle stolperten durcheinander. Ich weiß nicht, wie ich dieses Gefühl beschreiben soll, du hast einfach keine Möglichkeit, dich zu verteidigen, und letztlich bist du verantwortlich für die Kinder. Jeder starrte mich an und fragte, was sie tun sollten. Ich schrie nur: ›Lauft weg!‹«

Weil die Sicherheitstüren sich nach Verlassen des Gebäudes hinter ihnen automatisch verriegelt haben und nicht mehr zu öffnen sind, ist für Schüler und Lehrer der Weg zurück versperrt. Hilfe suchende Blicke. Verzweifeltes Schreien. Allgegenwärtiges Entsetzen. Eben noch in der Klasse beim Unterricht, jetzt unter Dauerbeschuss, einer tödlichen Gefahr schutzlos ausgeliefert. »Eine Kugel ist ganz knapp an mir vorbeigeflogen, direkt an meinem Ohr. Dieses unheimliche Geräusch werde ich niemals vergessen.«

Diejenigen, die das Schulgebäude glücklicherweise noch nicht verlassen haben, werfen sich auf den Fußboden oder hasten zurück in ihre Klassenräume, um sich dort zu verbarrikadieren. Zu dieser Gruppe Menschen gehört die Lehrerin Betty Fuller, sie unterrichtet Kunst und Geschichte. Auch sie weiß mittlerweile, wer den Feueralarm ausgelöst hat. Die 38-Jährige wähnt sich stärker bedroht als andere, denn sie war es, die mit Andrew Golden erst kürzlich aneinandergeraten ist und ihn disziplinieren musste. »Ein Teil von mir dachte: *Wenn ich da jetzt rausgehe, wird er schon aufhören, weil er es auf mich abgesehen hat.* Aber die Angst davor war zu groß. Ich fühle mich deswegen bis heute schuldig.«

Unterdessen auf dem Pausenhof. Shannon Wright, eine Englischlehrerin, stellt sich wie ein Bodyguard todesmutig vor einige Kinder. »Sie packte mich und schob mich aus dem Weg. Sie griff den Arm eines anderen Kindes und zog es hinter sich. Dann wurde sie getroffen und fiel einfach hin.« Die 32-Jährige liegt benommen auf dem schlammigen Boden, kann sich nicht mehr aufrappeln und flüstert einer Kollegin, die sich um sie kümmern will, mit schwächer werdender Stimme zu: »Sag Ronald und Zane, dass ich sie liebe. Und sag Ronald, dass er sich um unseren Zane kümmern soll!« Das sind Shannon Wrights letzte Worte. Sie stirbt noch auf dem Schulhof.

Fassungslos muss Karen Curtner, die »Prinzipalin« der Schule, vom Fenster aus mit ansehen, was ihren Schülern und Kollegen auf dem Schulhof widerfährt, ein Massaker, ein Anblick des Grauens: Kinder liegen niedergestreckt und erkennbar verwundet oder sterbend auf dem Boden, andere rennen kreuz und quer durcheinander, schreien plötzlich laut auf, stolpern, fallen hin, bleiben liegen; verzweifelt versuchen einige Lehrer, ihren Schülern zu helfen, aber sie können selbst nicht verstehen, was und wie ihnen geschieht, woher die Gefahr droht und was nun zu tun ist.

»Ich habe nicht einmal geweint, als ich angeschossen wurde, nicht einmal mitbekommen, dass es passiert war. Ich meinte, in Mrs. Northers Musikunterricht eingeschlafen zu sein, was mir fast ein paar Mal passiert wäre. Ich dachte: *Junge, du hast aber eine lebhafte Fantasie! Aber wie bin ich auf den Schulhof gekommen?* Es dauerte eine ganze Weile, bis ich kapierte, dass ich von einer Kugel getroffen worden war.«

Nachdem die ersten Schüsse noch mit kurzen Pausen abgefeuert worden sind, ist es jetzt ein einziges Rattern; die Schützen schießen jetzt nicht mehr gezielt auf ihre Opfer, dafür aber in schneller Folge. Weil der Pausenhof kaum Deckung bietet, rennen viele Schüler und Lehrer zur Turnhalle, deren Türen offenstehen und Schutz verheißen.

»Britthney hat geschrien: ›Hilf mir! Hilf mir!‹ Ich war schockiert. Ich wusste nicht, was ich tun sollte. Da habe ich eine Stimme gehört, die mir sagte, ich solle ins Klassenzimmer laufen. Das habe ich auch gemacht und den Notfallkoffer und einen Waschlappen gefunden. Dann bin ich zu Britthney zurückgelaufen. Ihre Socken waren blutgetränkt. Ich wollte wissen, woher das Blut kommt. Ich kniete mich hin und sah ein paar Meter entfernt einige Jungs stehen mit weit aufgerissenen Augen. Es ist verrückt, aber ich dachte, ich kann Britthney nicht vor den Jungs die Hose ausziehen.«

Stattdessen schneidet die Klassenkameradin ihrer Freundin mit einer Schere die Hose von unten nach oben auf und sieht, dass eine Oberschenkelarterie verletzt ist. »Jedes Mal, wenn ihr Herz schlug, spritzte etwas Blut heraus. Irgendjemand hat mir ein Laken gegeben, damit ich das Bein abbinden konnte. Es war die Hölle!«

So empfinden auch diejenigen, die in der Turnhalle Schutz suchen. Das Rattern der Gewehre will einfach nicht enden. »Wir lagen in der Turnhalle flach auf dem Boden. Und einer der Lehrer brüllte: ›Bleibt unten!, Bleibt unten!‹ Zunächst wussten wir nicht, was wir jetzt zu erwarten hätten, wir dachten immer noch, das wäre wohl ein übler Streich, aber als wir sahen, dass die anderen Jungs weinten, wussten wir, dass das nicht der Fall war.«

Einige Lehrer verkriechen sich förmlich in der Halle hinter Turngeräten oder Sitzbänken, andere sind unfähig, einen klaren Gedanken zu fassen, Anweisungen zu geben oder Erste Hilfe zu leisten, überhaupt zu reagieren. Der Schock macht sie handlungsunfähig. Vollkommen verängstigte Schüler bestürmen ihre konsternierten Lehrer, zerren an deren Kleidung, flehen: »Rufen Sie meine Mama an, bitte! Rufen Sie an!«

Nach etwa vier Minuten, unter diesen Umständen eine verdammte Ewigkeit, fallen plötzlich keine Schüsse mehr. Totenstille. Der Grund: Ein Bauarbeiter auf dem Dach des renovierungsbedürftigen Schulgebäudes gegenüber hat Mitchell und Andrew inzwischen bemerkt, er schreit, gestikuliert wild, warnt die sich noch auf dem Schulhof befindlichen Betroffenen vor den Tätern auf dem Hügel gegenüber, droht den Schützen mit der geballten Faust. Und er alarmiert die Polizei.

Mitchell reißt kurz entschlossen seine Pistole hoch, zielt auf einen der bewaffneten Jungen und drückt mehrfach ab. Es fallen die beiden letzten Schüsse an diesem Tag. Doch die Projektile verfehlen ihr Ziel, die Entfernung ist viel zu groß, um Schaden anrichten zu können. Also beginnen die Todesschützen ihren geplanten Rückzug, denn sie rechnen damit, dass in den nächsten Minuten Polizei und Sicherheitskräfte vor Ort sein und fieberhaft nach ihnen suchen werden.

12.41 Uhr. Die ersten von insgesamt mehr als 800 teils panischen, teils verzweifelten oder unverständlichen Anrufen an diesem Tag gehen ab jetzt bei den drei 9-1-1-Operatoren im Büro des Craighead County Sheriffs ein.

»An der Westside Middle School gab es eine Schießerei!«, schreit eine Frau in den Telefonhörer.

»Was war?«

Keine Antwort. Die Verbindung bricht ab.

Der zweite Anrufer, ein Mann, mit sich überschlagender Stimme: »Westside Middle School! Wir haben hier eine verletzte Lehrerin und mehrere Schüler! Ich kenne die Details nicht!«

»Okay, alles klar, Sir. Wir schicken jemanden.«

Der nächste Anruf: »Die Schüsse kamen von überallher! Wir brauchen so schnell wie möglich einen Krankenwagen! Es gab viel Blutverlust, Menschen haben viel Blut verloren!«

Als einer der Telefonisten dem vierten Anrufer versichert, alle verfügbaren Krankenwagen seien bereits unterwegs, gibt die Frau einen wichtigen Hinweis: »Es sieht ganz danach aus, als kämen die Täter aus dem Wald. Wir brauchen hier jemanden, schnell!«

Krankenwagen von drei Rettungsdiensten in Jonesboro, normalerweise beinhart konkurrierende Institutionen bzw. Unternehmen, rasen mit Blaulicht und heulenden Sirenen zur Schule, die jetzt ein Tatort ist, und arbeiten so intensiv zusammen, dass in dem Chaos die Ausrüstungsgegenstände und Hilfsutensilien durcheinandergeraten. Fast zeitgleich treffen Streifenwagen des Sheriff's Office ein, Deputys nähern sich mit gezogener Waffe vorsichtig dem Schulgelände.

Jener Bauarbeiter, der eben noch auf dem Dach des Schulgebäudes gestanden hat, berichtet den Polizisten, was er in den vergangenen Minuten beobachtet hat, von wo aus geschossen wurde und in welche Richtung die Täter geflüchtet sind. Sofort hasten mehrere Deputys zu ihren Autos und jagen los, hinter der Schule gibt es eine abgelegene Straße, dort, vermuten die Ordnungshüter, könnten sich die Schützen noch versteckt halten oder aber mit einem Wagen flüchten wollen.

12.45 Uhr. Eine Streifenwagenbesatzung erreicht die besagte Straße und sieht in vielleicht 50 Metern Entfernung zwei Jungen in Tarnkleidung, zu Fuß und offenbar bewaffnet. Man schneidet ihnen kurz entschlossen den Weg ab, Reifen quietschen, die Deputys reißen die Türen auf und springen mit gezogenen Pistolen aus ihrem Wagen, brüllen in Richtung der Kinder: »Polizei! Stehen bleiben! Runter mit den Waffen! Hinlegen! Sofort!«

Während Mitchell sein Gewehr augenblicklich fallen lässt und sich wie befohlen auf den Boden legt, zögert Andrew einen Moment und richtet seine Waffe auf einen der Beamten. Letzte Warnung des Polizisten, der nun auf Andrews Kopf zielt: »Waffe runter! Oder ich schieße!« Der Junge gibt seinen Widerstand auf und legt die Pistole auf den Asphalt. Gefahr gebannt. Durchatmen.

Die erfahrenen Deputys haben so etwas noch nicht erlebt: ein offenbar präzise geplanter und kaltblütig ausgeführter Massenmord an Kindern und Erwachsenen an einer Schule, verübt von Tätern, die augenscheinlich selbst noch Kinder sind. So etwas steht in keinem kriminalistischen Lehrbuch, das hat es in dieser Form noch nicht gegeben.

»Warum nur?«, fragt einer der Deputys, eher rhetorisch gemeint, noch vollkommen perplex.

Mitchell hat die Äußerung mitbekommen und fühlt sich angesprochen. »Aus Wut, glaube ich«, antwortet er spontan, nickt vielsagend in Richtung Andrew und fügt hinzu: »Er hat mich gefragt, ob ich mitmachen würde, und ich habe gesagt: Ja.« Sekunden später klicken die Handschellen, Festnahme.

Schnell erfahren die lokalen Medien, dass sich an der Westside Middle School schreckliche Dinge zugetragen haben, und beginnen umgehend, darüber zu berichten. Viele der betroffenen Eltern rufen in der Schule an, erreichen dort aber niemanden: dauerbesetzt. Aus nackter Verzweiflung fahren besorgte Mütter und Väter zum Tatort, müssen ihre Autos jedoch etwa einen Kilometer vor Erreichen des Schulgeländes abstellen, weil sich auf dem Highway 91 mittlerweile ein Rückstau gebildet hat. Man sieht unzählige Frauen und Männer zur Schule rennen, hoffend, bangend, betend, ihrem Kind möge doch bitte nichts passiert sein, nur das nicht!

Als die Eltern der Todesschützen von dem »Schulmassaker« erfahren, stellen sich ihnen wie allen anderen Betroffenen auch dieselben Fragen: Was müssen das nur für Eltern sein? Wie konnten sie nicht wissen, dass ihre Kinder Waffen besitzen? Warum haben sie auf die Tarnanzüge und andere Warnanzeichen nicht reagiert? Mein Sohn wäre zu so etwas doch gar nicht fähig!

Das volle Ausmaß dieser unsäglichen Tragödie wird erst

offenkundig, als offiziell bekannt gegeben wird, wer im Kugelhagel zu Tode gekommen ist: Paige Ann Hering, zwölf, Mitglied im Volleyball- und Basketballteam der Schule; Stephanie Johnson, zwölf, Angehörige des Schulchors, Lieblingsfach Mathematik; Natalie Brooks, elf, musik- und kunstbegeisterte Hobbyastrologin; Britthney Varner, elf, talentierte Sportlerin und Softballspielerin; Shannon Wright, 32, Englischlehrerin, verheiratet, ein Kind. Weitere neun Schüler und eine Lehrerin sind zum Teil schwer verletzt worden. Fünf Tote und zehn Verletzte, mit einer Ausnahme sind alle weiblich.

Die Ermittler vermuten, es hätte wesentlich mehr Opfer gegeben, wäre nicht der Bauarbeiter gewesen und hätte beherzt eingegriffen. Für diese Annahme spricht auch, dass die Tatverdächtigen zum Zeitpunkt der Festnahme durchgeladene Schusswaffen mitführten, ihre Hosentaschen mit Munition prall gefüllt waren und in ihren Jackentaschen noch scharfe Handgranaten steckten, die ebenfalls hätten eingesetzt werden sollen, um ein möglichst großes Blutbad anrichten zu können. Wahrscheinlich sind Mitchell und Andrew sogar enttäuscht, dass alles so schnell gegangen ist und sie nicht noch mehr Lehrer und Mitschüler erschießen konnten.

Auf der Anhöhe, von der geschossen worden ist, finden die Ermittler 22 Patronenhülsen und ein Jagdgewehr, das die tatverdächtigen Kinder haben liegen lassen, wahrscheinlich, weil sie überstürzt geflüchtet sind oder weil sie geglaubt haben, die Waffe nicht mehr zu benötigen. Im Lieferwagen der Jungen entdecken die Ermittler auch eine Landkarte, auf der mit einem roten Kreis ein Gebiet markiert ist, das den Eltern von Andrew Golden gehört. Dort befindet sich auch eine Blockhütte, das Feriendomizil der Familie. Die Anwälte der mutmaßlichen Massenmörder werden später behaupten, Mitchell und Andrew hätten vorgehabt, sich nur für ein paar Tage in der Hütte verstecken zu wollen, und zwar so lange, bis sich die Lage wieder beruhigen würde, um anschließend zu ihren Familien zurückkehren zu können, weil dann alles, das hätten sie jedenfalls angenommen, gut werden würde.

Mittlerweile ist auch Bill Clinton, der Präsident der Vereinigten Staaten, über die erschütternden Vorkommnisse an der Westside Middle School unterrichtet worden. Er befindet sich in Uganda auf Geschäftsreise und weist seine Justizministerin an, unverzüglich damit zu beginnen, die Ursachen für Kindergewalt in den USA zu untersuchen, »weil sich so etwas nicht wiederholen darf«.

Während die Ermittler in Jonesboro darum bemüht sind, weiter Licht ins Dunkel zu bringen, hat für die Schulleitung und die Lehrer der Westside Middle School oberste Priorität, sich der körperlich und seelisch verletzten Schüler anzunehmen. Noch am Abend der Schießerei treffen sich viele Kinder, Lehrer und professionelle Berater in der Turnhalle, die nur wenige Stunden zuvor noch lebensrettenden Schutz geboten hat; jetzt ist sie der Mittelpunkt einer richtungsweisenden Veranstaltung, in der darüber diskutiert wird, wie es nun weitergehen kann, wie möglichst schnell geholfen werden soll.

Am Ende des Tages entscheidet man sich dafür, zeitnah Vertreter einer nationalen Opferhilfeorganisation einzuladen, um sich sachkundig beraten zu lassen, wie posttraumatische Belastungen seriös aufgearbeitet und verarbeitet werden können. Während die Schüler für den kommenden Tag freibekommen, sollen die Lehrer an den Ort des Grauens zurückkehren, um in Gruppenarbeit die eigenen leidvollen Erfahrungen aussprechen zu können, sie werden aber auch ermuntert, Verhaltensmuster zu entwickeln, die den Schülern als erste Hilfestellung angeboten werden sollen.

Tag eins nach dem Massaker, dem Jahrhundertverbrechen. Es ist fast so, als hätte eine neue Zeitrechnung begonnen: vor und nach den 27 Schüssen, die nach Mitteilung der Polizei nachweislich von den »Kid-Killern« abgefeuert worden sind und nicht nur Menschenleben beendet, sondern zugleich das Selbstverständnis und die Selbstgefälligkeit vieler Bürger der Region, aber auch im gesamten Land, erschüttert haben. Schließlich handelt es sich bei den Tatverdächtigen nicht, wie sonst häufiger zu hören und zu lesen ist, um Crack-Dealer, illegale Einwanderer oder Berufskriminelle, nein, es sind Kinder, augenscheinlich wohlbehütet in der Keimzelle der Gesellschaft aufgewachsen: der gutbürgerlichen Familie, dort, wo das Böse gemeinhin nicht erwartet wird. Überall in Jonesboro und Umgebung flattern weiße Bänder als Zeichen der kollektiven Betroffenheit und Trauer, sie hängen an Autoantennen oder Briefkästen, auch tragen sie viele Bürger, als könnte das geschehene Blutbad durch schneeweiße Bändchen ein wenig von seinem Schrecken verlieren.

Flaggen wehen allerorten auf Halbmast. Viele Trauernde legen unzählige Blumen und fünf Kränze vor der Schule ab, einen für jedes getötete Opfer. Arbeiter haben mit Wasser die Blutlachen auf einem Betonweg der Schule inzwischen weggespritzt, doch in der Wand der Turnhalle klaffen noch zehn hässliche Einschusslöcher und erinnern an den verzweifelten Überlebenskampf der Betroffenen, den sie niemals werden vergessen können.

Die Opfer und ihre Angehörigen sind von jetzt auf gleich Hauptdarsteller wider Willen dieses monströs anmutenden Dramas, das nun die gesamte Nation umtreibt und die Medien antreibt. Roland Wright, Ehemann der getöteten Lehrerin Shannon Wright, und die 13-jährige Emma Pittmann – sie verdankt der Englischlehrerin ihr Leben – sitzen in der Talkshow »Good Morning America« und sprechen tapfer mit dem Moderator, berichten mit stockender Stimme von ihrem Leid, wie sie die grauenvolle Tat erlebt haben, wie es ihnen jetzt geht, was nun werden soll. Und was sie zu sagen haben, ist plötzlich sogar von nationalem Interesse, die Menschen da draußen hängen förmlich an ihren Lippen, sind irritiert, beunruhigt, ratlos, leiden still mit, sind den Tränen nahe, verlieren die Fassung, weinen.

Alle Getöteten und Verletzten avancieren ungefragt und ungewollt zu Medienstars beziehungsweise taugen für eine lukrative Heldengeschichte, so auch Colby Brooks, denn der Zwölfjährige kommt schon am Tag nach der Schießerei in die Schule, den verletzten Arm noch in der Schlinge, und spricht so selbstverständlich und scheinbar unbeeindruckt in die Fernsehkameras, als würde er dies jeden Tag tun: »Donnerstag wäre es genauso schlimm wie heute. Das Leben geht weiter, und wir müssen einen Neuanfang finden.«

Für Mitchell Johnson und Andrew Golden wird es schlimmstenfalls keinen Neuanfang geben, jedenfalls nicht an diesem Tag und auch nicht in den nächsten Wochen, Monaten oder Jahren. Die minderjährigen Tatverdächtigen sind in getrennten Gefängniszellen untergebracht worden, sie sollen keinen Kontakt haben, um sich nicht absprechen zu können. Die Kids tragen wie die erwachsenen Gefangenen orangefarbene Overalls und Duschslipper. Während Mitchell als Erstes nach einer Bibel verlangt, weint Andrew viel, er möchte am liebsten nach Hause zu seiner Mutter. Als Mittagessen wünschen sie sich ihre Lieblingsspeise, Pizza Margherita, die sie jedoch nicht bekommen.

Als Mitchell und Andrew dem Haftrichter vorgeführt werden – ihnen wird fünffacher vollendeter und zehnfacher versuchter Mord vorgeworfen –, sitzen sie mit hängenden Schultern wie das sprichwörtliche Häufchen Elend neben ihren Eltern, zitternd, jammernd, lange schweigend, und behaupten schließlich mit tränenerstickter Stimme gleichlautend, als sie nach dem Motiv für ihre Wahnsinnstat gefragt werden, sie wüssten es nicht, sie hätten dafür keine Erklärung. Punkt.

Am nächsten Tag wird durch Mitchells Rechtsanwalt ein Brief des Jungen öffentlichkeitswirksam verbreitet. Darin steht geschrieben: »Hi. Mein Name ist Mitchell. Meine Gedanken und Gebete sind bei jenen Menschen, die getötet oder erschossen wurden, und ihren Familien. Ich bin innerlich sehr traurig über alles. Meine Gedanken und Gebete sind bei jenen Kindern, mit denen ich zur Schule gehe. Ich möchte wirklich, dass die Leute eines Tages den echten Mitchell kennenlernen. Mit freundlichen Grüßen ...« Eine unter diesen Umständen wohl erwartbare Geste des guten Willens, die allerdings das Motiv der Tatverdächtigen, für das sich eine ganze Nation interessiert und leidenschaftlich darüber diskutiert, bewusst ausspart.

Wesentlich aufschlussreicher sind in diesem Zusammenhang die nach Einschätzung der Ermittler glaubwürdigen Aussagen einiger Mitschüler. Demnach soll Andrew am Tag vor der Schießerei mehreren Klassenkameraden gegenüber angekündigt haben, dass »morgen etwas Großes passieren wird«. Mitchell indes hätte sich wesentlich konkreter ausgedrückt und einem Mitschüler gegenüber unverhohlen gedroht: »Morgen wirst du herausfinden, ob du lebst oder stirbst, weil ich eine Menge Leute zu töten habe.« Und er soll einem Jungen aus seiner Klasse im Vertrauen zugeraunt haben: »Du wirst mich ab morgen für eine Weile nicht mehr sehen, weil die Polizei hinter mir her sein wird.«

Mehrere Mitschüler erinnern sich zudem noch an eine makaber anmutende Begebenheit, die bereits einige Monate zurückliegt und als übler Scherz abgetan wurde, nun aber in einem ganz anderen Licht erscheint – Mitchell soll auf einem Tisch in der Cafeteria gestanden und mit geballter Faust unmissverständlich vor sich selbst gewarnt haben: »Ihr werdet alle sterben! Ihr werdet schon sehen! Ihr werdet alle sterben!«

Doch kaum jemand war bereit, derlei Drohgebärden ernst zu nehmen, schließlich war insbesondere Mitchell bei seinen Klassenkameraden dafür bekannt und berüchtigt, sich überaus wichtig zu machen, fantastisch anmutende Geschichten zu erzählen (er wollte sogar einer berüchtigten Straßengang in Jonesboro angehört haben), dreist anzugeben, Dinge zu behaupten, die jedoch schon tags darauf nicht so gemeint gewesen oder niemals passiert sein sollen – ein Aufschneider eben, ein Sprücheklopfer, der ernst genommen werden wollte, sich aber jedes Mal um Kopf und Kragen redete und darum keine weitere Beachtung fand.

Schon wenige Stunden nach der Tat stürzen sich auch die überregionalen Medien auf Jonesboro wie ein Schwarm hungriger Heuschrecken. Die 55 000 Einwohner zählende Stadt erfährt ähnlich viel Aufmerksamkeit, als hätte wieder eins der spektakulär-desaströsen Erdbeben stattgefunden, von denen es in den vergangenen 200 Jahren insgesamt vier gegeben hat. Jonesboro befindet sich übergangslos in einem medialen Belagerungs- und Ausnahmezustand: Nicht weniger als 70 nationale und ausländische Nachrichtenagenturen entsenden mehr als 200 Reporter und Fotografen, Dutzende Satelliten-Trucks sind in der Region unterwegs, sollen Opfer oder Angehörige aufspüren, und Nachrichtenhubschrauber kreisen wie Raubvögel, die nach Beute spähen, über der Stadt.

Bisweilen werden die Grenzen seriöser Berichterstattung pulverisiert, wenn beispielsweise ohne Zustimmung in Vorgärten TV-Kameras aufgestellt werden, um die Opferfamilien beim Frühstück zu filmen, oder wenn sich ein Journalist als Verwandter eines betroffenen Schülers ausgibt, um in das Krankenhauszimmer zu gelangen, in dem einer der verwundeten Lehrer liegt und nur noch in Ruhe gelassen werden möchte.

Was in diesen Tagen der allgemeinen Fassungslosigkeit, Verunsicherung und Orientierungslosigkeit zählt, was hohe Einschaltquoten garantiert, das sind bunte Bilder von entsetzten Kindern und Eltern oder, besser noch, Interviews mit Betroffenen des Blutbads, die sich gerne tränenreich zu was auch immer äußern sollen. Dem mörderischen Schauspiel folgt die öffentliche Inszenierung.

Unterdessen haben die Ballistiker ihren Bericht vorgelegt, denn es gilt zuallererst aufzuklären, welcher Tatverdächtige auf welches Opfer geschossen und es getötet bzw. verletzt hat. Das Ergebnis gibt zu denken: Während Andrew 22-mal gefeuert und dabei nachweislich drei Opfer getötet und mindestens zwei verwundet hat, war Mitchell ein auffallend zurückhaltenderer Schütze, er hat nur fünfmal geschossen, ihm werden zwei Tötungen und drei verletzte Opfer zugeschrieben. In den übrigen Fällen ist gerichtsfest nicht nachweisbar, durch wen und mit welcher Waffe auf die Betroffenen geschossen wurde.

Bei ihrer ersten Anhörung vor Gericht präsentieren sich die des Massenmordes dringend Verdächtigen, durch die überbordende mediale Berichterstattung mittlerweile zu nationalen Berühmtheiten avanciert, genauso unterschiedlich, als würden sie immer noch auf »Cole Hill« ihren Mitschülern und Lehrern auflauern und sie ins Visier nehmen. Mitchell erklärt sich in allen Anklagepunkten für schuldig und liest eine Erklärung vor, die entschuldigen soll, was nicht zu entschuldigen ist: »Ich dachte wirklich, dass ich niemanden verletzen würde. Ich dachte, wir schießen über die Köpfe der Leute hinweg, weil wir das so vereinbart hatten. Zu Beginn zielten wir auf niemanden, weder auf Einzelne noch auf Gruppen.«

Tatsächlich haben die Ermittler am Tatort festgestellt, dass die ersten von Mitchell abgefeuerten Projektile ihr Ziel, was auch immer es gewesen sein mag, weit verfehlt haben, jedenfalls sind weder Schüler noch Lehrer in Gefahr geraten, getroffen zu werden.

Ganz anders Andrew. Schon der erste Schuss ist tödlich gewesen. Und auch sein Verhalten während der Anhörung nährt den Verdacht, dass da jemand auf der Anklagebank sitzt, der weder etwas zugeben mag noch etwas zu bereuen hat: »Nicht schuldig, Euer Ehren!« Der Junge sagt sonst nichts weiter, vielmehr lässt er seinen Anwalt dem Ermittlungsrichter letztlich erfolglos vortragen, er habe sich zum Zeitpunkt der Tat in einem psychischen Ausnahmezustand befunden und aus diesem Grund könne er wegen Unzurechnungsfähigkeit strafrechtlich nicht belangt werden.

Je länger die Untersuchungshaft andauert, desto auffälliger wird das Verhalten der »jüngsten Killer Amerikas«. Mitchell ist von den Bedingungen der Unterbringung regelrecht angewidert. Wenn ihm das Essen nicht schmeckt, wirft er es kurzerhand gegen die Zellenwand und animiert Andrew – mittlerweile dürfen sie wieder Kontakt haben –, es ihm gleichzutun. Die Jungs fordern anstatt des Anstaltsessens abermals Pizza, dazu am liebsten Kartoffelchips und Coca-Cola. Überhaupt wollen sie nicht länger eingesperrt sein, weil es im Gefängnis so langweilig ist. Und sie brüsten sich anderen Gefangenen gegenüber ungerührt und ungeniert mit ihren Morden, besonders mit der Erschießung von Shannon Wright, der heldenhaft handelnden Englischlehrerin, denn »die hatte es wirklich verdient«.

Währenddessen versuchen die Verantwortlichen und Angehörigen der Westside Middle School die richtigen Konsequenzen zu ziehen, und das heißt: safety first. Mitarbeiter des Sheriff's Office patrouillieren schwerbewaffnet auf dem Schulgelände, damit sich die Kinder wieder sicher fühlen; bei auffälligem Schülerverhalten wird rigoros eingeschritten und diszipliniert, denn ab sofort gilt der Null-Toleranz-Grundsatz, schließlich soll alles unternommen werden, um mörderischem Gedankengut künftig den Nährboden zu entziehen, auch wenn man hie und da über das Ziel hinausschießt. Kollateralschaden.

In den kommenden Wochen und Monaten sprechen die Ermittler mit Andrew und Mitchell, recherchieren in ihrem Familien-, Freundes- und Bekanntenkreis, aber auch in der Schule, rekonstruieren minutiös die Lebensläufe der mutmaßlichen Massenmörder und begeben sich dabei auf Spurensuche, denn, so lautet die Arbeitshypothese, den Jungen dürften im Laufe ihres Lebens gravierende Dinge widerfahren sein, die sie – nach allgemeiner Einschätzung bis vor Kurzem lediglich angeberische, rauflustige Kinder – zu einem gemeingefährlichen Verbrechen inspiriert haben.

Mitchell Scott Johnson wird am 11. August 1984 in der 1000-Seelen-Gemeinde Grant Meadow in Minnesota geboren. Seine Eltern sind Gretchen Woodard, Justizvollzugsbeamtin in einem Bundesgefängnis, und Scott Johnson, der in einer örtlichen Fleischverpackungsanlage arbeitet. Zwei Jahre nach Mitchell wird sein Bruder Monte geboren. Die Familie lebt in geordneten finanziellen Verhältnissen, allerdings wollen sich ehemalige Nachbarn an häusliche Unordnung und Verwahrlosungstendenzen erinnern: verschmutzte Fußböden und Möbel, jede Menge verunreinigtes Geschirr in der Küche, vergammelnde Essensreste im ganzen Haus, ein ungemähter Rasen, der Garten verwildert.

Während Mitchell mit seiner Mutter gut auskommt, ist das Verhältnis zu seinem Vater stark belastet. Der Mann gilt vielen als schwierig, jähzornig, rechthaberisch, launisch, impulsiv, gewalttätig, er trinkt regelmäßig zu viel Alkohol und kifft gelegentlich. Mitchell wird des Öfteren Opfer der Übellaunigkeit und der Wutausbrüche seines cholerischen Vaters. Dieser kann förmlich explodieren, er brüllt, beleidigt, droht, schlägt seinem Sohn aus nichtigem Anlass ins Gesicht oder schleudert ihn gegen die Wand. Nach diesen brutalen Übergriffen, die seine Mutter zwar missbilligt, aber nicht zu verhindern weiß, bleibt der Junge meist sich selbst überlassen; noch Stunden später zittert er aus Angst, es könnte schon bald wieder passieren.

Weil ihre Eltern berufsbedingt frühestens am späten Nachmittag zu Hause sein können, verbringen Mitchell und Monte viel Zeit bei ihren Großeltern mütterlicherseits, andernfalls müssen sie sich selbst versorgen. Während seines Aufenthalts bei Oma und Opa will Mitchell von einem älteren Jungen aus der Nachbarschaft jahrelang sexuell missbraucht worden sein. Er habe dazu bislang geschwiegen, erklärt der Junge den Ermittlern, weil von seinem Peiniger glaubhaft gedroht worden sei, Mitchells Großmutter zu töten, sollte er sich ihr oder einem anderen Menschen anvertrauen.

1994 lassen sich seine Eltern scheiden, nachdem Scott Johnson wegen Diebstahls in seiner Firma kurzfristig inhaftiert worden war; der Hauptgrund für die Trennung ist jedoch sein pathologisch anmutender Charakter und die daraus resultierenden Verhaltensweisen, denen seine Frau sich und ihre Kinder nicht länger aussetzen möchte. Die Scheidungsprozedur wird für alle Beteiligten zur Nervenprobe. »Mein Mann schrie mich an und beleidigte mich übelst, selbst vor den Kindern«, erinnert sich Gretchen Woodard bei der polizeilichen Vernehmung. »Es war der reinste Horror. Scott platzte zur Tür herein und brüllte: ›Die Kinder kommen zu mir! Sie kommen eher in eine verdammte Pflegefamilie, bevor du sie bekommst!‹« Mitchell ist jedes Mal schockiert, wenn sein Vater sich so gebärdet, und leidet still.

Als Mitchells Mutter eine besser dotierte Arbeitsstelle angeboten bekommt, zieht sie mit ihren Söhnen nach Kentucky und lernt dort schon bald Terry Woodard kennen, einen Häftling, der wegen Drogen- und Waffendelikten einsitzt. Nach dessen Entlassung ziehen sie 1995 nach Bono, weil Terry Woodard dort aufgewachsen ist. Kurz darauf wird geheiratet. Mitchell versteht sich mit seinem Stiefvater prima, vor allem imponiert ihm, dass Terry »ein echter Gangster ist und gesessen hat«.

Seine Mutter gibt ihre Tätigkeit im Strafvollzug 1996 auf, als Mitchells Schwester geboren wird. Gretchen Woodard möchte sich fortan voll und ganz der Familie widmen, ein Leben als Mutter und Hausfrau führen. Mitchell hat die familiären Probleme und mehrfachen Umzüge anscheinend gut verarbeitet, jedenfalls findet er in seiner neuen Heimatgemeinde Bono schnell neue Freunde, wird Mitglied im Kirchenchor, singt an Wochenenden vor Publikum in örtlichen Altenheimen, spielt leidenschaftlich gern in Fußball-, Basketball- bzw. Baseballmannschaften seiner Schule mit, wird von Erwachsenen überwiegend als aufgeschlossen, wohlerzogen, höflich, respektvoll und freundlich wahrgenommen, selbst seine Lehrer sehen in ihm einen eher leistungsstarken Schüler, der zwar gelegentlich gemaßregelt werden muss, allerdings nicht als notorischer Störenfried oder verhaltensauffällig gilt. Einerseits.

Andererseits beschreiben viele Klassenkameraden Mitchell übereinstimmend als nervig, aufbrausend, angeberisch, aggressiv, brutal, rücksichtslos, als Rowdy, Mobber oder Möchtegerndraufgänger, der besonders um Anerkennung bemüht ist und gerne ungefragt von seiner angeblichen Mitgliedschaft bei den »Westside Bloods« schwärmt, einer berüchtigten Jugendgang in Jonesboro, die er jedoch nur dem Namen nach kennt.

Besondere Bedeutung messen die Ermittler einem Ereignis bei, das einige Jahre zurückliegt. Als Zehnjähriger wird Mitchell während der Sommerferien in flagranti mit einem acht Jahre jüngeren Mädchen erwischt, das er an der Vagina betastet und ihm einen Finger in die Scheide gesteckt hat. Dieser sexuelle

Missbrauch wird zwar nicht bestraft, dafür aber aktenkundig gemacht.

Überhaupt ist Mitchells Verhältnis zu Mädchen durchaus zwiespältig; nicht etwa, weil er sich sehr um seine Mitschülerinnen bemüht oder weil er zumindest sporadisch Beziehungen hat und damit anderen Jungen gegenüber ungeniert angibt, sondern weil er jede Liaison, auch wenn sie erst wenige Tage andauert, überzogen ernst nimmt und allen Mädchen versichert, sie später auch heiraten zu wollen.

Bis hierhin ein Lebensweg mit Höhen und Tiefen, der jedoch nach Einschätzung von Ermittlern und Staatsanwaltschaft kaum zu erklären vermag, warum Mitchell zum Täter eines derart außergewöhnlich brutalen Verbrechens geworden ist. Erst im Frühjahr 1998 passieren Dinge, die als Beginn einer Lebenskrise gedeutet werden können: Mitchell muss sich gelegentlich in die Obhut seines leiblichen Vaters begeben; bei einem dieser Besuche benutzt er heimlich Scott Johnsons Kreditkarte und vertelefoniert mehrere Hundert Dollar bei verschiedenen Sex-Hotlines. Die Sache kommt heraus und Gretchen Woodard muss sich von ihrem Ex-Mann vorwerfen lassen, mit der Erziehung des Jungen heillos überfordert zu sein. Und Scott Johnson droht wiederholt damit, das alleinige Sorgerecht erstreiten und Mitchell nach Minnesota zurückholen zu wollen. Als der Junge davon erfährt, kann er sich nichts Schlimmeres vorstellen, als auf Dauer den Launen und Gewalttätigkeiten seines Vaters ausgesetzt zu sein. Die folgenden Monate wird er deshalb in quälender Ungewissheit verbringen.

Nur wenige Wochen vor dem 24. März 1998, dem Tag des Schulmassakers, wird Mitchell für ihn überraschend aus dem Basketballteam verbannt, weil er sich seine Initialen in die Schulter geritzt und so den Verhaltenskodex der Mannschaft verletzt hat – ein schwerer Schlag und Statusverlust für ihn, wo er doch so sportbegeistert ist. Zwei Tage später soll sich auch noch seine Freundin von ihm getrennt haben. »Mitchell hat allen gesagt«, erzählt das Mädchen der Polizei, »dass ich mit ihm Schluss gemacht hätte. Jetzt behaupten viele Leute, dass er jeden erschossen hat, um mich zurückzubekommen. Ich habe diese Geschichte sogar in den Nachrichten gesehen. Aber das stimmt nicht, ich wäre nie mit ihm ausgegangen. Er war ein richtiger Idiot!«

Diesem Negativerlebnis folgt wenige Tage später ein weiteres, als Mitchell sich standhaft weigert, während des Unterrichts seine Baseballkappe abzunehmen, und es erst zwei Lehrerinnen mit vereinten Kräften gelingt, dem renitenten und sich körperlich wehrenden Jungen die Mütze endlich abzunehmen. Für dieses Fehlverhalten wird er umgehend vom Unterricht vorübergehend ausgeschlossen. Mitchell zeigt anschließend ein für seine Verhältnisse ungewöhnliches Verhalten, denn bei vorherigen Missetaten hat er sich noch bei seinen Lehrern entschuldigt und Besserung gelobt – doch dieses Mal nicht.

Hellhörig werden die Ermittler, als sie von einem Klassenkameraden erfahren, Mitchell soll eine »Todesliste« erstellt haben, auf der Lehrer und Schüler »zum Abschuss« vermerkt gewesen seien; allerdings streitet der Beschuldigte die Existenz eines solchen Papiers, das letztlich auch nicht gefunden wird, vehement ab. Derselbe Zeuge sagt aus, Mitchell habe am Tag vor der Tat sehr deprimiert gewirkt und ihm anvertraut, »total fertig und müde« zu sein. Was genau damit gemeint war, habe Mitchell jedoch nicht mitgeteilt.

Wesentlich konkreter soll er sich hingegen zu personenbezogenen Tötungsabsichten geäußert haben. Einer seiner Klassenkameraden berichtet nämlich, Mitchell habe ihm noch am 23. März ernsthaft versichert, alle Mädchen »abknallen« zu wollen, die sich jemals von ihm abgewandt oder ihn zurückgewiesen hätten. Damit nicht genug. Er habe auch angekündigt, alle Menschen gnadenlos erschießen zu wollen, die ihn hassen würden, und die er hasst. Nach Abschluss der Ermittlungen werden zwölf Mitschüler aussagen, von Mitchells Todesdrohungen gewusst zu haben.

Und was sagt Mitchell selbst dazu? Er bestreitet nicht, geschossen und getötet zu haben, nur soll der Anschlag auf seine Lehrer und Mitschüler nichts mit der gegen ihn verhängten Suspendierung oder überhaupt etwas mit der Schule zu tun gehabt haben. »Fragen Sie doch mal Andrew«, rät er immer wieder den ihn anhörenden Beamten, »der müsste es doch besser wissen.«

Doch Andrew Golden zeigt keinerlei Interesse, durch seine Aussagen Licht ins Dunkel zu bringen; er gibt lediglich das zu, was nicht mehr zu leugnen ist, schreibt die Idee für die Tat seinem Komplizen zu, alles andere wird abgeschwächt oder abgestritten. Oder er verschränkt die Arme demonstrativ vor der Brust und sagt einfach gar nichts. Wie ein abgebrühter Berufskrimineller. Dieses für einen Elfjährigen ungewöhnlich selbstbezogene, selbstgerechte, berechnende Aussageverhalten dürfte nach Einschätzung der Ermittler in erster Linie auf die besonderen Lebensumstände des Jungen zurückzuführen sein.

Andrew Douglas Golden wird am 25. Mai 1986 geboren. Er ist das einzige Kind von Dennis und Pat Golden, beides leitende Postangestellte und angesehene Bürger der Gemeinde Bono. Der Junge ist nicht nur ein Wunschkind, sondern »der Mittelpunkt ihrer Welt«, so jedenfalls beschreibt eine Freundin der Familie das problematisch anmutende Eltern-Kind-Verhältnis. Andrew kann alles, Andrew darf alles, Andrew soll alles, und Andrew nimmt sich wie ein Tyrann alles heraus, ohne dafür diszipliniert zu werden, ohne Konsequenzen fürchten zu müssen. Denn wenn der Junge etwas ausgefressen hat, wird grundsätzlich nicht er zur Rede gestellt, sondern derjenige zurechtgewiesen oder beschimpft, der sich über ihn beschwert hat. Verkehrte Welt.

Seine Eltern kennen und schätzen ihn als umgänglichen, liebenswürdigen Jungen, der brav zur Schule geht, dort zwar nur mittelmäßige Leistungen erbringt, aber in der sechsten Klasse der Westside Middle School weder den Lehrern noch seinen Mitschülern besonders negativ auffällt. Eine Lehrerin beschreibt ihn so: »Andrew war ein mitunter hyperaktiver Schüler, dessen Eltern sich sehr um seine Schularbeiten kümmerten. Gelegentlich hat er sich danebenbenommen, das waren aber keine großen Sachen. Ein mündlicher Verweis genügte und er gab Ruhe.«

Abgesehen von seinem Hang, gelegentlich den Klassenclown zu geben, wissen seine Mitschüler kaum etwas über ihn zu sagen. Andrew ist sportlich interessiert, spielt Baseball, fährt Gokart und verbringt viel Zeit bei seinen Großeltern väterlicherseits, die den schmalbrüstigen Jungen ebenfalls verwöhnen und ihm fortwährend das Gefühl geben, ein besonderer Mensch zu sein, dem jeder Wunsch erfüllt wird. King Andrew.

Was seine Eltern nicht wissen, vielleicht auch nicht wissen wollen: Nachbarn nennen Andrew nicht nur hinter vorgehaltener Hand einen »kleinen Dämon« und charakterisieren ihn als »boshaft«, »streitlustig« und »sehr aggressiv«. In anderen Kindern sehe er keine Spielgefährten, sondern Gegner oder gar Feinde, die jederzeit bedroht werden dürfen, um eigene Bedürfnisse befriedigen zu können.

Von derlei auffälligem Verhalten berichten auch die betroffenen Kinder aus der Nachbarschaft, denen Andrew mit offener Feindseligkeit begegnet, sie bedroht oder Mädchen, die jünger sind als er, sogar schlägt. Gleichaltrige Jungen werden beschimpft und beleidigt, oder Andrew präsentiert seine Luftpistole und droht, demnächst abzudrücken, sollte man sich nicht wie befohlen verhalten oder seinen Forderungen nicht nachkommen. Zum Zeichen, dass er es jederzeit ernst meint, trägt er beim Radfahren für jedermann sichtbar ein Jagdmesser, das er an seinen Unterschenkel gebunden hat – wehe dem, der sich mir widersetzt! Den Eltern der Nachbarskinder ist Andrew so suspekt, dass sie ihren Kindern unter Strafandrohung verbieten, sich mit dem »komischen Kauz« abzugeben.

Und dann ist da noch sein sadistisches Verhalten gegenüber Katzen, die er nicht als Lebewesen begreift und respektiert, sondern stattdessen nach Lust und Laune mit Silvesterraketen oder seiner Luftpistole beschießt, an einer Wäscheleine aufhängt und leiden oder in einem Bierfass verhungern lässt. Oder er fängt die Tiere und schlitzt ihnen die Kehle auf. All dies bereitet ihm so viel Freude, dass er nicht davon lassen will, auch dann nicht, als sein Großvater Wind davon bekommt und ihn zur Rede stellt. Egal.

Mit Erstaunen finden die Ermittler heraus, dass Mitchell und Andrew gar nicht befreundet sein dürften. Beide sagen aus, sich im Schulbus kennengelernt, sonst aber kaum Kontakt gehabt zu haben: Es fanden nachweislich keine gegenseitigen Besuche außerhalb der Schule statt, sie gingen in verschiedene Klassen, und es gab stundenplanbedingt keine gemeinsamen Pausen oder sonstige Gelegenheiten, um Zeit miteinander verbringen zu können. Demzufolge wird bis auf Weiteres lediglich von einer »Bekanntschaft« der Tatverdächtigen ausgegangen, eher ungewöhnlich für ein »School Shooting«, denn erfahrungsgemäß sind die Täter auch befreundet, wenn sie gemeinschaftlich handeln.

Die Ermittler stoßen im Dunstkreis der Schule immer wieder auf Ereignisse der jüngeren Vergangenheit, die nachdenklich stimmen und den Eindruck entstehen lassen, als seien offen geäußerte Tötungsabsichten der späteren Tatverdächtigen nicht ernst genug genommen oder nicht konsequent genug hinterfragt worden. Eine dieser Geschichten geht so: Ein Mitschüler behauptet im Oktober 1997, Andrew habe ihm gegenüber kürzlich angekündigt, demnächst Waffen in die Schule bringen und Menschen töten zu wollen. Der Zeuge habe seinem Vater von dieser beängstigenden Äußerung berichtet, der wiederum sei bei Verantwortlichen der Schule vorstellig geworden und habe dies mitgeteilt.

Die Schulleitung indes bestreitet diesen Ablauf der Ereignisse und präsentiert eine andere Version. Demnach habe sich Andrews Drohung nicht gegen Lehrer oder Mitschüler gerichtet, sondern vielmehr gegen ihn selbst. Daraufhin sei der Junge ins Büro des Krisenberaters der Schule zitiert und zur Rede gestellt worden. »Das war doch nur ein Spaß!« Andrew habe nach eigenem Bekunden keine ernsthaften Absichten verfolgt, gleichwohl seien seine Eltern informiert und gefragt worden, ob der Junge sich Zugang zu Schusswaffen verschaffen könne. Dies sei durch seine Mutter entschieden verneint worden, die Waffen in ihrem Haus wären gegen Diebstahl besonders gesichert. Und damit hat es sein Bewenden, seitens der Schulleitung wird kein weiterer Handlungsbedarf gesehen. Wieder einmal hat Andrew sich gegen Erwachsene durchgesetzt und kommt unbehelligt davon.

Dies könnte sich erstmals am 11. August 1998, einem Dienstag, ändern, als die Gerichtsverhandlung gegen Andrew und Mitchell, der an diesem Tag 14 Jahre alt wird, beginnt. Der Staatsanwalt hätte nach eigenem Bekunden »sehr gerne« die Todesstrafe fordern wollen, nur sei dies bedauerlicherweise nicht möglich gewesen, weil Angeklagte unter 14 Jahren als »Jugendliche« im Sinne des Gesetzes anzusehen seien und aus diesem Grund nicht hingerichtet werden dürften.

Während das Geburtstagskind sich in allen Anklagepunkten für schuldig erklärt, bleibt Andrew seiner störrisch anmutenden Verweigerungshaltung treu und plädiert auf »nicht schuldig«, weil, so behauptet jedenfalls sein Anwalt, der Junge sich zum Zeitpunkt der Tat in einer psychischen Ausnahmesituation befunden habe, demzufolge »vorübergehend unzurechnungsfähig«

gewesen sei und deshalb nicht verurteilt werden könne. Überdies sei der mittlerweile Zwölfjährige geistig nicht in der Lage, der Verhandlung zu folgen.

Fünf Monate nachdem seine Mutter Shannon Wright zusammen mit vier Mädchen auf dem Pausenhof der Westside Middle School erschossen worden ist, versteht der dreijährige Zane immer noch nicht, warum seine Mutter nicht mehr da ist, wo sie sein könnte, warum er keine Umarmungen oder Gutenachtküsse mehr bekommt. Sein Vater, Mitchell Wright, der neben seinem Sohn im Gerichtssaal sitzt, wird es ihm eines Tages erklären müssen, wenn der Junge alt genug ist, um verstehen zu können, was ein Mord ist.

Normalerweise werden in Arkansas bei strafrechtlichen Verhandlungen vor einem Jugendgericht Öffentlichkeit und Medien ausgeschlossen, doch in diesem Fall hat der Richter eine Ausnahme gemacht und hundert Angehörigen der Opfer eine Teilnahme ermöglicht. Viele der Anwesenden weinen, während geschildert wird, was vor vier Monaten passiert ist, wie die Opfer ums Leben gekommen und die Überlebenden durch großkalibrige Projektile schwer verletzt worden sind.

Andrew zeigt angesichts dieser teils drastischen, dramatischen Darstellungen keine Reue, kein Gefühl, vielmehr sitzt er mit hängenden Schultern zusammengesunken und scheinbar gedankenverloren auf der harten Anklagebank, nicht weiter interessiert, als sei er lediglich teilnehmender Beobachter; mitunter wirkt er geradezu unbekümmert, so, als würde ihn das Leid der Opfer und ihrer Angehörigen nicht erreichen, nichts angehen – dann lächelt er seinen Eltern zu, winkt. Und als der Vorsitzende ihn fragt, ob er noch etwas zu sagen habe, antwortet Andrew tonlos: »Nichts.«

Ganz anders Mitchell. »Ich weiß, dass es vielen von euch unmöglich sein wird, mir zu vergeben«, sagt er mit stockender Stimme. Er sitzt neben seiner Mutter und hält ihre Hand. »Wenn ich die Zeit zurückdrehen und alles rückgängig machen könnte, ich würde es sofort tun. Ich habe Schmerzen verursacht und Gott um Vergebung gebeten. Ich bete dafür, dass die Leben der Menschen, die durch mein Tun beschädigt wurden, heilen werden.« Doch auch er bestreitet, vorsätzlich getötet zu haben, »eigentlich wollte ich nur über die Köpfe der Menschen hinwegschießen, sie erschrecken«, er habe »nicht vorgehabt, jemanden zu töten«.

Während der nur drei Stunden dauernden Verhandlung gelingt es letztlich nicht, das sphinxhafte Wesen der Angeklagten zu entschlüsseln, auch den psychologischen Sachverständigen ist es am Ende nicht gelungen, sowohl ein Motiv herzuleiten als auch die Rollenverteilung vor und während der Tat festzulegen, einen Anführer zu benennen. Unzweifelhaft ist allein, dass sie es gewesen sind und dafür bestraft werden sollen.

»Dies ist ein Fall, in dem die Strafe nicht zum Verbrechen passt.« Mit diesen Worten des Bedauerns beginnt der Vorsitzende die Urteilsverkündung und verhängt die nach Jugendrecht höchstmögliche Strafe. Demnach werden Andrew Golden, den der Richterspruch nicht zu interessieren scheint, und Mitchell Johnson als »jugendliche Delinquenten« zu Arrest in einer geschlossenen Besserungsanstalt auf unbestimmte Dauer verurteilt; der späteste Entlassungszeitpunkt wird jedoch ihr 21. Geburtstag sein, also absehbar in sieben bzw. neun Jahren, so will es das Gesetz – ein nicht nur für die Überlebenden und Angehörigen der getöteten Opfer viel zu mildes Urteil, nicht schuldangemessen, nicht hart genug, unbefriedigend.

Und genau diese neun Jahre lang unterdrückte Missstimmung erfasst die Bürger von Jonesboro erneut, als Mitchell Johnson am 2. April 2007 vor dem Circuit Court of Craighead County im Rahmen eines Zivilverfahrens aussagen soll. Diese im amerikanischen Prozessrecht »Deposition« genannte Prozedur ist Teil des Beweiserhebungsverfahrens, bei der jede Partei den Klagegegner und dessen Zeugen auch ohne Anwesenheit eines Richters vernehmen kann. Im vorliegenden Fall klagen die Angehörigen der am 24. März 1998 getöteten Opfer, um zu verhindern, dass die Täter über Buchveröffentlichungen oder TV-Auftritte oder wie auch immer von ihren Verbrechen finanziell profitieren können.

Erstmals wird Mitchell Johnson nach seiner Entlassung im August 2005 unter Eid erklären müssen, wie »das Attentat«, unter dessen Folgen nach wie vor unzählige Menschen zu leiden haben, ablief, warum er und Andrew Golden taten, was niemand verstehen kann, und vor alledem will man herausfinden, ob der junge Mann noch eine Gefahr für andere Menschen darstellt. Kommt jetzt endlich Licht ins Dunkel?

Es ist genau 12.03 Uhr, als die Befragung beginnt, durchgeführt vom Rechtsanwalt der Kläger. Aus dem einst pummeligen Teenager Mitchell Johnson ist mittlerweile ein erwachsener junger Mann geworden, der sein schwarzes Haar bis zu den Augenbrauen glattgekämmt trägt, sich einen zarten Oberlippenbart stehen lässt und wegen seiner Brille und der für sein Alter beachtlichen Leibesfülle älter aussieht als 22.

»Ich sehe mich nicht als Opfer«, antwortet Mitchell Johnson, als er danach gefragt wird, ob er bereit sei, für sein kriminelles Handeln Verantwortung zu übernehmen. »Ich habe ein Verbrechen begangen und dafür den Preis bezahlt.« Allerdings macht er geltend, selbst auch benachteiligt gewesen zu sein – damals wie heute: »Ich habe meine Kindheit verloren. Ich bemühe mich jeden Tag um einen Job, aber niemand will mich einstellen. Jeden Tag begegne ich Menschen, die mich anstarren, weil sie wissen, dass ich ein Mörder bin. Mord ist eine Sünde. Ich habe damals eine Wahl getroffen, und deshalb kann ich nicht behaupten, ein Opfer zu sein. Aber wahr ist auch, dass ich keine Kindheit hatte und viel Lebenszeit eingebüßt habe. Es gelingt mir einfach nicht, eine neue Existenz aufzubauen. Vor einiger Zeit arbeitete ich in einem Supermarkt, aber als sie herausfanden, wer ich bin, wurde ich sofort gefeuert. Und so ist es mir häufig ergangen. Das verfolgt mich jeden Tag.«

Andrew Golden habe ihm erstmals kurz vor Weihnachten 1997 davon erzählt, sich an verschiedenen Leuten aus der Schule rächen zu wollen. »Er meinte zu mir: ›Ich habe darüber nachgedacht, einige Leute zu erschrecken, weil ich es wirklich leid bin, dass sie mit mir spielen, mich nerven, mich wütend machen!‹ Er wollte es nur wegen dieser Sache tun. Meine erste Reaktion war: ›Du musst vollkommen verrückt sein, um mit so was zu mir zu kommen!‹ Und dann hat er mich gefragt, ob ich ihm dabei helfen würde.«

Das nächste Mal hätten sie erst wieder im Frühling 1998 über die Sache geredet, »etwa eine Woche bevor wir es getan haben«. Bei dieser Gelegenheit habe er Andrew lediglich versprochen, ein Transportmittel bereitzustellen. »Wir haben uns auch darüber unterhalten, wie wir an Waffen kommen wollten. Für uns war an diesem Tag klar, dass wir es tun würden. Andrew sagte mir auch, wie wir die Leute aus der Schule locken könnten. Der Plan war, in der Schule einen Feueralarm auszulösen. Andrew wollte die Leute nicht erschießen, hat er mir gesagt, er wollte nur über ihre Köpfe hinweg schießen, um sie zu erschrecken.«

Gegen jede Erfahrung und gegen jede Vernunft behauptet Mitchell Johnson nach wie vor, nicht mit direktem Vorsatz gezielt geschossen und getötet zu haben: »Das war keine Auswahl, ich habe also bewusst auf keine Person abgedrückt. Andrew hat mir auch nicht gesagt, auf wen er es abgesehen hatte, auf wen er zielen würde.«

»Warum haben Sie aufgehört, zu schießen?«

»Keine Ahnung.«

»War es wegen dem Mann auf dem Dach, der Sie entdeckt hatte und schrie?«

»Ich weiß es nicht, kann mich nicht erinnern.«

»Erinnern Sie sich daran, dass Sie mit einer Pistole zweimal auf den Mann auf dem Dach geschossen haben?«

»Ich glaube, ja.«

»Warum haben Sie auf ihn geschossen? Weil er Sie entdeckt hatte?«

»Kann schon sein.«

»Und Sie wollten ihn treffen?«

»Ich habe nicht auf ihn gezielt, nur in seine Richtung geschossen.«

»Sie wollten ihn treffen!«

»Nicht unbedingt.«

»Dafür waren Sie wohl auch zu weit entfernt ...«

»Wenn ich ihn hätte treffen wollen, hätte ich mein Gewehr benutzt.«

»So wie Sie es bei den anderen gemacht haben ...«

»Tja, das weiß ich nicht, aber es ist ballistisch nachgewiesen.«

Die prägenden Merkmale seiner überwiegend kurz gehaltenen, erkennbar mit Bedacht und Kalkül gemachten Ausführungen sind die Ungenauigkeit, das Ungefähre, die Ungewissheit, vor allem aber gravierende Erinnerungslücken, insbesondere dann, wenn Mitchell Johnson konkret schildern soll, wie die Tat ablief und was er dabei gedacht bzw. empfunden hat. »Alles, woran ich mich erinnern kann«, behauptet er gebetsmühlenartig, »ist der Moment, als Natalie (Brooks) in den Kopf getroffen wird, und dieser Film läuft immer wieder ab, immer wieder. Ich kann mich nicht daran erinnern, eine andere Person erschossen zu haben.«

Als es schließlich darum geht, Ursachenforschung zu betreiben, die Gründe für das Morden bzw. deren Hintergründe herauszuarbeiten, erscheint Mitchell Johnson in erster Linie darum bemüht, keine Angriffsfläche zu bieten bzw. unlautere Absichten erkennbar werden zu lassen. »Ich kannte die Opfer zwar«, räumt er ein – aber: »Ich hatte keine nähere Beziehung zu ihnen. Es gab auch keinen Ärger mit ihnen, keine Animositäten.«

»Sie hatten Probleme mit verschiedenen Leuten, die Ihnen Ihre Baseballkappe weggenommen haben?«

»Das stimmt.«

»Und Ms. Fuller, Ihre Lehrerin, war eine von den Personen, die darin verwickelt waren?«

»Ja, richtig.«

»Waren Sie ihr deswegen böse?«

»Ja, ich fand das nicht besonders gut.«

»Und Sie waren wegen der Suspendierung vom Unterricht wütend?«

»Es war keine schöne Zeit.«

»Und diese Wut hat Sie motiviert, an dem Attentat teilzunehmen?«

»Nein, nicht zwangsläufig.«

»Doch, ich glaube schon ...«

»Nein, diese Sache war nicht Teil meiner Überlegungen. Es ging mehr um das Leben an sich, das ich hasste, aber auch mich selbst. Schule dagegen war einfach nur Schule, du gehst da hin, lernst, gehst nach Hause, fertig.«

»Aber Sie hat diese Suspendierung richtig wütend gemacht, so stand es jedenfalls in Ihrem Tagebuch.«

»Ja, das stimmt, ich mochte das nicht.«

»Und Sie waren wütend auf die Lehrer deswegen ...«

»Ich mochte Ms. Fuller nicht, weil sie mir den Hut weggenommen hatte, einfach so. Und sie war es, die mir immer Ärger gemacht hat.«

»Und Sie waren der Meinung, die Suspendierung wäre ungerecht?«

»Nein.«

»Also haben Sie an dem Attentat teilgenommen, weil Sie wegen der Suspendierung wütend waren?«

»Nein.«

»Das stimmt nicht?«

»Nein.«

»Hatte es denn entfernt damit zu tun?«

»Nicht wirklich.«

»Nicht wirklich?«

»Es hatte wohl damit zu tun, aber das war nicht der Hauptgrund für meine Wut. Es war nicht so, dass ich auf die Lehrer sauer war und deswegen auf sie geschossen habe. Das war nicht meine Absicht.«

»Was war denn Ihre Absicht?«

»Alle Sorgen loswerden.«

Was genau damit gemeint sein soll und warum er die Tat begangen haben will, versucht Mitchell Johnson Augenblicke später so zu begründen: »Erst als ich in die Pubertät kam, realisierte ich, dass ich als Kind sexuell missbraucht worden war. Das hatte eine Menge zu tun mit meiner Wut, die ich damals spürte.« Angeblich will er von der Mitgliedschaft bei den »Westside Bloods« Abstand genommen haben, weil er es leid gewesen sei, »auf mich aufpassen zu müssen«. Er habe sich nicht länger herumkommandieren und unterdrücken lassen wollen. »Es wurde mir alles zu viel. Der einzige Ausweg für mich war, abzuhauen, alles hinter mir zu lassen.«

Allerdings habe es zu dieser Zeit noch weitere Stressoren gegeben: »Dann war da noch die Scheidung meiner Eltern. Mit meinem Vater habe ich mich nie wirklich verstanden. Ich hatte kein Leben, ich wollte nur noch weg.« Und auch in der Schule sei er nicht zurechtgekommen. »Meine Noten waren zwar okay, aber mein Verhalten nicht. Es gab oft Ärger mit anderen Schülern, ich musste mich deshalb häufiger prügeln. Es gab viele Leute, die mich nicht mochten. Die Schule war für mich ein Drama.«

Nach zweieinhalbstündigem Kreuzverhör wird Mitchell Johnson abschließend aufgefordert, doch bitte eine Frage noch zu beantworten, die Zane Wright, der damals dreijährige Sohn der getöteten Lehrerin, an ihn richtet und vom Anwalt der Kläger übermittelt wird: »Warum hast du meine Mama erschossen?«

»Ich habe es nicht mit Absicht getan«, antwortet Mitchell Johnson nach kurzem Zögern mit belegter Stimme. »Ich hatte nicht die Absicht, irgendjemanden an diesem Tag zu verletzen. Ich hatte nichts gegen deine Mutter, sie war immer nett zu mir. Dafür, dass ich das getan habe, entschuldige ich mich. Es tut mir leid, kleiner Mann, dass du ohne deine Mama aufwachsen musst, und es tut mir leid, dass du keine Gelegenheit haben wirst, um herauszufinden, wer deine Mama gewesen ist. Soweit ich das beurteilen kann, war sie ein sehr netter Mensch, eine der besten Lehrerinnen, die ich kannte. Es tut mir sehr leid, dass sie nicht mehr lebt.«

Wenigstens das. Wenn es überhaupt ehrlich gemeint ist.

Zu solchen Aussagen ist Andrew Golden indes nicht bereit, vielleicht auch gar nicht fähig, als er ein Jahr später ebenfalls einer »Deposition« unterzogen wird. Allein eine Beteiligung an den Morden kann er nach Lage der Dinge nicht mehr abstreiten, alle anderen Aspekte versucht er schmallippig und einsilbig so darzustellen, als sei er lediglich Verbrechensteilnehmer wider

Willen gewesen und habe niemals die Absicht gehabt, auch nur eins seiner Opfer zu verletzen oder zu töten.

Nach *seiner* Darstellung soll Mitchell Johnson nicht nur der Initiator, sondern auch der alles bestimmende Anführer gewesen sein. Sein Komplize habe den Van gestohlen, gefahren und ihn, Andrew, gezwungen, sich an dem Waffendiebstahl zu beteiligen und den Lieferwagen zu beladen – andernfalls habe Mitchell gedroht: »Oder ich werde dich und deine ganze Familie töten!«

»Sie sind vorher auf eine Tankstelle gefahren?«

»Ja.«

»Warum?«

»Zu wenig Benzin.«

»Wer hat sich um das Benzin gekümmert?«

»Mitchell.«

»Was genau hat er getan?«

»Mit dem Tankwart geredet.«

»Wo waren Sie zu diesem Zeitpunkt?«

»Im Auto.«

»Hätten Sie weglaufen können?«

»Ja.«

»Warum haben Sie es nicht getan?«

»Aus Angst.«

»Aus Angst wovor?«

»Dass er mich tötet.«

Auch die Idee, Schüler und Lehrer über einen fingierten Feueralarm auf den Schulhof zu locken, stamme von Mitchell, er, Andrew, sei nur Befehlsempfänger gewesen. »Ich wollte das alles nicht!«

»Sie haben Natalie Brooks in den Kopf geschossen ...«

»Hhm ...«

»Stimmt es, dass Sie mit Pistolen und Gewehren umgehen konnten, dass Sie Erfahrung als Jäger hatten?«

»Hmh ...«

»Sie haben an Schießwettbewerben teilgenommen?«

»Ja.«

»Mit Erfolg?«

»Kann sein ...«

»Sie sagen, Sie haben nicht auf die Opfer gezielt?«

»Nicht gezielt, ja.«

»Wie kann es sein, dass Sie, ohne zu zielen, Natalie Brooks aus großer Entfernung in den Kopf geschossen haben?«

»Weiß nicht.«

»Das glaube ich Ihnen nicht!«

»Ich habe nur auf die Turnhalle gezielt, den Boden oder in den Himmel. Ich habe niemals auf irgendjemanden bewusst geschossen!«

Nach Beendigung der Deposition und der sich anschließenden Berichterstattung in den Medien wird es still um Andrew Golden, jedenfalls dringt nichts an die Öffentlichkeit – bis auf die Sache mit dem Waffenschein, den er versucht unter falschem Namen zu beantragen, aber scheitert, weil ihm die Polizei nach einem entsprechenden Hinweis auf die Schliche kommt.

Obwohl diverse Journalisten bemüht sind, Andrew Goldens Lebensumstände auszubaldowern, entstehen lediglich Gerüchte. Es wird kolportiert, er würde in der Region Jonesboro unter falschem Namen leben, habe geheiratet, sei Vater geworden und habe sich einer Gesichtsoperation unterzogen, um in der Öffentlichkeit nicht mehr erkannt zu werden. Hie und da wird er angeblich gesichtet, mal in einer Einkaufspassage, mal in der Nähe der Westside Middle School, in einem Kino oder beim Einkaufen in einem Supermarkt.

Der Mann ist überall und nirgendwo. Wahr hingegen ist: Andrew Golden hat nach seiner Entlassung aus dem Jugendarrest keine weiteren Verbrechen verübt.

Ganz anders sein ehemaliger Komplize, Mitchell Johnson. Er wird im Januar 2007 bei einer Verkehrskontrolle mit einer geladenen Pistole und 21 Gramm Marihuana erwischt. Sein Begleiter ist Justin Trammell, 22 Jahre alt, wegen Mordes vorbestraft. Mitchell Johnson hat ihn während seiner Inhaftierung in derselben Jugendstrafanstalt kennengelernt.

Zehn Monate später wird Mitchell Johnson angeklagt, im Januar 2008 folgt die Gerichtsverhandlung – schuldig im Sinne der Anklage. Bevor die Strafe vollstreckt werden kann, gerät der nun 24-Jährige erneut ins Visier der Ermittlungsbehörden, abermals wegen Besitzes von Marihuana; darüber hinaus werden ihm Betrügereien mit einer Kreditkarte vorgeworfen, die er einem behinderten Mann gestohlen hat. Gegen ihn wird eine zwölfjährige Haftstrafe verhängt, die nach einem weiteren Strafverfahren wegen Diebstahls und Betrugs im Jahr 2009 zu einer Gesamtstrafe von 18 Jahren zusammengezogen wird.

Dagegen legt Mitchell Johnson Berufung ein und bekommt recht, weil »Jonesboro« bei der Strafzumessung nicht als Vorstrafe hätte berücksichtigt werden dürfen. Letztlich bekommt er für die Arkansas-Anklage 2011 Bewährung, muss aber wegen der übrigen Taten für vier Jahre ins Gefängnis. Im Juli 2015 wird Mitchell Johnson abermals auf Bewährung entlassen und muss an einem Rehabilitierungsprogramm für Drogenabhängige teilnehmen – nur das vorläufige Ende einer außergewöhnlichen Verbrecherkarriere?

»Die größte Frage – und darauf gibt es immer noch keine Antwort – ist: Warum haben sie es getan?« Karen Curtner, die heute längst pensionierte »Prinzipalin« der Westside Middle School, hat diese Frage vor vielen Jahren einmal formuliert und bis heute keine befriedigende Antwort erhalten. Dies liegt allein an der nicht zu erschütternden Verweigerungshaltung der Täter, die das Motiv konsequent totgeschwiegen oder lediglich erklärt haben, welche Gründe nicht ausschlaggebend gewesen seien.

Es gibt fraglos eine ganze Reihe von Aspekten, die in diesem Kontext diskussionswürdig erscheinen: Mitchell Johnson wurde von seinem Vater häufiger geschlagen, von einem älteren Jungen wiederholt sexuell missbraucht, er musste längere Zeit in einer dysfunktionalen Familie zubringen und mehrfach umziehen, sich zudem diversen Problemen in der Schule stellen; allerdings reichen diese negativen Lebenserfahrungen nicht aus, um ein Motiv herzuleiten, da die Tat sich gegen Schüler und Lehrer gleichermaßen richtete, ohne einen personalen Bezug erkennbar werden zu lassen. Auch wenn die Opfer mit nur einer Ausnahme weiblich gewesen sind, war es doch purer Zufall und für Mitchell Johnson nicht kalkulierbar, dass sich an diesem Tag zu dieser Zeit stundenplanbedingt überwiegend Mädchen in den Klassenräumen aufhalten würden. Und es war für ihn auch nicht absehbar, welche Personen auf den Schulhof gelangen und in seine Schussbahn geraten würden.

Diese Annahme muss fraglos auch für Andrew Golden gelten. Seine Teilnahme an diesem Verbrechen erscheint auf den ersten Blick noch rätselhafter, weil aus den Lebensumständen des Jungen – im Gegensatz zu Mitchell Johnson – keine vergleichbaren Stressoren hergeleitet werden können: Andrew lebte durchweg in stabilen familiären Verhältnissen, wurde bevorzugt behandelt und gefördert, er hatte kaum Ärger in der Schule, war kein Außenseiter, wurde nicht gemobbt, nicht regelmäßig geschlagen und auch nicht sexuell missbraucht. Allein sein ambivalentes, mitunter manipulatives und selbstbezogenes Sozialverhalten, aber auch die gelegentlichen sadistisch eingefärbten Misshandlungen bzw. Tötungen von Katzen geben zu denken, ohne jedoch unmittelbar motivrelevant zu sein.

Wenn äußere Faktoren nicht zum Motiv führen, erscheint es

ratsam, zunächst den Charakter der Tat herauszuarbeiten, um anschließend danach zu fragen, wie sie zu den Tätern passt, wer die treibende Kraft gewesen ist, wessen Handschrift sie trägt, wer am ehesten profitiert haben dürfte.

Dieses Verbrechen ist für kindliche Täter erstaunlich strategisch ausgerichtet bzw. vorbereitet gewesen. Mitchell Johnson und Andrew Golden haben überdies planmäßig, überlegt und stressresistent gehandelt, ihre Opfer ohne erkennbares Zögern in einen Hinterhalt gelockt, so lange gewartet, bis sich der Pausenhof mit genügend Opfern füllte, um dann größtenteils gezielt und kaltblütig auf ihre Mitschüler und Lehrer zu schießen; sie haben außerdem auf äußere Einflüsse (Bauarbeiter auf dem Dach) folgerichtig reagiert, sich sofort zurückgezogen, als sie entdeckt wurden und mit Verfolgung rechnen mussten. Selbst an eine Rückzugsmöglichkeit (Ferienhaus der Goldens) haben sie gedacht und für eine längere Abwesenheit von zu Hause vorgesorgt (Fluchtfahrzeug, Campingutensilien, Proviant etc.). Entgegen anderen »School Shootings« oder Amokläufen ist nach der Tatausführung keine Selbsttötung beabsichtigt gewesen.

Demzufolge ist von einem vorsätzlichen Tötungsdelikt auszugehen, das sich gegen eine möglichst große Personengruppe richtet, um möglichst viele Opfer töten zu können, und insbesondere von Menschenverachtung, Maßlosigkeit und Destruktivität geprägt wird, jedoch nicht als Beziehungs- oder Affekttat zu qualifizieren ist. Erfahrungsgemäß geht es den Tätern bei derartigen Verbrechen insbesondere um Selbstwerterhöhung, Demütigung, Macht und Kontrolle.

Und genau diese Aspekte kennzeichnen bestimmte Verhaltensweisen, die fernab des Verbrechens nur Andrew Golden erkennen lässt: Er stellt sich über andere Lebewesen (Katzen), entscheidet gottgleich über deren Tod oder foltert sie, er verhält sich anderen Kindern gegenüber herabwürdigend, anmaßend und dominant, er zwingt ihnen seinen Willen auf, spielt mit ihren Ängsten, manipuliert, zeigt sich überaus respektlos, berechnend und wirkt dabei ausgesprochen egoman – während er Erwachsenen gegenüber eher devot auftritt, insbesondere dann, wenn es sich um Autoritäten handelt.

Mitchell Johnson indes erscheint eher wie jemand, der mit Worten und Lügen beeindrucken will, der unbeholfen um Aufmerksamkeit und Respekt buhlt, der wortreich droht, ohne Taten folgen zu lassen, einer, vor dem niemand Angst hat, weil ihn niemand ernst nimmt. Insofern harmonieren der Charakter dieses unerhörten Verbrechens und die Persönlichkeits- bzw. Verhaltensstruktur des Täters bei einem der Jungen besonders deutlich: Andrew Golden.

Allerdings trägt diese Arbeitshypothese nur dann, wenn der Junge auch bei Planung, Vorbereitung und Ausführung der Tat die bestimmende, treibende Kraft gewesen sein sollte. Schauen wir also genauer hin: Als Tatmittel werden Schusswaffen ausgewählt, die aus dem sozialen Umfeld Andrew Goldens stammen, dort beschafft werden und gerade für ihn besonders geeignet erscheinen, weil er trotz seiner elf Jahre bereits ein erfahrener Jäger, mit dem Umgang von Waffen vertraut und sogar ein ausgezeichneter, preisgekrönter Schütze ist (dies gilt für Mitchell Johnson in diesem Maße nicht); auch die Bestimmung des Tatorts auf einer Anhöhe mit ausreichender Deckung erinnert an die Strategie eines Jägers, der von seiner Beute möglichst nicht gesehen werden und das Überraschungsmoment gnadenlos ausnutzen will.

Und Andrew Golden ist es, der den Feueralarm auslöst, sich von seinem kriminellen Tun auch nicht durch eine Zeugin abhalten lässt, der sogar bereit ist, ein besonders hohes Entdeckungsrisiko einzugehen; und er ist es, der zuerst schießt, der zuerst gezielt schießt, der zuerst tötet, der sich beim Schießen nicht ablenken lässt (er reagiert nicht auf den Bauarbeiter auf dem Schuldach gegenüber), der wesentlich häufiger schießt als Mitchell Johnson (dessen erste Schüsse ihr Ziel weit verfehlen), der mehr Opfer tötet und verletzt, der während der beabsichtigten Flucht zum Ferienhaus seiner Eltern zunächst nicht auf die Ansprache des Polizisten reagiert, der sich nur widerwillig festnehmen lässt, der später kein Geständnis ablegt, den Opfern eine Entschuldigung verweigert, keine Reue zeigt und sich seines abscheulichen Verbrechens sogar brüstet.

Mitchell Johnson hingegen erscheint wie ein Mitläufer, der diese Tat vor allem nur deshalb verübt hat, weil er einen kompromisslosen und entschlossenen Komplizen hatte, der ihn inspiriert, animiert, manipuliert, dirigiert, dominiert und auf diese Weise letztlich zu einem Verbrechen befähigt, das er auf sich allein gestellt niemals hätte begehen können. Wahrscheinlich muss dieser an einen gruppendynamischen Prozess erinnernde Synergieeffekt auch für Andrew Golden gelten, dessen Rolle als Spiritus Rector und Anführer dadurch jedoch unangetastet bleibt.

Das zum damaligen Zeitpunkt weltweit gravierendste »School Shooting« ist dieser Tage nur noch eine Fußnote in der Verbrechenshistorie, Jonesboro wird aus eher statistischen Gründen auf einer mittlerweile sehr langen Liste von Ortsnamen geführt, die für ähnliche Vorkommnisse stehen und die Menschen erschaudern lassen. Heute erinnern auf dem Gelände der Westside Middle School nur noch fünf Bäume an das »Massaker« – sie stehen auf »Cole Hill«, dort, wo das Drama seinen Anfang nahm: ein Baum für jedes getötete Opfer.

Wie stirbt man richtig?

»Ich wäre gerne Polizist geworden.
Das gefällt mir sehr gut,
da kann man groß rauskommen.«

»Hier gibt es nichts und niemanden,
keine Möglichkeit zu Handlung oder Ablenkung.
Und das ist das Grausamste:
ohne Handlung zu sein.«

»Er kannte mich auch durch die Schule.
Und so hätte immer eine Gefahr bestanden.«

Da steht er. Ist gerade aus dem Haus gekommen. Den kenne ich. Das ist Roland. Ich gehe zu ihm hin. Er kommt mit. Ich hab ihm gesagt, wir können Verstecken spielen. Wir gehen auf den Hinterhof. Jeder versteckt sich mal. Dann sind wir in einer Waschküche. Keiner da. Wir reden. Dann ziehe ich mein Messer. Ich halte es dicht vor sein Gesicht.

Ich sage zu ihm: »Ich schneide dir deine süßen Eier ab!« Der Junge kriegt Schiss. Ich schneide ihm ein paar Haare vom Kopf ab. »Los, zieh dich aus!« Er macht das, was ich will. »Leg dich hin!« Der Junge legt sich auf den Rücken hin. Ich berühre ihn am ganzen Körper, fummel überall rum. Er hat richtig Angst, das ist schön!

Mirko liegt auf seinem Bett und stellt sich weiter vor, was er dem Jungen antut, wie es zu Ende geht – das Finale befriedigt ihn nicht nur seelisch. Überhaupt kann er nur etwas empfinden, sich sexuell stimulieren, wenn er diese Gedankenspiele zulässt, sich inszeniert, das Opfer, die Umgebung, alles, was er sich wünscht, alles, was er tun will, glaubt, tun zu müssen.

Kontakt zu Gleichaltrigen hat er nicht. Mirko sucht sich jüngere Spielkameraden, weil die leichter zu manipulieren, leichter zu überzeugen, leichter zu kontrollieren und leichter zu missbrauchen sind; so wie Roland, der Junge, den er aus der Schule kennt. Auch Mirkos Lehrer beobachten mitunter, wie er jüngere Schüler anspricht, ihnen vorspielt, Freund und Beschützer sein zu wollen, sie gefügig macht, dann aber unvorhergesehen körperlichen Kontakt sucht, zu raufen beginnt, bedrohlich wirkt und wird, auch Gewalt anwendet. Die Pädagogen wundern sich zwar über dieses Verhalten, erkennen aber nicht Mirkos wahre Absichten, das Bedürfnis, sich den Kindern spielerisch sexuell zu nähern, ohne dies erkennbar werden zu lassen.

In der Schule hat er längst den Anschluss verloren. Seine Leistungen sind miserabel, die Noten entsprechend. Die Schulleitung hat seine Eltern mehrfach einbestellt und darüber aufgeklärt, dass Mirko in jeder Beziehung verhaltensauffällig ist, den Lehrern respektlos und aggressiv gegenübertritt, sich nichts sagen lässt und, sollte zeitnah keine spürbare Besserung eintreten, er die Schule wird verlassen müssen. Auch beim Jugendamt kennt man den 13-Jährigen, die Akte über ihn umfasst mehr als 100 Seiten.

Mirko hat Angst: vor jeder Schulstunde, vor jeder Aufgabe, vor jeder Leistungsüberprüfung, vor jeder Zensur – davor, dass er wieder alles falsch macht und entsprechend abgebügelt wird. Dummkopf! Versager! Er kann kaum lesen und schreiben. Und weil ihm Leistungsdruck und Leistungsunvermögen jede Motivation nehmen, geht er besser nicht mehr zur Schule, sondern zieht durch die Straßen der Stadt, treibt sich auf Spielplätzen herum, im Wald, am See, in baufälligen Häusern, überall dort, wo jüngere Kinder unterwegs sind, die das Abenteuer suchen und

Mirko interessant finden, beeindruckt sind, weil der ungewöhnlich große Junge mit den schulterlangen schwarzen Haaren so cool ist, viel Freizeit hat und besonders lange draußen bleiben darf, während sie selbst um spätestens 18 Uhr zu Hause sein müssen.

Seine Eltern haben sich in all den Jahren um ihr Problemkind gesorgt und bemüht, indes nicht verstanden, warum Mirko so anders ist als seine beiden älteren Geschwister, die verhaltensunauffällig geblieben sind und sich nahezu unbeschwert und unverkrampft im Leben zurechtfinden. Schon im Kindergarten hat er sich nicht in eine Gruppe einfügen können, sogar seine Erzieher gebissen, geschlagen, getreten. Die Eltern vermuteten zunächst, der renitente Junge sei körperlich und vor allem geistig nicht seinem Alter entsprechend entwickelt, doch im Rahmen von psychiatrischen Untersuchungen, die sie selbst initiiert hatten, war das genaue Gegenteil diagnostiziert worden.

Zwischen seinen Eltern und ihm hat ein regelrechter Abnutzungskampf stattgefunden, hin- und hergerissen zwischen Zuneigung und Abneigung, Verantwortungsbewusstsein und Verantwortungslosigkeit, der verzweifelt anmutende Versuch, ein Kind zu erziehen, das, so beurteilten sie jedenfalls sein permanentes Ausscheren und Aufbegehren, nicht erzogen werden will. Mit der Zeit hat wohl auch der erzieherische Elan nachgelassen, die Bereitschaft, ewig Lügen erkennen und entlarven zu müssen, sich immer wieder aufzuraffen, Konflikte auszutragen und zu ertragen, sich gegen das eigene Kind zu stellen, es anzusprechen, aufzuklären, zu sensibilisieren, zu verwarnen, ihm Strafe anzudrohen – und letztlich konsequent zu disziplinieren. Und genau deshalb haben seine Eltern sich inzwischen eher unfreiwillig und unausgesprochen auf eine Art Waffenstillstand zurückgezogen, um überhaupt mit ihm koexistieren zu können. Wenigstens das.

Mirko hingegen hat das erzieherische Resignieren, die elterliche Passivität als stillschweigende Legitimation, vielleicht sogar als Ermunterung missverstanden, Grenzen ungestraft überschreiten, anderen Menschen schaden, ihnen zu nahe treten, seine Bedürfnisse rücksichtslos befriedigen zu dürfen. Seine verschrobenen Vorstellungen von Recht und Gesetz sind ichbezogen und realitätsfremd, nachdem er wiederholt Nahrungsmittel in Supermärkten gestohlen, Fahrräder geklaut oder Kinder in der Schule oder auf dem Spielplatz körperlich verletzt bzw. sexuell misshandelt hat, ohne dafür zur Rechenschaft gezogen worden zu sein. Er benutzt seine Strafunmündigkeit wie einen Schutzschild, die fehlende juristische Konsequenz ist der Normalfall, so kann es und so soll es weitergehen.

Sein Jagdrevier wird geprägt von grauen Häuserschluchten, Wohnruinen, verwilderten Grundstücken, wilden Müllkippen, vor allem aber die gut besuchten Spielplätze ziehen ihn magisch an, denn dort gibt es viele potenzielle Opfer, und er muss nur so lange abwarten, bis ein Junge oder ein Mädchen übrig bleibt, ihm somit schutzlos ausgeliefert ist, er es zum Mitgehen animieren und an einen anderen Ort locken kann, an dem seine dunklen Fantasien endlich Wirklichkeit werden dürfen. Seit der Sache mit dem Jungen, die eskaliert ist, hält er sich jedoch zurück.

Dieser Junge heißt Roland Koch und wird seit Ostersonntag, dem 31. März 1991, vermisst; gegen 18.30 Uhr ist der Zehnjährige letztmals lebend gesehen worden, als er sich von seinen Eltern verabschiedet hat, um auf dem Hinterhof des Nachbarhauses noch ein bisschen zu spielen. Nach spätestens 20 Minuten sollte er zurückkehren. »Okay, mach ich.« Das waren seine letzten Worte.

Zwei Tage lang haben Polizisten mit Spürhunden nach dem Kind gesucht, Häuser und Dachböden durchsucht, vergeblich. Nichts, keine Spur. Am Dienstagmorgen greifen die Medien den

Fall schlagzeilenträchtig auf. Obwohl die Polizei in Leipzig sich zum Grund des Verschwindens bisher noch nicht geäußert hat, vermeldet eine Boulevardzeitung genau das: »Junge vermisst, Polizei glaubt an ein Verbrechen!« Und auch die Eltern werden zitiert, obwohl sie gar nicht mit der Presse gesprochen haben: »Verzweifelte Eltern: Unser Junge wurde entführt.«

Daran glaubt bei der Polizei jedoch niemand, weil nichts darauf hindeutet. Auch gibt es kein Erpresserschreiben. Man ist eher ratlos, setzt die Fahndung fort und erweitert den Suchradius. Mittlerweile interessieren sich auch überregionale Medien für den Fall. Das *Neue Deutschland* meldet: »Die Leipziger Polizei fahndet bundesweit nach dem zehnjährigen Roland Koch. Der Vermisste hat ein scheinbares Alter von neun bis zehn Jahren, ist 130 Zentimeter groß, von schlanker Gestalt, hat mittelblondes, glattes, links gescheiteltes Haar, blaue Augen und ein volles Gesicht.« Es folgt eine Beschreibung der Bekleidung und der übliche Hinweis, an wen sich Zeugen wenden sollen.

Am Dienstagnachmittag passiert aus Sicht der Polizei etwas Überraschendes. Denn: Zwei Nachbarn der Familie Koch haben tags zuvor beobachtet, wie ein Suchhund der Polizei auf dem Hinterhof an einem Komposthaufen angeschlagen hat, von dem Hundeführer jedoch weitergeführt wurde. Sie fanden das komisch und wurden neugierig und entdeckten den Leichnam des Jungen genau dort, nachdem sie Holzsteigen, Kartons, kleinere Zweige und vergammelte Pflanzenreste beiseite geräumt und sich mit bloßen Händen bis zu dem toten Körper durchgewühlt hatten. Die beiden Familienväter werden diesen grauenhaften Anblick niemals vergessen können.

Ähnlich ergeht es den Obduzenten. Sie können den Todeszeitpunkt recht genau eingrenzen, Roland dürfte zwei Tage zuvor zwischen 18.30 Uhr und 19 Uhr einen gewaltsamen Tod gestorben sein. Seine Leiche lässt Würgemale erkennen, neben dem

Kehlkopf finden die Rechtsmediziner eine verdächtige Druckstelle. Demzufolge muss »eine breitflächige, stumpfe Gewalt« auf die Halsweichteile eingewirkt haben. Man vermutet, dass der Täter ein Messer benutzt haben könnte, besagte Druckstelle dürfte jedenfalls nicht mit bloßen Händen verursacht worden sein.

Überdies muss der Täter dem Opfer im Bereich der Stirn einige Haare sehr kurz abgeschnitten haben. Dass es sich um eine sexuell motivierte Tat handelt, belegen Spermaspuren im Mund des Getöteten. Zur Todesursache heißt es in dem vorläufigen Gutachten, der Junge sei erstickt worden, und zwar durch »Kompression der Halsweichteile und Einatmen des Mageninhalts«.

Kriminaltechniker finden an der Cordhose und dem Pullover des Opfers Erdanhaftungen, die nicht vom Komposthaufen stammen. Also dürften Leichenfundort und Tatort nicht identisch sein. Diese Annahme wird durch die Aussage einer Zeugin gestützt, der man bislang wenig Beachtung geschenkt hat. Die Rede ist von Paula Breuer. Das achtjährige Mädchen wohnt in der Nachbarschaft der Familie Koch und will am Ostersonntag gegen kurz nach 18.30 Uhr beobachtet haben, wie ein großer Junge einen kleineren weggetragen habe, »wie einen Sack«. Der Kleine sei »ganz blass« gewesen, Arme, Beine und Kopf »ganz schlaff«.

Das Mädchen sagt der Polizei, sie habe ihrer Mutter von der Beobachtung erzählt. Und die Mutter bestätigt die Aussage des Kindes, nur habe sie lediglich einen Jungen gesehen, dessen Verhalten ihr jedoch »absolut merkwürdig« vorgekommen sei, weil »der sich immer so umgeguckt hat, als wenn er nicht gesehen werden wollte«. Daraufhin habe sie ihren Mann informiert. Der sagt bei der Polizei aus, den Jungen zwar auf dem Hof zur Rede gestellt zu haben, allerdings sei die Antwort recht patzig gewesen: »Versteckspielen, das wird doch wohl noch erlaubt sein!«

Allerdings sei der Junge seiner Anweisung prompt gefolgt, das Durcheinander, das er hinter der Garage angerichtet habe, zu beseitigen. Ohne etwas zu sagen, sei der Junge zu der Garage zurückgelaufen und habe Obstkisten, Kartons und Pflanzenabfälle, alles, was von einem Stapel gefallen sei, sorgfältig wieder aufgeschichtet. Damit habe er, der Zeuge, sich zufriedengegeben und den Jungen gehen lassen. Der Mann konnte nicht ahnen, dass er Roland Kochs Mörder gegenüberstand.

Am 5. April vermelden die Leipziger Tageszeitungen eine Täterbeschreibung, basierend auf den Aussagen der Augenzeugen: Der Verdächtige sei 13 bis 15 Jahre alt, schlank, etwa 1,60 Meter groß und mit einem olivgelben bzw. mattgrünen Jogginganzug mit goldbrauner Kapuze bekleidet gewesen. Der Haken dabei: Während die phänotypischen Merkmale auf Mirko zutreffen, irren die Zeugen bei der Kleidungsbeschreibung. In der Folge werden die Ermittler nach einem Jogginganzug fahnden, der wohl existieren mag, nur wird der Träger dieses Kleidungsstücks mit dem Mordfall nicht in Zusammenhang stehen. Trugspur. Sackgasse.

Überhaupt bereitet der Fall den Ermittlern erhebliche Probleme: Neben den teils irreführenden Augenzeugenberichten existieren lediglich die Angaben der Opfer-Eltern zu Freundeskreis, Lebensgewohnheiten etc. des Getöteten; es gibt nur wenige Hinweise aus der Bevölkerung auf angeblich verdächtige Personen bzw. Personengruppen, die sich zudem bald als unverdächtig herausstellen; die Kriminalisten kennen zwar die Todesursache und wissen grob, wie die Tat abgelaufen sein dürfte, allerdings gibt es keine »heiße Spur«, nichts, was sie annehmen lassen darf, den Fall möglichst bald erfolgreich abschließen zu können.

Eine Arbeitshypothese besagt, der Täter und das Opfer könnten sich aus der Schule gekannt haben. Deshalb werden alle Mitschüler angehört, die Kontakt zu Roland hatten oder der Täterbeschreibung auch nur bedingt entsprechen. Unter den Befragten ist schließlich auch Mirko Hansen, der bei seinen Eltern in der Leipziger Südvorstadt lebt, einem Bereich, der sich vom Zentrum bis zum Stadtteil Connewitz erstreckt. Er wohnt in derselben Straße wie die Familie Koch.

Mirko gilt als ausgesprochen leistungsschwacher Schüler mit ungewöhnlichem Verhalten und hohen Fehlzeiten. Im Gespräch mit den Polizisten weiß er aber auf jede Frage eine Antwort: Ja, er habe Roland gekannt, ja, die Klassenzimmer der beiden Jungen hätten sich eine Zeit lang auf derselben Etage befunden, ja, man sei sich gelegentlich auf dem Flur begegnet, ja, er habe auch mal auf dem Pausenhof mit ihm gespielt, aber nein, zur Tatzeit sei er allein unterwegs gewesen, leider könne das niemand bezeugen, ihm seien zwar Menschen begegnet, aber es sei bereits dunkel gewesen. Die Ermittler kommen nicht auf die Idee, Mirko den Augenzeugen gegenüberzustellen, denn der Junge ist nach ihrer Einschätzung eher unverdächtig, zumal er keine Bekleidung besessen hat oder besitzt, die der Täter nach glaubhafter Einschätzung der Zeugen getragen haben soll. Und so bleibt Mirko unbehelligt.

Die Befragung durch die Polizei ist an Mirko nicht einfach vorbeigezogen wie ein Gewitter, das zweistündige Gespräch hat ihn vielmehr beeindruckt und bestärkt. Denn er hat gelernt, dass er mit dreisten Lügen selbst erfahrene Ermittler täuschen kann, dass es ihm gelingt, den Hals aus der Schlinge zu ziehen, sich zu behaupten, dass er gar nicht so dumm ist, wie seine schlechten Zensuren glauben machen. Er ist eben doch kein Narr, sondern narrt die anderen, sogar die Polizisten, vor denen er besonderen Respekt hat. Später wird er einmal über diesen Berufsstand sagen: »Ich wäre gerne Polizist geworden. Das gefällt mir sehr gut, da kann man groß rauskommen.«

Die Tötung von Roland und die fehlende Bestrafung dieser

Tat befeuern seine destruktiven Bedürfnisse. Fortan ist kein Kind mehr vor ihm sicher. Am liebsten vergeht er sich an Jungen, aber wenn es nicht anders geht, wenn kein männliches Opfer greifbar ist, dann misshandelt er auch Mädchen sexuell. Er verkehrt dabei seine eigenen Missbrauchserfahrungen, die er als kleiner Junge in verschiedenen Heimen gemacht hat ins Gegenteil, damals, als seine Eltern nicht mehr weiterwussten und ihn abgeschoben hatten. Jetzt zwingt *er* die Kinder zum Oral- und Analverkehr, präsentiert sich überzeugend als Täter, bedroht seine Opfer davor und danach, bringt sie dadurch zum Schweigen und muss sie deshalb nicht töten, weil er davon überzeugt ist, dass sie ihn nicht verraten werden.

Demzufolge gibt es auch keine Anzeigen gegen ihn beim Jugendamt oder bei der Polizei, der sexuell-sadistische Gewalttäter Mirko bleibt nach Einschätzung der Behörden ein x-beliebiger Junge in der Pubertät mit Problemen und einem Fehlverhalten, wie es in diesem seelisch turbulenten Lebensabschnitt viele andere Kinder auch zeigen. Mit anderen Worten: nicht behandlungsbedürftig, das wächst sich aus.

Rolands Eltern hat die Todesnachricht getroffen wie ein Keulenschlag aus der Dunkelheit. Das verlockende Nicht-wahrhaben-Wollen konkurriert seitdem unerbittlich mit dem entsetzlichen Verlustschmerz, der die Betroffenen wellenförmig überrennt; etwas ist förmlich amputiert worden, das eigene Leben fühlt sich an, als sei man selbst aus der Welt gefallen, als sei das Leid unumkehrbar – kein Licht am Ende des Tunnels, nichts geht mehr.

Selbst wenn Mirko von diesen Belastungen wüsste, die Betroffenen und ihre Gefühlswelt wären ihm ziemlich egal, ihm fehlen die Fähigkeit, aber auch die Bereitschaft, Empfindungen, Gedanken oder Emotionen anderer Menschen zu erkennen, zu verstehen, darauf Rücksicht zu nehmen und danach zu handeln. Im

Vordergrund steht bei ihm die gewissenlose Befriedigung der eigenen sexuellen und seelischen Bedürfnisse, nach dem Motto: Ich bin die Welt. Er kann nicht nachempfinden, wie ein Mädchen lebenslang darunter zu leiden haben wird, nachdem er ihr gewaltsam »den Puller in die Muschi gesteckt« und anschließend damit gedroht hat, sie umzubringen, sollte sie sich ihren Eltern offenbaren oder bei der Polizei aussagen. Die dafür notwendige Gedankenarbeit findet nicht statt. Emotionale Nulllinie.

Während Mirko, mittlerweile 14 geworden, gar nicht mehr zur Schule geht und weiterhin kindliche Opfer sucht und findet, erstrecken sich die Ermittlungen der Mordkommission auf die Überprüfung von Kinderheimen und allen Schulen, die im näheren Bereich des Leichenfundortes liegen. Etliche männliche Kinder und Jugendliche werden den Zeugen, die den mutmaßlichen Mörder auf dem Hinterhof gesehen haben oder ihm begegnet sind, gegenübergestellt, doch die Reaktionen sind immer gleich: Kopfschütteln, nein, der war es nicht, der sah anders aus, tut mir leid.

Die Ermittler haben immer wieder über Pressemitteilungen die Öffentlichkeit angesprochen, um Mitfahndung und Hinweise gebeten, doch weil es nach Monaten nichts mehr über diesen Fall zu berichten gibt, haben die Medienvertreter ihre Berichterstattung entweder auf ein Minimum reduziert oder ganz aufgegeben.

Am 6. Dezember 1991 wirft auch die Staatsanwaltschaft das Handtuch und stellt die Ermittlungen offiziell ein. »Im Ergebnis der geführten Fahndungsmaßnahmen einschließlich der Überprüfung der gegebenen Hinweise aus der Bevölkerung konnte kein konkreter Tatverdächtiger ermittelt werden«, heißt es in der Einstellungsverfügung, die nach Paragraf 170 Absatz 2 der Strafprozessordnung erfolgt. Nach Auffassung der Anklagebehörde sind »die Ermittlungsmöglichkeiten zum gegenwärtigen Zeitpunkt ausgeschöpft«. Nichts geht mehr. Freibrief für einen Täter, von dem nicht wenige Ermittler annehmen, dass er irgendwann wieder zuschlagen wird.

Etwa zwei Monate später. Es ist der 14. Februar 1992, ein Freitag, als Martin Hagedorn am frühen Nachmittag zielstrebig die elterliche Wohnung verlässt. Der Achtjährige hat sich mit einem Plastikschwert bewaffnet und macht sich auf den Weg zum Spielplatz, nur einige Hundert Meter entfernt. Dort angekommen, trifft er auf andere Spielkameraden, die er kennt, und auf einen älteren Jungen, den er nicht kennt: Mirko Hansen.

Die Zeit vergeht. Nachdem sich der Spielplatz allmählich geleert hat, sind nur noch Martin und Mirko übrig. Martin ist so lange geblieben, weil er noch nicht nach Hause muss, und Mirko ist so lange geblieben, weil er es auf Martin abgesehen hat. Mirko raucht betont lässig eine Zigarette und erzählt dem Jungen wortreich von einem verwaisten Abbruchhaus ganz in der Nähe, in dem es angeblich spuken soll, in dem man super spielen könne, Verstecken und so, und er erwähnt ein mysteriöses Autowrack vor dem Geisterhaus, in das man hineinsteigen könne, weil die Türen nicht verriegelt seien – es lockt das ganz große Abenteuer. Martin muss zum Mitkommen nicht erst überredet werden, wie andere Kinder vor ihm, die Mirko schließlich doch gefolgt und so zu Opfern geworden sind, nein, er ist überzeugt, das Richtige zu tun und geht freiwillig mit. An diesem Abend werden Martins Eltern vergeblich auf ihn warten.

Mirko indes kommt gegen 20 Uhr nach Hause. Kurzer Blickkontakt, wortlose Begrüßung. Alles wie immer, nur ist da eine Sache, die Mirkos Mutter stutzig werden lässt: Wie kommt der Junge an eine neue Jacke, wenn er doch kein Geld dafür hat? Mirko hat nämlich einen Anorak mitgebracht, der offenkundig seit längerer Zeit getragen worden ist und auf dem Rücken einen auffälligen Fleck hat – diese Jacke hat sie ihrem Sohn mit Sicherheit nicht gekauft. Und bei näherem Hinsehen fällt ihr noch auf, dass die Jacke viel zu klein ist, um von Mirko getragen werden zu können.

Die Mutter stellt ihren Sohn trotzdem nicht zur Rede, obwohl sie schon gerne erfahren würde, was es mit der ominösen Jacke auf sich hat; doch sie scheut die immer gleich ablaufende Kontroverse, den ewigen Streit, zumal sie aus leidvoller Erfahrung zu wissen glaubt, wie das ausgehen wird: Entweder gibt Mirko keine Antwort oder er lügt sie an. Also vorerst Schwamm drüber, allerdings wird Corinna Hansen die Sache mit dem Anorak nicht vergessen. Schon am nächsten Morgen kommt sie darauf zurück und fragt nach. »Hab ich auf dem Spielplatz gefunden.« Mehr ist von Mirko nicht zu erfahren, damit ist alles gesagt.

Nur zwei Häuserblocks entfernt ringen Martin Hagedorns Eltern um Fassung, denn schon die äußeren Umstände des Verschwindens ihres Sohnes lassen das Schlimmste befürchten – es hat die Nacht über geregnet, es ist kalt, ungewöhnlich windig, Martin wird die vergangenen zwölf Stunden nicht draußen verbracht haben können. Alarmstufe Rot. Längst hat Jörg Hagedorn, selbst Kriminalbeamter, bei seinen Kollegen eine Vermisstenanzeige erstattet, es wird also bereits nach dem Jungen gesucht, bislang ohne Erfolg. Die quälende Ungewissheit will einfach kein Ende nehmen. *Martin, wo steckst du? Was ist los? Warum kommst du nicht nach Hause? Wir vermissen dich!*

Lautsprecherwagen der Polizei fahren durch die Stadt und sollen mit ihren Durchsagen die Bevölkerung ermuntern, verdächtige Beobachtungen mitzuteilen oder sich an der Suche zu beteiligen. Auch der Stadtfunk und die lokale Radiostation werden bei der Fahndung mit einbezogen, sie bringen halbstündig Suchmeldungen. Polizisten gehen von Tür zu Tür, zeigen ein

Foto des Vermissten, stellen immer dieselben Fragen und erhalten sehr ähnliche Antworten: Nee, kenne ich nicht, nee, habe ich nicht gesehen. Auch wird der Weg abgesucht, den Martin erfahrungsgemäß gegangen sein dürfte, sollte er tatsächlich zum Spielplatz gelaufen sein. Doch auch hier keine Spur, kein Hinweis, nichts, niemand hat Martin gesehen.

»Neuer Spielplatz-Mord? Martin (8) seit drei Tagen verschwunden«. So titelt und mutmaßt eine Leipziger Lokalzeitung. Natürlich überlegen auch die Ermittler, dass es einen dramatischen Zusammenhang zwischen beiden Ereignissen geben könnte, allerdings muss zunächst alles dafür getan werden, den vermissten Jungen möglichst lebend zu finden, auch wenn die Erfolgswahrscheinlichkeit von Stunde zu Stunde geringer wird. Die Fahndung wird deshalb weiter intensiviert und ausgedehnt. Jetzt suchen Dutzende Beamte der Bereitschaftspolizei auch am Ufer des Elsterflutbeckens und an anderen Gewässern, Schlauchboote fahren über das Wasser, es bläst ein eisiger Wind, es herrschen Minusgrade. Je länger die Suche andauert, desto geringer werden die Erfolgsaussichten.

Die für Jörg Hagedorn mit einem Schlag nicht mehr existent sind, als ihm am vierten Tag nach Martins Verschwinden ein Kollege einen Anorak vorlegt, den er identifizieren soll, falls es sich um die Jacke seines Sohnes handelt. Und sie ist es, kein Zweifel, der unverwechselbare Ölfleck auf der Rückseite des Anoraks verrät die traurige Wahrheit. Demzufolge muss Martin tot sein, es kann gar nicht anders sein, schlussfolgert Jörg Hagedorn, wie sollte der Junge ohne seine Jacke bei diesen Witterungsbedingungen überlebt haben. *Martin, mein Gott, Martin!*

Die Jacke ist von Corinna Hansen gegen neun Uhr auf einem Polizeirevier abgegeben worden. Die 38-Jährige glaubt, in dem Anorak jenes Kleidungsstück wiedererkannt zu haben, über das in der Presse berichtet worden ist, das dem vermissten Jungen gehört haben könnte. Ihr Sohn, so geht die Aussage der Mutter, habe den Anorak am Tag, als Martin Hagedorn verschwunden ist, auf einem Spielplatz gefunden, das sei allerdings nicht ungewöhnlich, Mirko bringe häufiger fremde Klamotten von seinen Touren mit nach Hause. Corinna Hansen verschwendet keinen Gedanken an eine mögliche Täterschaft ihres Sohnes, vielmehr sieht sie in dem behaupteten Kleidungsfund die einmalige Gelegenheit, Mirko könnte zur Aufklärung eines spektakulären Tötungsverbrechens maßgeblich beitragen und somit, endlich einmal für alle Welt sichtbar, reüssieren, seine bislang verborgen gebliebenen Fähigkeiten unter Beweis stellen.

Der Fund des Anoraks kann für die Ermittler den Durchbruch bedeuten. Nur scheidet die Jacke dummerweise als Spurenträger aus, weil Corinna Hansen das Beweisstück bereits gewaschen hat. Nun rückt der Finder in den Fokus der Ermittlungen und soll erklären, wann und wo genau er den Anorak gefunden haben will.

Mirko erklärt, er habe die Jacke auf dem Spielplatz entdeckt, der sich nur einen Steinwurf entfernt vor seinem Elternhaus befindet. Dort, auf einer der Parkbänke, habe der Anorak gelegen. »Ich habe gedacht, dass die Jacke keinem der Kinder gehörte, die da spielten.« Und nur deshalb, »ganz bestimmt, das war so«, sei er überhaupt auf die Idee gekommen, den Anorak mitzunehmen.

Die Ermittler glauben ihm kein Wort. Und jetzt begeht Mirko einen folgenschweren Fehler, als er versucht, die beiden Vernehmungsbeamten zu überzeugen, und zwar mit einer neuen Geschichte. Und die geht so: Er habe sich geirrt, Martin nur mit einem anderen Jungen verwechselt, natürlich sei er ihm begegnet, auf dem Spielplatz, dort habe man sogar einige Zeit zusammen Verstecken gespielt, bis Martin aus einem bestimmten Grund nach Hause gegangen sei: »Es hat angefangen zu regnen.«

»Und dann geht der Martin bei strömendem Regen und klirrender Kälte ohne seinen Anorak nach Hause?« Mirko beantwortet die Frage nicht und schweigt eine Weile. Dann wiederholt er seine soeben gemachte Aussage, als würde sie dadurch glaubwürdiger werden.

Die Vernehmungsbeamten lassen ihn schließlich gewähren, weil sie keine konkrete Vorstellung von der Tat haben (fehlende Leiche) und weil sie viel zu wenig über die äußeren Umstände wissen (fehlender Tatort), um Mirko sein Lügen auch beweisen, ihn festnageln zu können. Als man sich schließlich im Kreis zu drehen beginnt, die Fragen sich genauso wiederholen wie Mirkos Antworten, tun die Beamten genau das, was in solchen Fällen, wenn die Chemie zwischen ihnen und dem Verdächtigen nicht mehr stimmt, üblich ist: Zwei andere Ermittler sollen die Vernehmung fortführen und ihr Glück versuchen.

Wieder geht das Frage-Antwort-Spiel los, aber diesmal ist alles anders. Mirko ist anders, verhält sich anders, antwortet anders – sagt die Wahrheit, bezichtigt sich der Tat, ohne sie im Detail beschreiben zu wollen. Warum er sich um Kopf und Kragen redet, bleibt unklar, vielleicht gefällt Mirko die väterliche Art eines der Beamten, vielleicht ist der Leidensdruck mit der Zeit zu groß geworden, vielleicht sieht er in der Tötung des Jungen aber auch eine besondere Tat, zu der sonst kaum jemand fähig ist, vielleicht will er, der zeitlebens immer nur der Depp gewesen ist, der abgeschoben wurde, den man nicht für voll genommen hat, vielleicht will genau dieser Mirko Hansen den Polizisten imponieren, ihnen beweisen, was in ihm steckt – und wenn es nur sein persönlicher Abgrund ist, den er ihnen präsentieren kann, Hauptsache, er steht im Mittelpunkt des Geschehens.

Doch bevor es dazu kommt, soll er den Ermittlern die Leiche des Jungen zeigen. Die Beamten brauchen einen finalen Beweis, andernfalls laufen sie Gefahr, sich Mirko auszuliefern und an der Nase herumführen zu lassen, ätsch, war doch nur eine Geschichte, alles gelogen, fangen wir bitte noch einmal von vorne an – ein Wichtigtuer eben, jemand, der eine Tat gesteht, die ein anderer begangen hat.

Mirko Hansen aber hält Wort und führt die Beamten wenig später zu einer baufälligen Garage, vor der ein Autowrack steht. »Da drunter liegt er!« Und tatsächlich, unter dem Wagen befindet sich, notdürftig versteckt unter blauen Müllsäcken, der Körper eines toten Kindes. Der Rest ist kriminalistische Routine.

Mirkos Geständnis indes bedeutet für die Beamten emotionale Schwerstarbeit. Der weder verängstigt, angegriffen noch mitgenommen wirkende Junge schildert im Beisein seiner Mutter, dass Martin ihm gefallen habe, dass er sich bereits auf dem Spielplatz »sexuelle Dinge« mit ihm vorgestellt habe, er beschreibt, wie er mit dem Jungen in Kontakt gekommen sei, ihm von einem anderen Spielplatz erzählt habe, der gar nicht existiert, wie er Martin schließlich in die Garage gelockt und die Tür verschlossen habe, wie der Junge in Panik geraten sei, als er ihm mit dem Feuerzeug gedroht und befohlen habe, sich auszuziehen: »›Wenn du nicht tust, was ich dir sage, dann brenne ich dir die Haare runter‹, habe ich gesagt, so ganz ernst, richtig streng.«

Mirko unterscheidet sich in seinem Aussageverhalten kaum von erwachsenen Sexualstraftätern. Während sie den äußeren Rahmen der Tat, die Suche nach einem Opfer, die Ansprache, die Manipulation, den Weg zum Tatort, die Überwältigung, die Gewaltanwendung, flüssig beschreiben können, scheuen sie vor dem Bekenntnis des sexuellen oder sadistischen Hintergrunds, dem Motiv zurück. Sie schämen sich unendlich dafür, weil sie existenzielle Angst davor haben, als »Bestie« enttarnt und ewig auf dieses Stigma reduziert, als Mensch nicht mehr gezählt zu werden. Mirko stört in diesem Zusammenhang allerdings nur die Anwesenheit seiner Mutter, die daraufhin gebeten wird, den Raum zu verlassen.

Jetzt ist der Weg frei. Jetzt fällt die Maske, jetzt kann Mirko endlich sein wahres Gesicht zeigen. Wenn der 14-Jährige schildert, wie er Martin eine Dreiviertelstunde lang gedemütigt und ihm sexualisierte Gewalt angetan hat, lässt er auch über Mimik und Gestik erkennen, dass ihm der Junge nicht leidtut, weder jetzt noch vor vier Tagen. Es bereitet ihm vielmehr Freude, es getan zu haben und jetzt darüber sprechen zu können, sich als mächtigen, furchterregenden Täter zu präsentieren, zu erzählen, wie er dem Jungen die Augen verbunden, ihn vor das Autowrack geführt und ihm dort die Kehle zugedrückt habe. Wie ihm das Wimmern und die verzweifelte Gegenwehr seines Opfers egal gewesen sei, das Schlagen mit den Händen, das Strampeln mit den Füßen, wie er immer weiter zugedrückt habe, bis der Junge bewusstlos geworden sei.

»Wie konntest du feststellen, dass er nur besinnungslos war?«

»Ich habe eben so lange gedrückt, bis er sich nicht mehr gewehrt hat, bis er ganz still dalag.«

»Woran hast du gemerkt, dass er noch nicht tot ist?«

»Er hat noch geatmet. Ich habe die Atemgeräusche in der Nase richtig laut hören können. Ich habe mich extra dicht rangebeugt.«

»Was hast du dann getan?«

»Ich habe einen Ärmel seines Pullovers in seinen Mund gesteckt, mit Daumen und Zeigefinger, seine Nase zugehalten.«

»Wie lange?«

»Zwei Minuten bestimmt. Dann habe ich geguckt, ob er noch atmet. Hat er aber nicht. Da war mir klar, dass er jetzt tot war.«

Damit ist das Tötungsgeschehen zwar geklärt, aber noch nicht erklärt. Mirko wird aufgefordert, zu sagen, warum er den Jungen getötet hat. Die Antwort ist durchaus plausibel, zumal sie eine Information enthält, über die Mirko, der kaum lesen und schreiben kann, nicht aus der Presse hätte erfahren können. Martin »musste sterben«, weil der Junge gedroht habe, seinem Vater von der Vergewaltigung zu erzählen, der sei nämlich Polizist. Damit hatte der Junge sein eigenes Todesurteil gesprochen, weil Mirko »keinen anderen Ausweg gesehen« habe.

Während dieser ersten Vernehmung, die über fünf Stunden geht, überrascht Mirko Hansen die Beamten mit einem weiteren Geständnis: »Das mit dem Roland war ich auch.« Mit einem Messer bewaffnet und damit drohend, habe er auch ihn zum Mundverkehr gezwungen und ihm schließlich die Kehle zugedrückt. Wie bei Martin sei das Tötungsmotiv Verdeckungsabsicht gewesen, er, Mirko, habe nämlich damit gerechnet, dass sein Opfer den Eltern etwas erzählen werde, also sei es besser gewesen, kein Risiko einzugehen und den Jungen zu töten, schließlich hätte man sich obendrein aus der Schule gekannt, »und so hätte immer eine Gefahr bestanden«. Und dann sagt er ungefragt einen Satz, eher beiläufig und mit leiser Stimme, der das ganze Ausmaß seiner pathologischen Persönlichkeit offenbart: »Es kann auch sein, ich wollte mal sehen, wie man richtig stirbt.«

Mirkos Eltern werden durch diese Aussagen in eine andere Welt katapultiert, denn die, in der sie bislang gelebt haben, existiert nicht mehr. Die Familie Hansen wird übergangslos zum Spielball der Medien, es setzt eine regelrechte Hetzjagd auf sie ein, plötzlich ist alles interessant, alles, was Vater und Mutter in der Vergangenheit mit oder ohne Mirko getan oder nicht getan haben, ist eine Schlagzeile wert – ein Festmahl für den Boulevard.

Nachdem die Hansens sich eine Zeit lang aus Angst vor unberechtigten, unangenehmen und unverschämten Fragen, Verdächtigungen und Schmähungen in ihrer kleinen Wohnung regelrecht verschanzt haben (ein geregelter Tagesablauf ist kaum mehr möglich, denn, egal, wohin es gehen soll, überall lauern ihnen Fotografen auf), flüchten die Eltern des »Monsters« mit ihren Kindern schließlich zu Verwandten nach Norddeutschland: Sie lassen ihr bisheriges Leben hinter sich, fangen notgedrungen noch einmal von vorne an, hoffen ungewiss auf eine Zukunft und fürchten sich hilflos vor den langen Schatten der Vergangenheit.

Mirko ist unterdessen in ein Untersuchungsgefängnis verlegt worden, dort muss er sich unter erwachsenen Delinquenten zurechtfinden, denn eine Jugendhaftanstalt gibt es nicht. Einige Male kommen seine Eltern noch zu Besuch, dann nicht mehr, nie wieder. Mirko ist jetzt auf sich allein gestellt, wie unter Quarantäne, seine Familie will partout nichts mehr von ihm wissen, kappt die Verbindung, tilgt seine familiäre Existenz. Der vollkommen verunsicherte Junge reagiert dementsprechend, er ist hochaggressiv, schreit seinen Frust heraus, legt sich mit Wärtern an, beleidigt, attackiert sie sogar mit einer Eisenstange, die er von seinem Bett abgerissen hat, er wirft Gegenstände aus dem Fenster, gebärdet sich wie toll.

Wenn, wie in diesem Fall, ein außergewöhnliches Täterverhalten zu beobachten war und ist, schlägt die Stunde der forensischen Gutachter. Sie sollen ergründen und erklären, was für ein Mensch das ist, welche Merkmale seinen Charakter kennzeichnen, was ihn bei seinen Taten angetrieben hat, ob er überhaupt schuldfähig ist, also juristisch zur Verantwortung gezogen werden kann, und wie mit ihm nach einer Verurteilung umzugehen ist, sollte es dazu kommen.

Nach diversen körperlichen Untersuchungen, psychologischen Testverfahren, Befragungen und Gesprächen ergibt sich dieses Bild: Es können keine Schuldausschließungsgründe festgestellt werden, zum Beispiel Schwachsinn, hirnorganische Erkrankungen oder eine tiefgreifende Bewusstseinsstörung, demnach liegt kein »angeborener Defekt« vor; so gesehen ist Mirko vollkommen unauffällig, ein Jedermann, und darum strafrechtlich verantwortlich.

Allerdings lässt der Junge durch verschiedene Äußerungen und Verhaltensweisen erkennen, dass mit ihm etwas nicht stimmt. Er habe keine Angst, sagt er, selbst vor dem Tod nicht, er sei eben furchtlos, kenne keine Sorgen, nur Schlafprobleme, andere Menschen seien ihm zwar nicht egal, aber er könne nichts für sie empfinden, genauer gesagt: ihre Gefühle nicht erkennen, nicht spüren, da sei einfach nichts – ein Defizit, das viele Gewalttäter von gesunden Menschen unterscheidet.

Auch sein Sozialverhalten ist typisch für diese Täterklientel. Nach all den Entbehrungen und Zurücksetzungen in der eigenen Familie, dem Fehlen einer Identifikations- und Leitfigur, den erzwungenen Heimaufenthalten und der sozialen Ausgrenzung in der Schule lässt sich nicht mehr zweifelsfrei herleiten, wann das alles angefangen haben könnte, wo die Ursache liegt, warum Mirko sich so fatal entwickelt und fehlverhalten hat. Daher müssen sich die Sachverständigen notgedrungen auf bloße Zustandsbeschreibungen zurückziehen: einzelgängerisch, verantwortungslos, ichbezogen, unsozial.

»Ich war immer der böse Junge«, gibt Mirko zu bedenken, er habe alles Schulische abgelehnt, wichtig sei ihm das tägliche Abenteuer gewesen, »durch die Straßen ziehen, mit anderen Fußball spielen oder baden gehen, da lernt man auch etwas und bekommt keine Zensuren dafür«. Die Weltsicht eines Kindes, das Autoritäten konsequent ablehnt und einfach nicht erwachsen werden will: »Da kann mich die Schule mal ...«

Auch in den Erziehungsheimen mit Gittern vor den Fenstern und einem Zaun drumherum, damit die Kinder nicht weglaufen können, will der Junge sich weder wohlfühlen noch unterordnen, die Zwangsverwaltung seines Daseins ist ihm überaus unangenehm, unbequem, suspekt, inakzeptabel: immer und immer wieder nur Gleichschritt, Gleichklang, Gleichmäßigkeit, Gleichmacherei, Gleichgültigkeit, und wer aneckt, wer aus der Reihe tanzt, der bekommt den ausziehbaren Knüppel zu spüren, den die Erzieher verdeckt in der Tasche haben. Selbst das Weinen unterdrückt er, später wird er dazu nicht mehr fähig sein: »Weinen tun die Kleinen, die sich noch in die Hosen machen und gefüttert werden müssen.« Aber Mirko nicht mehr. Der klettert lieber zum sichtbaren Zeichen seiner inneren Rebellion auf das Hausdach des Heims und droht, sich in den Tod zu stürzen. Nicht nur deshalb, sondern auch wegen seines Bewegungsdrangs und der Schlafprobleme, werden ihm täglich Psychopharmaka verabreicht.

Die Heimaufenthalte prägen nicht nur sein abweichendes Sozialverhalten, sondern auch seine abnorme Sexualität, die das Kerngeschehen der von ihm verübten Taten darstellt. Mirko wird als Zehnjähriger von anderen Kindern erstmals regelmäßig missbraucht, seine häufig wechselnden Sexualpartner dominieren ihn, ohne dass sie in den meisten Fällen körperliche Gewalt anwenden müssen. Er versteht den Sexualakt deshalb als Mittel zum Zweck, als notwendiges Übel, als Vorbedingung, um selbst seelische Gratifikation zu erhalten, vermeintliche Zuneigung und Anerkennung, die ihm bis dahin vorenthalten worden sind. Seine sexuelle Rolle bleibt dennoch die des Untergebenen, des Unterlegenen, desjenigen, der zu geben hat, der sich ausliefert: »Es ekelte mich furchtbar an, und manchmal wollte ich einfach nicht mehr. Aber es musste ja sein.«

Die zwanghaft erlebten homosexuellen Handlungen haben darüber hinaus zur Folge, dass Mirko keine eigene sexuelle Identität entwickeln kann. So wird er auch einmal von seinen Erziehern gefragt, wie er sexuell veranlagt sei, doch er weiß es »nicht so genau«. Zudem bleibt die sexualisierte Gewalt gegen die eigene Person weitestgehend unbemerkt, in jedem Fall aber unbeanstandet und ungeahndet, und darum glaubt Mirko, die uneingeschränkte Berechtigung erworben zu haben, es auch so zu machen, ohne Einverständnis, ohne Rücksicht nehmen zu müssen.

Nach Einschätzung der Gutachter lieferten die selbst erlebten Missbräuche Blaupausen für die späteren Sexualtaten, dienten als Handlungsmuster und Leitmotiv: am Geschlechtsteil manipulieren, Oralverkehr, Drauflegen, Analverkehr. Allerdings habe seine sexuelle Perversion nicht die Tötung eines Menschen umfasst. Mirko gibt auch zu, dass er beim Masturbieren nur dann einen Höhepunkt habe erleben können, wenn in Gedanken Gewalt mit im Spiel gewesen sei, und nach der Tötung von Roland Koch hätte sich dieser Drang noch weiter verstärkt: »Je mehr Gewalt, desto schöner.«

Unter dem Strich steht laut Gutachten eine »kombinierte sexuelle Deviation« mit pädophilen und sadistischen Elementen, diese Störung sei im Vergleich zu gleichaltrigen Kindern »extrem«. Mit anderen Worten: Mirko Hansen kann nur dann sexuelle Lust empfinden, wenn er jüngere Kinder quält und misshandelt. Die Tötungen hingegen seien nicht von vornherein beabsichtigt gewesen, sondern situativ bedingt passiert, weil die Opfer lebend aus Sicht des Täters ein Risiko dargestellt hätten.

Die Hauptverhandlung findet vor dem Bezirksgericht in Leipzig statt und dauert nur drei Tage. Mirko wiederholt unter Ausschluss der Öffentlichkeit sein ausführliches Geständnis, das macht es leichter, schnell zu einem Urteil zu kommen, zumal gutachtlich festgestellt worden ist, dass die Tötung von Martin Hagedorn »mit der erforderlichen Verantwortungsreife« erfolgt ist. Das Verbrechen an Roland Koch hingegen ist nicht angeklagt worden, weil Mirko Hansen zu diesem Zeitpunkt strafunmündig war. Und da es sich um einen minderjährigen Angeklagten handelt, muss in diesem Fall nach dem Jugendgerichtsgesetz mit seinen milderen Strafzumessungen geurteilt werden.

Am 20. November 1992 heißt es schließlich »Im Namen des Volkes«: »Der Angeklagte wird wegen sexueller Nötigung in Tateinheit mit sexuellem Missbrauch eines Kindes und wegen Mordes zu einer Jugendstrafe von sieben Jahren und sechs Monaten verurteilt.« Damit bleiben die Richter weit unterhalb der Höchststrafe von zehn Jahren, weil sie Mirko Hansens eigene Opfererfahrungen, aber auch die ungünstigen Lebensumstände des Jungen strafmildernd berücksichtigt haben und von einer lediglich eingeschränkten Schuldfähigkeit auszugehen sei.

Allerdings bedeutet dies nicht zwingend, dass er damit rechnen darf, bei guter Führung vielleicht schon nach fünf oder sechs Jahren Gefängnis in Freiheit zu kommen, denn das Gericht hat zusätzlich die Unterbringung in einem psychiatrischen Krankenhaus angeordnet, die dem Strafvollzug voranzustellen ist. Demzufolge wird Mirko Hansen erst dann in die Sozialgemeinschaft zurückgegeben werden können, sollte er eine Therapie erfolgreich absolvieren und für andere Menschen keine Gefahr mehr darstellen.

Mirko Hansen wird am 21. Mai 1993 im Sächsischen Krankenhaus Arnsdorf untergebracht, von wo aus er bereits nach zwei Tagen flieht. Selbst die ausländischen Medien warnen vor und berichten über »Deutschlands jüngsten Killer« und die Umstände seines spektakulären Entweichens. »Extra für Mirko wurde das Bezirkskrankenhaus zur Hochsicherheitspsychiatrie ausgebaut«, schreiben beispielsweise die *Oberösterreichischen Nachrichten.* »Dabei passierten offenbar Schlampereien, denn der 15-Jährige hebelte spielend leicht eine Feuerschutztür aus, kletterte durch ein unvergittertes Fenster und stieg am Blitzableiter in die Tiefe.«

Doch die große Freiheit währt nur kurz, schon zwei Tage später wird Mirko in Bischofswerda entdeckt und festgenommen.

Aus Sicherheitsgründen erfolgt seine Rückverlegung in die Justizvollzugsanstalt Leipzig, dort bleibt der Junge eine Woche lang, bis man ihn weiterreicht an das baden-württembergische Landeskrankenhaus in Wiesloch. Später wird er über die Zeit seiner Gefangenschaft sagen: »Hier gibt es nichts und niemand, keine Möglichkeit zu Handlung oder Ablenkung. Und das ist das Grausamste: ohne Handlung zu sein.«

Dreieinhalb Monate später versucht Mirko Hansen, auch aus der Psychiatrie auszubrechen, er scheitert aber und wird anschließend im Hochsicherheitsbereich untergebracht. In den nächsten Jahren erfolgen drei weitere Standortwechsel, bis Mirko Hansen im Januar 2008 in einem psychiatrischen Krankenhaus in Sachsen unterkommt und seine jahrelangen Therapiebemühungen fortsetzt.

Ob er dies auch erfolgreich getan hat, darüber muss im November 2009 eine Strafvollstreckungskammer des Landgerichts Leipzig entscheiden, denn: Mirko Hansen, jetzt 31 Jahre alt, will raus, endlich frei sein, alles hinter sich lassen, er will das, was er nicht kennt: ein selbstbestimmtes Leben. Rücke vor bis auf Los.

Richtungsweisenden Charakter hat für das Gericht insbesondere die schriftliche Stellungnahme seiner vorherigen und aktuellen Therapeuten. Darin heißt es zum Therapieverlauf und den Ergebnissen: Im April sei es zu einem Therapeutenwechsel gekommen, da der damalige Dipl.-Psychologe Lockerungen nicht habe verantworten können. Im Juli 2009 habe Mirko Hansen die »Ausgangsstufe 1 A« (Verlassen der Anstalt mit Personalbegleitung, Anm. S. H.) trotz des bestehenden sehr hohen statistischen Risikos für einen Rückfall in die Delinquenz erhalten. Hintergrund war, dass er deutliche psychopathische Züge aufweise und das bisher als manipulierend eingeschätzte Verhalten vor allem seinen Mangel an klarer innerer Identität widerspiegele. Es habe den Anschein, als ob er der Struktur und Anleitung durch den

Maßregelvollzug dringend bedürfe, um sich orientieren zu können.

Mirko Hansen sei auch bereit gewesen, sich im Rahmen seiner noch begrenzten Möglichkeiten über Motive, inneres Erleben, Bedürfnisse und Gefühle zu äußern. Zweifellos habe er dabei einen guten Eindruck hinterlassen wollen, jedoch auch gezeigt, dass er die an ihn gestellten Ansprüche gut verstanden habe und zu erfüllen bereit gewesen sei. Es hätten kontinuierlich Gespräche mit den Therapeuten und Bezugspflegern stattgefunden, sodass auch ein Interesse seinerseits an einer Reflexion über sein Verhalten sichtbar geworden sei. Zudem habe er seine Befürchtungen erkennen und benennen können.

In Einzelgesprächen sei er ersichtlich stärker bereit gewesen, über sich und die ihn beschäftigenden Dinge zu berichten. Probleme hätten sich insbesondere durch die Beziehung zu einem jüngeren Mitpatienten ergeben. Denn dieser sei offen pädophil, aus diesem Grund habe man im Zusammenhang mit Mirko Hansens krimineller Vergangenheit starke Bedenken. Es bestehe jedoch eine gute Grundlage für die weitere Bearbeitung dieser Problematik in den Einzelgesprächen. Es gehe vor allem darum, die äußeren Strukturen durch innere zu ersetzen, sodass Mirko Hansen über sein Erleben, warum er etwas tue und denke, langsam zu einer von der Einrichtung weitestgehend unabhängigen, realistischen Selbsteinschätzung finden könnte.

Ein weiteres Problem: Im Zusammenhang mit seinen sexuellen Fantasien und Praktiken sei bisher lediglich in der Gegenwart und noch nicht deliktbezogen gearbeitet worden, wobei auch noch nicht klar sei, inwieweit zukünftig eine deliktbezogene Bearbeitung erforderlich oder sinnvoll sein könnte. Schließlich habe Mirko Hansen inzwischen durchaus realisiert, dass seine vorherrschende sexuelle Fantasie (er selbst als präpubertäres Kind, das zu sexuellen Handlungen mit deutlich älteren, als unattraktiv erlebten Männern mehr oder weniger genötigt wird) eine pädophile Fantasie sei.

Die Beziehung zu dem hochproblematischen Mitpatienten sei zwar mittlerweile beendet; allerdings habe Mirko Hansen von den pädophilen Neigungen seines Ex-Freundes gewusst, durch Schweigen das zunehmend offene Ausleben derselben indirekt unterstützt und gefördert, jedoch den Zusammenhang zu den eigenen Straftaten noch nicht sehen können und diesen Aspekt bislang noch abwehrend quittiert.

In den anderen Therapien und dem Stationsalltag zeige Mirko Hansen sich überdurchschnittlich anpassungsfähig. Er imponiere weitgehend unauffällig und nutze seine hohe soziale Kompetenz, um problematische Sachverhalte auf der Station zu entschärfen. Überdies bemühe er sich, die gestellten Zielsetzungen konsequent zu verfolgen, jedoch seien die letzten Monate von einem Auf und Ab in der Beziehung zu seinem Freund geprägt gewesen, deshalb habe er sich nicht immer motivieren können und unter Stimmungsschwankungen gelitten. In solchen Augenblicken habe er seine außerordentliche Kontrolliertheit zwar weiterhin aufrechterhalten können, aber für Außenstehende seien eigene Motive durchaus sichtbarer geworden. Diesbezüglich verfüge er selbst noch nicht über ausreichend differenzierte Möglichkeiten des Ausdrucks, da er zum Beispiel eigene Körperempfindungen kaum wahrnehmen könne. Insgesamt plane die Klinik, ihn weiterhin zu lockern. Erst dann könne gesehen werden, inwieweit er sich tatsächlich eine belastbare innere Struktur geschaffen habe. Eine positive Prognose könne derzeit jedoch nicht gestellt werden.

Dementsprechend beschließt das Gericht am 23. November 2009, Mirko Hansen nicht in die Freiheit zu entlassen, sondern: »Es ist davon auszugehen, dass der derzeitige psychische Zustand des Untergebrachten durch die bisherige Therapie nicht insoweit gebessert werden konnte, dass bereits zu erwarten ist, dass er außerhalb des Maßregelvollzuges keine erheblichen rechtswidrigen Taten mehr begehen wird.

Zunächst ist die weitere Erprobung in der aktuellen Lockerungsstufe sowie die Erprobung in dann weiter folgenden Lockerungsstufen abzuwarten und zu beobachten, inwieweit er sich weiterhin in den Therapien einlässt und eine Bearbeitung zulässt. Durch die nunmehr gewährte und beanstandungslos wahrgenommene Ausgangsstufe 1 A hat er bereits mehr Möglichkeiten eröffnet, sein Verhalten zu beobachten und prognostisch in die Bewertung mit einfließen zu lassen.

Einer positiven Entscheidung steht zum einen die außerordentlich schlechte statistische Prognose entgegen. Die historischen Faktoren, wie etwa sehr frühe Delinquenz, Gewaltdelikt, unbekanntes Opfer etc., werden sich auch in Zukunft nicht ändern. Demgegenüber wird Mirko Hansen jedoch mit zunehmenden Lockerungen unter Beweis stellen müssen, dass er auch mit höheren Freiheitsgraden umzugehen und seine Möglichkeiten gezielt einzusetzen weiß. Derzeit sind die Unterbringungsvoraussetzungen weiterhin völlig ohne Frage gegeben.«

Mirko Hansen klagt sich nach diesem Urteil durch alle Instanzen, immer in dem Bestreben, ein freier Mensch zu werden, endlich Verantwortung für sich und andere übernehmen zu dürfen, nicht mehr gefangener Patient sein zu müssen. Dem halten jedoch Landgerichte, Oberlandesgerichte und auch das Bundesverfassungsgericht entgegen, dass bei ihm nach wie vor eine »schwere andere seelische Abartigkeit« im Sinne des Paragrafen 20 des Strafgesetzbuchs vorliege und er auch weiterhin eine Gefahr für die Allgemeinheit darstellt. Selbst das Ausprobieren weiterer Vollzugslockerungen wird mittlerweile nicht mehr befürwortet, weil damit die Gefahr eines Rückfalls verbunden wäre.

Ein hoffnungsloser Fall? Seit nunmehr 26 Jahren wird an und mit Mirko Hansen gearbeitet. Im Gegensatz zu anderen Gefangenen bzw. Patienten hat er bereits als Kind getötet, seine destruktiven Persönlichkeits- und Verhaltensstrukturen sind vergleichsweise früh angelegt worden und erscheinen deshalb besonders gravierend. Doch das ist nicht der entscheidende Punkt. Viel belastender wirkt sich aus, dass Mirko Hansen, eben weil so jung bereits delinquent, niemals erwachsen geworden ist, jedenfalls nicht unter gewöhnlichen Umständen außerhalb einer Klinik, und er den Nachweis, sich überhaupt in der Welt positionieren, behaupten und seinen destruktiven Impulsen auch in Stresssituationen widerstehen zu können, bislang nicht erbracht hat.

Auch fehlen Mirko Hansen naturgemäß entsprechende Lebenserfahrungen und ein belastbares Selbstkonzept. Die ihm tragischerweise vorenthaltene Kindheit und der unterbliebene Reifungs- und Entwicklungsprozess können viele Jahre später auch im Rahmen einer Therapie weder gelehrt oder eingeübt noch nachgeholt werden wie eine Klassenarbeit, die man krankheitsbedingt verpasst hat. Vielmehr klafft dort, wo andere Menschen innere Stärke, Grundhaltungen und soziale Orientierung herleiten, bei Mirko Hansen lediglich ein tiefes Loch, das immer bleibt und das ihn zeitlebens daran hindern wird, ein gewöhnlicher Mensch zu sein – und damit auch ein ungefährlicher.

Die Teufelin

»Hast du den Film ›Natural Born Killers‹ gesehen?
Es ist die beste Liebesgeschichte aller Zeiten.
Ich finde sie so gut, dass ich sie nachmachen will!«

»Ich hasse sie. Also ich habe diesen Plan.
Es beginnt damit, dass ich sie töte, und endet damit,
dass ich bei dir lebe.«

»Nun, ich liebe deinen Plan,
aber wir müssen noch viel kreativer werden.
Ich vermisse dich mehr, als Menschen zu töten.
Können wir uns treffen und Menschen töten?«

Mittwoch, 25. April 2006, 10.30 Uhr.
Im Dienstgebäude des Medicine Hat Police Services (MHPS) in Medicine Hat, einer knapp 60 000 Einwohner zählenden Stadt im Südosten der Provinz Alberta, Kanada.

Ein Gefängniswärter führt das junge Mädchen in den winzig anmutenden Vernehmungsraum und entfernt sich bald, ohne etwas zu sagen. In einem wenige Meter entfernten Zimmer sitzen derweil zwei Sergeants vor einem schwarz-weißen Bildschirm und sehen das Mädchen vor einem rechteckigen Metalltisch sitzen, regungslos, sichtlich mitgenommen, den Kopf gesenkt, das schulterlange dunkle Haar fällt ihr ins Gesicht. In der viel zu großen blauen Gefängniskluft wirkt das Mädchen wie ein Fremdkörper, wie jemand, der nicht an diesen unwirtlichen Ort gehört, dort, wo gewöhnlich Erwachsene dazu gebracht werden sollen, ein Verbrechen zu gestehen. Die Überwachungskamera ist kaum sichtbar in die Wand des schalldichten Vernehmungsraums eingelassen, in der Mitte des Metalltischs steht ein Mikrofon, vor dem das Mädchen nun sitzt – und wartet.

Die Sergeants sind vor einer knappen Stunde zu McDonald's gefahren, haben für die Verdächtige Frühstücksbrötchen besorgt und ihr in die Gefängniszelle gebracht – eine kühl kalkulierte Geste, um sich dem Mädchen über ihr Lieblingsessen emotional nähern zu können, Vorbehalte zu entkräften, bestenfalls sogar ihr Vertrauen zu gewinnen. Ihnen ist aber genauso bewusst, dass sie sich angesichts der Brisanz und Ungeheuerlichkeit der Tat, die es aufzuklären gilt, keine Fehler erlauben dürfen, schließlich ist es auch ein Kampf gegen die Uhr, jede Minute zählt, bevor ein Rechtsanwalt auftritt und das Mädchen ermuntern wird, besser zu schweigen.

Martin Cole, seit 19 Jahren Kriminalpolizist, ein groß gewachsener Mann mit grauem Schnurrbart und militärisch kurz geschnittenem Haar, betritt bewusst geräuschvoll den Vernehmungsraum. Das Mädchen beachtet ihn zunächst nicht, sondern beargwöhnt den Mann durch ihre nach vorne fallenden, in der Mitte gescheitelten Haare, ohne ihr Gesicht erkennbar werden zu lassen. Mit einem Mal, noch ist kein Wort gesprochen worden, beginnt das Mädchen leise zu weinen.

»Jedermann sagt, du bist ein besonders hübsches Mädchen«, sagt Cole mit gespielter Freundlichkeit. »Warum weinst du?«

»Das geht Sie nichts an!«

»Ich habe gehört, du besitzt einen Hund. Wie geht es ihm?«

Das Mädchen beantwortet die Frage nicht, sondern fummelt in ihren Haaren.

»Was ist mit deinem Hund? Alles okay?«

»Nichts ist okay!« Das Mädchen empört sich. »Ich habe damit nichts zu tun, gar nichts!«

»Davon weiß ich nichts«, antwortet Cole. »Ich möchte nur sicherstellen, dass deine Rechte nicht verletzt werden.«

Das Mädchen wischt sich mit dem übergroßen Ärmel ihrer Gefängniskluft die laufende Nase ab.

Cole stellt zunächst keine weiteren Fragen, sondern erläutert dem Mädchen ausführlich, welche Rechte es hat, dass ein Erwachsener, aber auch ein Rechtsanwalt hinzugezogen werden kann, sofern gewünscht, dass sie sich nicht selbst belasten muss und so weiter.

»Dann kommen wir mal zu deinen Personalien …«

Jasmine ist zwölf Jahre alt und das erstgeborene Kind von Debra und Marc Richardson, seit anderthalb Jahren wohnhaft in einem Einfamilienhaus an der Peripherie von Medicine Hat. Sie hat noch einen Bruder, Jacob, er ist vier Jahre jünger. Während Marc Richardson (48) als Elektrotechniker für ein lokales Öl- und Gasunternehmen arbeitet, hat sich seine 42-jährige Frau selbstständig gemacht und betreibt zu Hause eine esoterisch ausgerichtete Massagepraxis. Die Familie lebt in gesicherten finanziellen Verhältnissen und hat allgemein einen guten Ruf.

»Auf welche Schule gehst du?«

»Gymnasium.«

»Kommst du dort zurecht?«

»Das geht Sie nichts an!«

»Hast du Freunde?«

»Das geht Sie nichts an!«

»Wie würdest du dich selbst charakterisieren?«

Jasmine, die sich ihre Haare inzwischen aus dem Gesicht gestrichen hat, beugt sich nach vorne.

»Das würden Sie wohl gerne wissen, was?«

Am 28. Dezember 2005 loggt sich Jasmine wieder einmal auf Nexopia.com ein. Bei diesem in Kanada populären sozialen Netzwerk versammeln sich vor allem Jugendliche und junge Erwachsene, legen ein persönliches Profil an und präsentieren sich der Öffentlichkeit, so, wie sie sich selbst sehen, und so, wie sie selbst gesehen werden wollen. Jasmine nennt sich »Runaway Devil«, ist angeblich 15 Jahre alt, dem Satanismus zugewandt, und benutzt die dazu passende E-Mail-Adresse »dying ressurection«.

»Ich bin ein allmächtiges Geschenk Gottes«, schreibt sie an diesem Abend über sich. »Ich habe dunkle Gedanken. Ich bin sehr emotional, und meine Stimmung wechselt häufig, obwohl ich sehr gut darin bin, meine Gefühle zu verbergen. Ich vertraue niemandem, jedenfalls nicht so schnell. Ich habe entweder sehr viel Energie oder sehr wenig. Ich reime und schaue gerne Zeichentrickfilme. Ich mache gerne Wookie-Geräusche (gemeint ist die gleichnamige Filmfigur aus Star Wars) und erschrecke gerne kleine Kinder. Mir wurde gesagt, dass ich geistig zurückgeblieben bin. Oft bin ich laut und hüpfe viel herum. Wenn ich hyper bin, verkleide ich mich gerne, am liebsten mit dem Outfit von ›Edward mit den Scherenhänden‹. Mit einigen Menschen bin ich seelenverwandt. Ich mag Zufallsfragen. Manchmal schaue ich mir ›Teen Titans‹ an (Zeichentrickserie), weil ich das cool finde. Ich spiele Gitarre. Und ich kann total ätzend sein.«

»Wann hast du deine Eltern das letzte Mal gesehen?«

»Vor drei Tagen, am Samstag.«

»Um wie viel Uhr war das?«

»Morgens, nach dem Aufstehen.«

»Und danach nicht mehr?«

»Beim Frühstücken, natürlich!« Jasmine verzieht das Gesicht, als hätte sie gerade in eine Zitrone gebissen.

»Und dann?«

»Was dann?«

»Hast du dich mit deinen Eltern gestritten, gab es vielleicht Ärger?«

»Nee, alles paletti, wie immer! Alles cool.«

Jasmine ist für ihr Alter ungewöhnlich weiblich und interessiert sich bereits ernsthaft für Jungen. Im November 2005 lernt sie online Devon kennen, einen adretten und attraktiven 16-Jährigen, der als Koch in einem Pfannkuchenhaus arbeitet. Man trifft sich, man findet sich sympathisch, man küsst sich, man ist zusammen. Devon hält Jasmine für wesentlich älter als zwölf, weil sie entsprechend aussieht und sich auch so verhält, sie wirkt wesentlich lebenserfahrener und reifer als ihre Altersgenossinnen.

Als Debra Richardson von der Liaison ihrer Tochter erfährt, besteht die Mutter darauf, den jungen Mann alsbald kennenzulernen, sie will erfahren, mit wem es ihre Tochter zu tun hat, ob er sich zu benehmen weiß, ob er es ernst meint, wer seine Eltern sind, welchen Schulabschluss er hat, eben alles. Und genau so verläuft das Treffen der drei in einer Teestube, Debra Richardson stellt Devon alle möglichen Fragen und verhält sich dadurch unmöglich, jedenfalls empfindet es Jasmine so und schämt sich dafür. Auch Devon ist ein wenig pikiert.

Für Jasmine ist das Sechsaugengespräch nicht nur schmerzhaft und entwürdigend, sondern auch lehrreich – um weiteren Bevormundungen und Demütigungen dieser Art zu entgehen, beschließt sie, Beziehungen zu Jungen bzw. jungen Männern ihren Eltern künftig zu verheimlichen. Kein Wort mehr zu Vater oder Mutter. Geheime Kommandosache. Besser so.

In den kommenden Wochen trifft sie sich mit Devon, ohne ihren Eltern davon zu erzählen. Sie gehen ins Kino oder vertreiben sich die Zeit mit anderen Jugendlichen, die sich regelmäßig in einem Einkaufszentrum zusammenfinden. Darunter ist auch »Raven«, so sein Spitzname, ein 19-Jähriger aus der Gothic-Szene, der sich entspre-

chend kleidet und schminkt. Jasmine kennt diesen Mann erst seit einigen Monaten und hält ihn nach unzähligen Online-Dialogen und persönlichen Gesprächen für eine Art Seelenverwandten.

Als Devon, mittlerweile eifersüchtig geworden, zufällig beobachtet, wie »Raven« seine Jasmine innig umarmt, stellt er seine Freundin anschließend zur Rede, die sich diese Unterstellungen jedoch nicht gefallen lassen will; schon wieder jemand, der sie in ihrer persönlichen Freiheit einschränken will – das geht nicht, man trennt sich.

»Okay, Jasmine. Es gibt handfeste Beweise dafür, dass du mit der Sache etwas zu tun hast.«

»Mit welcher Sache denn?«

»Das weißt du doch besser als ich!«

»Einen Scheiß weiß ich!«

»Es wäre besser für dich, wenn du die Wahrheit sagst ...«

Jasmine überlegt einen Moment. »Warum sollte ich?«

»Nehmen wir mal an, du warst dabei und du kommst vor Gericht ...«

»Komme ich garantiert nicht!«

»Aber wenn sie dich nun doch für schuldig befinden, und es sieht momentan ganz danach aus, dann würdest du ›lebenslänglich‹ bekommen, wie ein Erwachsener ...«

Cole versucht Jasmine einzuschüchtern, obwohl er genau weiß, dass die Verdächtige bei einer Verurteilung unter das Jugendstrafrecht fallen würde. Seine Behauptung ist damit keine erlaubte kriminalistische List, sondern eine glatte Lüge.

»Jasmine, hast du das verstanden? Ist dir klar, was das für dich bedeuten würde?«

Das Mädchen schweigt.

Cole setzt weiter nach. »Und wenn es deinem Anwalt in der Verhandlung nicht gelingen sollte, das Gericht vom Gegenteil zu überzeugen, dass du also unschuldig bist, wonach es wirklich nicht aussieht, dann gehst du für den Rest deines noch so jungen Lebens in den Knast! Denk nach, Mädchen!«

Jasmine denkt nach, antwortet jedoch nicht. Sie sitzt da, regungslos, teilnahmslos, sprachlos.

»Okay, Jasmine, mal was anderes. Wer ist denn dieser Jeremy?«

»Das geht Sie gar nichts an!«

Jeremy Allan Steinke ist 23 Jahre alt, als ihm eine Freundin Jasmine vorstellt. »Runaway Devil«, also Jasmin, ist von Jeremys äußerem Erscheinungsbild (in sozialen Netzwerken nennt er sich »Souleater«) sofort beeindruckt: kurze blonde Haare, die hellblauen Augen mit Eyeliner schwarz umrandet, gepiercte Ohren, schlank, schwarzer Kapuzenpulli, schwarze Hose, Totenkopfmotive auf den Fingerringen und anderem Körperschmuck. Jeremy lebt mit seiner geschiedenen Mutter in einem Wohnwagen-Park, leidet von Kindesbeinen an unter Depressionen, hat mit elf Jahren einen Selbstmordversuch unternommen, keinen Schulabschluss erreicht, keinen Beruf erlernt, nimmt regelmäßig Drogen, trinkt übermäßig Alkohol, jobbt nur gelegentlich – und hält sich ernsthaft für die Reinkarnation eines 300 Jahre alten Werwolfs.

Die erste Gemeinsamkeit zwischen ihm und Jasmine sind ernste Beziehungsprobleme. Während das Mädchen sich zunehmend von ihren Eltern abgrenzt und in ihnen nur noch unbeirrbare und unbelehrbare Widersacher sieht, die nicht nur den Umgang mit Männern wie Jeremy Steinke beschneiden bzw. unterbinden wollen, sondern, mindestens genauso inakzeptabel, ihr obendrein eine spießig-konservative Lebensführung vorgeben, hadert Jeremy seit geraumer Zeit mit Danielle, seiner drei Jahre jüngeren Noch-Freundin: »Ich wünschte, ich könnte diese blöde Schlampe umbringen!«

Jeremy tötet seine Freundin nicht, sondern verlässt sie, und damit ist er frei für Jasmine, was er ihr im Februar 2006 per E-Mail erstmals mitteilt, eine Woche darauf nochmals in einem Telefonat. Ihr erstes Date hat das ungleiche Paar wenige Tage später bei einer Punk-Show, die ohne Altersbegrenzung im Gemeindesaal von Medicine Hat stattfindet. Obwohl der Altersunterschied zwischen beiden gravierend ist und eine Liebesbeziehung sehr fragwürdig erscheinen lässt, wird dieser Aspekt erst gar nicht angesprochen, denn er hält sie augenscheinlich für mindestens 16 oder älter, und sie glaubt, er sei höchstens 19 oder jünger – das passt.

Allerdings laufen Jasmines Eltern Sturm, nachdem sie von der Liebesbeziehung ihrer Tochter erfahren und Jeremy persönlich begegnen – vollkommen inakzeptabel der Mann. Dementsprechend wird ein striktes Kontaktverbot verhängt. Trotzdem treffen sich Jasmine und Jeremy, notgedrungen heimlich, wann immer es geht, allerdings kommen sie mit der Zeit immer seltener zusammen, weil Debra und Marc Richardson gegen ihre Tochter empfindliche Strafen verhängen und sie auch durchsetzen: Taschengeldentzug, Handy- und Internetverbot, Hausarrest. Doch je intensiver darauf gepocht wird, diese unheilvolle Beziehung zu beenden, desto stärker wird der Zusammenhalt zwischen »Runaway Devil« und »Souleater«.

»Jetzt mal raus mit der Sprache, was ist das für eine Beziehung mit Jeremy?«

Jasmine beginnt zu weinen, schluchzt leise, hält sich die Hände vor das Gesicht, sagt nichts.

»Es hat keinen Sinn, zu schweigen, Mädchen. Sag mir einfach, was passiert ist!«

»Es gibt nichts zu sagen ...«

»Du machst es doch nur noch schlimmer, Jasmine!«

Aber die Verdächtige schweigt weiter und schweigt auch dann, als Cole noch direkter und noch lauter wird.

11.30 Uhr. Jetzt ist nur noch Jasmines Schluchzen zu hören. Cole hat inzwischen resigniert und stellt keine Fragen mehr.

Vielmehr muss er anerkennen, dass dem Mädchen so nicht beizukommen sein wird. Die Chemie zwischen ihm und der Verdächtigen stimmt einfach nicht, warum auch immer.

Es folgt eine kurze Lagebesprechung mit seinem jüngeren Kollegen Christopher Sheehan, der die gesamte Vernehmung auf dem Überwachungsbildschirm verfolgt hat. Sie vereinbaren letztlich einen Austausch des Vernehmungsbeamten, eine in anderen Fällen vielfach erfolgreich angewandte Taktik, um einen neuen Anlauf zu unternehmen, vielleicht mit Jasmine doch noch ins Gespräch zu kommen. Dafür bedarf es allerdings einer anderen Vorgehensweise; Sheehan, 35 Jahre alt, hat auch schon eine Idee, wie er dem Mädchen näherkommen will, und bezieht sich bei seiner Ansprache auf etwas, mit dem Jasmine ganz sicher nicht rechnet.

»Du schreibst das *S* so komisch. Es steht irgendwie immer auf dem Kopf … gefällt mir, ja, durchaus.«

Jasmine schmunzelt kurz.

»Hi, ich bin Chris.«

Anschließend Small Talk. Das soll der Schlüssel zum Erfolg sein.

Sheehan spricht nicht von Verdacht oder Verbrechen, auch nicht von Tat oder Täterschaft, er will gar nicht wissen, wo Jasmine sich wann am 23. April gegen ein Uhr aufgehalten hat, mit wem sie zusammen gewesen ist, vielmehr plaudert er einfach munter drauflos, fragt nach alltäglichen Dingen, Vorlieben, Abneigungen, Hobbys. Und kommt auf das Thema Musik zu sprechen, bei Teenagern gewöhnlich besonders beliebt.

»Magst du Marilyn Manson?«

»Ja!«

»Wer ist deine Lieblingsband?«

»Cradle of Filth.«

»Hmh, in welche Richtung geht das?«

»Black Metal.«

»Wie kommt man zu so einer Musik?«

Jasmine gibt sich nun wesentlich aufgeschlossener.

»Ich verstehe die Texte besser als andere Menschen. Ich erkenne, was dahintersteht, die Botschaft.«

»Und diese Art von Musik passt zu dir?«

Heftiges Kopfnicken. »Als wir vor anderthalb Jahren nach Medicine Hat umgezogen sind, wollte niemand mit mir etwas zu tun haben. Es war so, als müsste ich immer zu allen lieb und nett sein ...«

Jasmine verschlägt es die Sprache. Schweigen. Es dauert einige Augenblicke, bis sie fortfährt.

»Also, als würde man mich in einen Käfig sperren, oder in so eine schwarze Box. Verstehen Sie das?«

»Hab ich früher auch mal ähnlich erlebt ...«

»Echt?«

Kopfnicken.

»Die Leute haben mich immer so komisch angeguckt, als wollten sie mir etwas sagen, auf jeden Fall nichts Nettes. Das hat echt wehgetan. Ich wollte einfach nur ich sein, ich selbst, eine eigenständige Person. Okay?«

»Genau dieses Bedürfnis hatte ich damals auch.« Sheehan lügt. »Ich glaube, jeder Mensch kommt mal an so einen Punkt.«

»Sie riechen gut.«

Sheehan ist einigermaßen überrascht – was kommt jetzt?

»Ich mag Sie!«

»Oh, vielen Dank, ganz meinerseits!«

Das Eis scheint gebrochen.

»Es fühlt sich so an, als sollte ich nicht hier sein. Alle haben mir geraten, mit der Polizei nur zu reden, wenn mein Anwalt dabei ist.«

Sheehan schiebt seinen Stuhl näher an Jasmine heran. Er spürt, dass die Vernehmung genau jetzt einen kritischen Punkt erreicht hat.

»Wenn du traurig bist, geht das in Ordnung, du darfst hier alles rauslassen oder weinen. Das macht mir nichts aus, dafür habe ich Verständnis. Ich weiß, wie du dich jetzt fühlst. Du brauchst jetzt jemanden, mit dem du reden, dem du vertrauen kannst ...«

Jasmine zögert einen Moment, mustert Sheehan. Sie protestiert nur verhalten, schüchtern.

»Ein Anwalt wäre schon okay ...«

Sheehan schweigt und mustert das Mädchen.

»Ich stinke«, sagt Jasmine leise. »Ich stinke, als hätte ich zwei Jahre lang nicht geduscht.« Zum ersten Mal lacht sie.

»Ja, stimmt, du riechst ein bisschen. Aber das ist okay, das ist wirklich okay!«

»Sie sind sehr nett!«

»Jeremy war auch sehr nett zu dir, nicht wahr?«

Jasmine nimmt augenblicklich eine andere Körperhaltung ein, geht wieder mehr auf Distanz. Und schweigt.

Obwohl Jasmine und Jeremy sich sehr nahe sind, auch gut miteinander auskommen, wird ihre Beziehung allseits überaus kritisch gesehen: von Jasmines Eltern, von Jasmines Freunden, von Jeremys Mutter, von Jeremys Freunden – das Paar glaubt sich umzingelt von Menschen, die nicht erkennen wollen, was wahre Liebe ist, dass man bereit sein muss, alles dafür zu tun, auch Dinge, die jede Vorstellungskraft sprengen.

»Wie geht es dir?«, fragt Jeremy als »Souleater« in einer E-Mail am 13. März 2006 um 15.08 Uhr. »Du bist eine absolute Augenweide, ich liebe dich. Ich vermisse dich mehr, als Menschen zu töten. Können wir uns treffen und Menschen töten? Ich habe einen Reim für dich geschrieben, den ich dir zeigen werde, wenn wir uns wiedersehen. Ich vermisse dich so sehr! Wir müssen uns sehen!«

Vier Stunden später antwortet Jasmine als »Runaway Devil«. »Menschen zu töten«, schreibt sie, »das hört sich nach einem Riesenspaß an. Ah ha, ja, wir sollten es tun. Ich vermisse dich auch, ich kann es gar nicht in Worten ausdrücken. RAWR. Ich hasse sie. Ich werde versuchen, dich anzurufen, aber ich weiß nicht, ob es klappen wird. Sie behandeln mich wie einen Haufen Scheiße. Ich hasse sie soooo sehr. Aber ich hoffe, dass sie uns nicht auseinanderbringen werden.«

Am 20. März um 19.10 Uhr wird Jasmine in einer weiteren E-Mail konkreter und schlägt vor, wie sie ihr ganz großes Problem lösen können, sollen, müssen: »Ich hasse sie. Also ich habe diesen Plan. Es beginnt damit, dass ich sie töte, und endet damit, dass ich bei dir lebe. Du weißt, was ich damit meine!«

Jeremy weiß das sehr genau. Und er weiß auch, wie es ablaufen soll, es gibt nämlich einen Film, den er schon x-mal gesehen hat, mit stetig wachsender Begeisterung. »Wenn wir sie getötet haben, wird alles gut«, mailt Jeremy einem Bekannten, der sich »Kill my Heart« nennt. »Die Tötungen sind der Ausgangspunkt für eine Reise quer durch Kanada! Wir machen es wie die legendären Micky und Mallory. Hast du den Film gesehen? Er heißt ›Natural Born Killers‹. Es ist die beste Liebesgeschichte aller Zeiten. Ich finde sie so gut, dass ich sie nachmachen will!«

»Okay, wenn du nicht über Jeremy sprechen möchtest, dann lassen wir es. Kein Problem.«

Stattdessen verspricht Sheehan, Jasmine einen MP3-Player mit ihren Lieblingsliedern zu besorgen, und er will sich danach erkundigen, ob das Mädchen in der Polizeistation die Dusche benutzen kann. Plötzlich klagt sie über Bauchschmerzen. Und benötigt dringend Tampons. Kurze Pause.

Sheehan und Jasmine verlassen den Vernehmungsraum. »Ich werde dir jetzt einen Rechtsanwalt besorgen«, kündigt der Polizist an. Als sie nur noch wenige Meter von seinem Dienstzimmer entfernt sind, von wo aus der Polizist wegen des Rechtsanwalts telefonieren will, bleibt Jasmine unvermittelt stehen. Und sagt etwas, mit dem Sheehan nicht unbedingt gerechnet hat, jedenfalls nicht so schnell.

Um 15.30 Uhr kehren sie in das Vernehmungszimmer zurück. Jasmine hat versprochen, ihr Schweigen nun doch zu brechen und zu erzählen, wie es passiert ist, wer die Täter sind, warum drei Menschen sterben mussten.

»Wir haben uns nicht gut verstanden, meine Familie und ich«, beginnt sie ihr Geständnis. »Seit zwei Monaten habe ich über ihren Tod nachgedacht.« Sie habe die Schule ordentlich zu Ende bringen wollen, klagt sie, aber ihre Eltern seien ihr im Weg gewesen, und sie habe sich um ihre Zukunft Sorgen gemacht. »Okay, ich hatte mit meinen Eltern eine Menge Probleme, aber ich wollte nicht, dass sie sterben.«

Sheehan lässt diese widersprüchlich anmutende Aussage unkommentiert. »Okay. Erzähl doch bitte von der Nacht, in der es passiert ist.«

Kurzes Nachdenken. »Nachdem meine Eltern ins Bett gegangen sind, habe ich Jeremy angerufen. Ich habe ihm gesagt, dass ich sauer war, weil ich mich nicht mit ihm treffen durfte. Ich war richtig wütend!«

»Warum genau?«

»Weil ich nicht machen konnte, was ich wollte. Meine Eltern hatten immer etwas dagegen, egal, was es war.«

»Verstehe. Wie ging es an dem Abend weiter?«

»Ich habe mich aus dem Haus geschlichen, bin durch ein Fenster raus, habe mich mit Jeremy getroffen. Wir sind etwas trinken gegangen, haben uns auch mit ein paar Freunden zusammengetan. Aber trotzdem war ich die ganze Zeit richtig wütend! Am liebsten wäre ich von zu Hause abgehauen.«

»Okay, verstehe.« Sheehan nickt zustimmend. »Und was passierte noch?«

»Wir haben getrunken und Party gemacht. Irgendwann am frühen Morgen bin ich nach Hause gekommen. Die Hintertür stand offen. Ich konnte durch das Fenster ins Innere sehen. Da war überall Blut.«

Am 23. April 2006 betreten vier Beamte des MHPS um 16.10 Uhr einen gepflegten Zwei-Ebenen-Bungalow in Medicine Hat, nachdem sich zuvor Nachbarn bei der Polizei gemeldet und einen Leichnam in dem Haus gesehen haben wollen. In dem Bungalow herrscht eine unheimlich anmutende Stille. Der Zustand des Wohnzimmers lässt keinerlei Anzeichen für einen Kampf oder ein Verbrechen erahnen: Zierpflanzen stehen unbeschadet auf einem Beistelltisch, daneben eine Couch, ein Sessel, ein Traumfänger hängt an der Wand – unberührt, spurenfrei, alles hat seine Ordnung.

Die Kriminalpolizisten inspizieren als Nächstes die Küche. Auf einem eichenfarbenen Tisch steht mittig eine Glasschüssel, drumherum liegen eine braune Klebebandrolle, eine schwarze Haushaltsschere und eine pinkfarbene Schachtel mit allerlei Kochrezepten. Auf der weißen Arbeitsplatte befinden sich eine weiße Mikrowelle, eine schwarze Kaffeemaschine, mehrere Trinkgläser und Utensilien, mit denen Kinder gewöhnlich basteln. Die Schubladen und Türen der hellen Eichenschränke sind geschlossen, auch der weiße Geschirrspüler lässt keine verräterischen Finger- oder Blutspuren erkennen, und auch der helle Linoleumboden ist unauffällig. An der Vorderseite des Kühlschranks klebt eine Kinderzeichnung und zeigt ein Haus mit Garten, am wolkenlosen Himmel scheint eine etwas zu groß geratene Sonne. Alles wirkt so friedlich, als wären die Bewohner des Hauses nur kurz zum Einkaufen gefahren und würden alsbald zurückkehren.

Erste Hinweise auf ein Verbrechen finden die Beamten im Trep-

penhaus, das zur Schlafzimmerebene führt: Ein Blutfleck klebt an der linken Wand oberhalb des Ofenthermostats, am oberen Ende der Treppe befindet sich an der rechten Wand ein zweiter Blutfleck, auch hier etwa in Schulterhöhe. Die Blutantragungen sehen so aus, als hätte sie jemand mit einem Pinsel gemalt.

Die Polizisten beginnen zu fotografieren, als sie in Jacobs Zimmer seinen Leichnam und daneben ein blutbesudeltes Küchenmesser finden – wahrscheinlich ist der Junge erstochen worden, jedenfalls deuten Schnitt- und Stichverletzungen im Bereich des Kehlkopfes und im Nacken darauf hin. Der Teppich ist noch feucht von seinem Blut. Überall, besonders an den Wänden und der Kleidung des Jungen, der rücklings auf seinem Bett liegt, sind großflächige Blutflecken zu sehen. Auch die Laken seines Bettes sind rötlich durchfeuchtet.

Als Nächstes wird Jasmines Schlafzimmer nach Spuren abgesucht. Erst als die Ermittler glauben, nichts gefunden zu haben, und sich schon zurückziehen wollen, bemerken sie Blutstropfen an der Lampe neben der Tür. Also muss auch hier etwas passiert sein. Anschließend folgen die Männer einer deutlich erkennbaren Blutspur in den Keller, die rechte Wand der Treppe ist großflächig verschmiert, als hätte sich jemand abgestützt oder wäre blutend gegen die Wand gedrückt worden.

Am unteren Ende der Treppe liegt Debras Leichnam, von Kopf bis Fuß nahezu vollständig mit Blut befleckt. Zu ihrer Linken, in einem anderen Teil des Raumes, finden die Ermittler den toten Körper von Marc: Die Arme sind vor der Brust bzw. dem Kopf verschränkt, wie ein Boxer, der sich vor einem Schlaghagel schützen will. Seine schwarzen Boxershorts zeigen im Genitalbereich einen größeren Blutfleck, der Mann dürfte dementsprechend mit einem Messer angegriffen worden sein. Auch an der Decke klebt reichlich Blut, augenscheinlich ist es dort hingespritzt. Zweifellos hat Marc Richardson hier verzweifelt um sein Leben gekämpft, gegen einen Täter, der zu allem entschlossen und sehr aufgebracht gewesen sein muss. Davon zeugen auch die übrigen Blutspuren, verteilt über den gesamten Raum – auch für erfahrene Ermittler ein Bild des Grauens. Der einzige Überlebende dieses Massakers ist »Charly«, der Hund der Familie, den man eher zufällig vollkommen verängstigt im Keller hinter einer Holzkiste findet.

»Wer hat dich denn in dieser Nacht nach Hause gebracht?«

»Jeremy.«

»Du bist ins Haus gegangen? Und er hat sonst nichts gemacht, außer dich abzuliefern?«

Kopfnicken.

»Also, du bist durch die offene Hintertür ins Haus gegangen und hast Blut an der Wand gesehen ... Jasmine, du solltest mir die Wahrheit sagen!«

»Ich wusste schon irgendwie, was passiert war, aber ich wollte es einfach nicht glauben. Es war eine verdammt komische Situation.«

Sheehan unterbricht sie. »Das Dümmste, was du jetzt machen kannst, ist, mir halbe Wahrheiten aufzutischen. Mach das bitte nicht.«

Sheehan legt seine Hand auf die Schulter des Mädchens. »Meine Liebe«, flüstert er, »sag mir bitte die volle Wahrheit, okay? Bitte! Ich glaube dir, dass du Jeremy liebst, und ich glaube dir auch, dass er dich liebt, aber du darfst mir keine Lügen erzählen. Tu das bitte nicht!«

Jasmine antwortet augenblicklich. »Jeremy musste mich doch vor dem Haus absetzen, weil wir nicht zusammen sein durften. Deshalb bin ich alleine ins Haus gegangen, und erst als ich das Blut sah, wusste ich, dass etwas nicht stimmte.«

»Du willst mir also weismachen, dass Jeremy dich in das Haus hat gehen lassen, obwohl er wusste, was dich erwarten würde? Hey, sag mir die Wahrheit!«

»Als ich das Blut sah, war mir doch alles klar. Jeremy musste doch gar nichts dazu sagen … Er hat nur gemeint, dass ich mich beeilen sollte. Ich wollte nur noch meine Klamotten holen, und dann wollten wir abhauen, irgendwohin.«

»Was genau ist passiert, Jasmine?« Sheehan wird energischer, fordernder.

Jasmine denkt kurz nach. »Meine Eltern wären doch wach geworden. Ich ging hinein und schaute die Treppe hinunter. Da sah ich meine Mutter liegen, in ihrem blauen Nachthemd.« Jasmine macht eine kurze Pause. »Sie musste tot sein. Ich bekam Panik, rannte die Treppe hoch und fand meinen Bruder in seinem Bett. Auch tot. Überall war Blut. Ich musste weinen. Ich nahm meinen Rucksack mit den Sachen für unsere Flucht und wollte nur noch weg. Ich rief nach Jeremy. Ich flippte total aus, bin total durchgedreht.«

»Keine halben Wahrheiten, meine Liebe. Hast du ihm gesagt, was du gesehen hast?«

Kopfnicken. »Ich packte ihn einfach und umarmte ihn, so standen wir eine Zeit lang in der Tür.« Jasmine spricht jetzt leise, sanft und stockend, so wie jemand, der sich genau überlegt, was wohl das Beste für ihn ist.

»Du zeigst überhaupt keine Gefühle. Ist doch komisch, oder?«

»Gestern habe ich den ganzen Tag nicht geweint«, antwortet Jasmine spontan. »Bin ich nicht normal, wenn ich nichts für meine Eltern empfinde? Erst in der letzten Nacht musste ich weinen. Keine Ahnung, warum ich jetzt nicht heulen muss.«

Sheehan erhöht den Druck und klärt Jasmine darüber auf, dass man Jeremys Auto längst gefunden hat, besudelt mit Blut, das von ihren Eltern und ihrem Bruder stammt. »Kannst du mir das bitte erklären? Und erzähl mir keine Märchen mehr, die dich am Ende ans Messer liefern und die Sache für dich nur noch schlimmer machen!«

Verhaltenes Kopfnicken.

»Okay, Jasmine, dann erzähl mir doch mal, was bei dir zu Hause los war, mit deinen Eltern.«

Das Mädchen antwortet, ohne zu zögern. »Die haben mich nicht geschlagen oder so, aber ich war die ganze Zeit total unglücklich ...«

Sheehan kennt die vorliegenden Zeugenaussagen, den Tatortbefund, er hat sich auch die grausigen Fotos der Leichen angesehen, das Spurenbild, sich viele Details eingeprägt – und bezweifelt deshalb Jasmines Aussage.

»Sagst du mir auch die Wahrheit?«

»Ja.«

»Schwöre, dass du die Wahrheit sagst, schwöre!«

Jasmine hält kurz inne. Dann sehr leise, kaum noch hörbar: »F-u-c-k!«

»Hör mal, meine Liebe«, Sheehan wird jetzt lauter, »ich bin die ganze Zeit mit dir sehr respektvoll umgegangen, habe dir jeden Wunsch erfüllt, und jetzt sagst du gefälligst die Wahrheit.« Kurze Pause. »Du kannst ihn nicht schützen. Erzähl mir jetzt die ganze Geschichte. Bitte! Du weißt, dass ich die Geschichte schon kenne, aber *du* musst sie mir erzählen!«

Längeres Schweigen.

»Ich weiß, dass er es getan hat«, sagt Jasmine im Flüsterton, »aber ich hasse ihn nicht dafür.«

»Das reicht mir nicht!«

»Wir waren etwas trinken ...«

»Die ganze Geschichte, bitte, von Anfang an.«

Jasmine berichtet nun von jenem Abend, an dem sie mit Jeremy und drei Freunden in einer Bar gewesen sei, dass sie die ganze Zeit über von den Problemen mit ihren Eltern gesprochen habe, und alle wären der Meinung gewesen, dass es so nicht weitergehen könne ...«

Sheehan unterbricht sie, legt ihr seine Hand auf die Schulter, spricht sanft und verständnisvoll. »Honey, ich weiß, dass du nicht für den Rest deines Lebens ins Gefängnis gehen möchtest. Sag mir bitte die Wahrheit. Wenn du mir die ganze Geschichte erzählt hast, darfst du meinetwegen Jeremy einen Brief schreiben, und ich sorge persönlich dafür, dass er ihn auch bekommt. Also los, erzähl mir jetzt alles, wirklich alles. Ich werde dich deswegen auch nicht verurteilen ...«

Jasmine ergreift seine Hand, und Sheehan legte beide Hände um ihre.

»Wir waren etwas trinken, das ist jetzt die Wahrheit«, sagt sie mit nun fester Stimme. »Wir fuhren anschließend nach Hause. Ich ging hinein, um meine Sachen zu holen. Ich ging nach oben ...«

»Sag es jetzt. Wer war dabei?«

»Jeremy.«

»Sonst niemand?«

»Nur er und ich ... Wir sind rein und nach oben gegangen. In dem Moment kam meine Mutter die Treppe runter. Jeremy ging ihr entgegen, und dann kam auch noch mein Vater die Treppe herunter. Ich schlich mich leise in mein Zimmer und habe meine Sachen gepackt. Ich wollte nicht, dass mein Bruder etwas mitbekommt, weil ich weiß, wie sensibel er ist.«

Jasmine zögert einen Moment, Sheehan drückt ihre Hand etwas fester.

»Meine Mutter begann zu schreien, und es passierte. Ich konnte es nicht verhindern. Jacob wurde durch das Geschrei wach, ich hielt ihn oben fest, bis Jeremy auch nach oben kam. Wir konnten ihn doch nicht einfach zurücklassen, ohne Eltern. Das hätte er sicher nicht verkraftet.«

»Was hat Jeremy mit deinem Bruder gemacht?«

»Er hat ihn mit dem Messer gestochen.«

Bei der Obduktion des Jungen werden je zwei tiefe Stichverletzungen in der linken Brust und nahe dem rechten Ohr festgestellt sowie eine tiefgehende, breite Schnittwunde im Bereich des Kehlkopfes. Abwehrverletzungen fehlen. Jemand muss ihn festgehalten haben, als der Junge tödlich verletzt wurde. Jacob ist letztlich an seinem nach innen austretenden Blut qualvoll erstickt.

»Warum hast du Jeremy das machen lassen?«

»Weil wir darüber geredet haben. Weil Jacob so war, wie er war. Er brauchte diese Unterstützung, denke ich, oder Liebe, und das konnten wir ihm nicht geben, das konnten wir ihm nicht antun.«

»Habt ihr beide über Jacobs Tod entschieden? Hast du deinen Bruder festgehalten, als Jeremy zugestochen hat?«

»Nein.«

»Wo warst du, als es passierte?«

»Ich dachte, er würde es nicht tun ...«

»Woher hatte Jeremy die Messer?«

»Eins hat er aus seinem Auto mitgenommen.«

»Warum hat er das Messer dabeigehabt, als er das Haus deiner Eltern betrat?«

»Weil wir wegmussten und es ihm wirklich egal war, was passierte. Wir haben über meine Eltern gesprochen, ich wollte sie nicht töten müssen, aber klar war auch, dass sie nach meiner Flucht nicht aufhören würden, nach mir zu suchen, bis sie mich doch finden. Ich wollte wirklich, dass sie tot sind, aber ich habe nicht ernsthaft darüber gesprochen, mehr so im Spaß.«

»Wie lange hat Jeremy mit deinem Vater gekämpft?«

»Nicht so lange.«

Der Leichnam von Marc Richardson weist an Händen und Armen eine Vielzahl von typischen Abwehrverletzungen auf, die immer dann entstehen, wenn mit einem Messer auf das Opfer unmittelbar eingewirkt wird. Einige Wunden lassen erkennen, dass die Tatwaffe sich in der Haut und in den Muskeln des Opfers gedreht haben muss, nach Einschätzung des Gerichtsmediziners sind das deutliche Zeichen eines länger andauernden Kampfgeschehens. Der Täter muss auf das Opfer mindestens 24-mal massiv eingestochen haben, die Wunden sind bis zu neun Zentimeter tief. Für die Annahme einer sehr intensiven körperlichen Auseinandersetzung spricht auch, dass die Klingen der benutzten Messer stark verbogen sind.

»Hast du auf deine Mutter, deinen Vater oder deinen Bruder eingestochen?«

»Nein.«

»Hast du einen von ihnen festgehalten?«

»Nein.«

»Warum ist Jeremy mit ins Haus gekommen, wenn du doch nur deine Sachen holen wolltest?«

Jasmine denkt kurz nach. »Okay, ich habe Jacob festgehalten«, verbessert sie sich. »Ich wollte nicht, dass er leiden musste. Ich habe ihn vorher so lange gewürgt, bis er bewusstlos wurde, damit er keine Schmerzen haben sollte. Den Rest hat Jeremy erledigt.«

»Was war mit deiner Mutter? Hast du mitbekommen, was Jeremy mit ihr gemacht hat?«

»Nein.«

Debra Richardson muss sich gegen den mit großer Wucht vorgetragenen Angriff heftig gewehrt haben, denn an ihren Fingern, Handflächen und Unterarmen finden die Rechtsmediziner entsprechende Verletzungen – ihre rechte mittlere Fingerspitze ist fast durchtrennt worden. Die Tatwaffe ist zwölf Zentimeter tief in ihre Brust eingedrungen, hat ihr Herz durchbohrt und die Körperschlagader zerfetzt. Mehr als ein Liter Blut hat das Opfer nach innen verloren. Todes-

ursächlich sind letztlich die gravierende Herzverletzung und das Durchtrennen der Aorta gewesen.

»Wann wusstest du, dass deine Eltern tot sind?«

»Ich wusste es einfach. Als Jeremy mit den Messern auf sie losging, war klar, dass es blutig ausgehen würde.«

Sheehan beginnt, Jasmine über das Haar zu streicheln, legt seine Hand behutsam auf ihren Nacken. Das Mädchen reagiert unmittelbar und spricht, ohne danach gefragt worden zu sein, unvermittelt über die Tötung ihres kleinen Bruders.

»Ich ging in sein Schlafzimmer. Ich wollte ihn beruhigen. Jeremy kam die Treppe hoch und sagte, wir müssten ihn umbringen, wir könnten ihn nicht zurücklassen. Ich hatte ein Messer in der Hand, aber ich konnte nicht zustechen. Jeremy hat mich immer stärker unter Druck gesetzt, ich müsste es tun, für uns. Dann stach ich ihm in die Brust, bin aber mit dem Messer abgerutscht. Auf mir war überall Blut. Ich wollte es abwaschen.«

»Und Jeremy hat anschließend das getan, was du nicht tun konntest?«

Kopfnicken.

»Eine Sache verstehe ich nicht. Du hast nur einmal auf deinen Bruder eingestochen, und du warst danach voll mit Blut besudelt?«

»Ja, er hat sich umgedreht ...«

»Hat er geweint oder geschrien?«

»Er sagte: ›Ich bin noch zu klein, um zu sterben. Ich bin noch zu klein.‹ Das hat er einige Male gesagt.« Nach einem kurzen Moment des Zögerns. »Jeremy hat es für mich getan, weil er mich liebt.«

Als Sheehan den Raum verlässt, beginnt Jasmine hemmungslos zu schluchzen. Kurz darauf kehrt der Polizist zurück und nimmt Jasmine in den Arm.

»Bist du okay?«

Kopfnicken.

Sheehan gibt Jasmine einen Stift und einen Schreibblock. »Möchtest du jetzt einen Brief an deine Familie schreiben und dich für das, was du getan hast, entschuldigen?«

»Was wirst du damit machen?«, fragt sie.

»Ich werde den Brief behalten.« Sheehan verlässt den Raum, und Jasmine beginnt zu schreiben:

»Meine lieben Eltern. Ich schreibe als Reaktion auf die Ereignisse von Sonntagmorgen. Eine schreckliche Sache ist passiert, etwas, an dem ich schuld bin. Ihr sollt wissen, dass ich euch sehr lieb habe, und meine Gebete begleiten euch. Ich wünsche euren Seelen Frieden. Bei meinem kleinen Bruder entschuldige ich mich dafür, was passiert ist, auch weil ich dir wehgetan und dir so viel Angst gemacht habe. Ich hoffe, du weißt, dass ich dich trotz allem die ganze Zeit geliebt habe. Ich wünschte, ich könnte das alles rückgängig machen. Ich wünsche mir, dass du mir vergeben kannst, Jeremy auch. Er stand unter dem Einfluss einer verändernden Substanz, und er hat es aus Liebe für mich getan. Er ist bestimmt der freundlichste Mensch, den ich je getroffen habe. Trotz all der Kämpfe und des Hasses habe ich dich immer geliebt. Es tut mir leid, Jacob, dass ich mich gegen den Hass nicht wirklich wehren konnte. Ich wollte dir niemals etwas antun. Ich hoffe, du findest, wo immer du auch bist, Frieden!«

Während Jasmine mit der Polizei kooperiert, will Jeremy keine Aussage machen, unter keinen Umständen. »Das müsst ihr mir schon beweisen«, verhöhnt er die Ermittler, »aber dafür seid ihr viel zu dämlich!« Und dieser Linie bleibt der selbst ernannte Werwolf auch in den folgenden Tagen treu.

Am 4. Mai 2006 steht um 9.15 Uhr sein Transport nach Calgary an, Jeremy soll dort von Experten für die Abgründe der menschlichen Seele testpsychologisch und psychiatrisch untersucht werden. Er wird die zweieinhalbstündige Reise nicht allein antreten, neben den Justizbeamten fährt noch ein Gefangener mit, der sich ihm als Matt Clark vorstellt, 26 Jahre alt, ledig, liiert mit »dem Girl des Jahrhunderts«.

»Fuck, die lassen sie einfach nicht zu mir«, beschwert Matt sich lautstark über die seitens der Polizei verhängte Kontaktsperre, »das ist doch eine Sauerei!«

»Bist du okay?«, will Jeremy wissen.

»Das ist absolute Scheiße!«

Jeremy und Matt kommen sich schnell näher, weil beide die gleichen Probleme haben und sich ungerecht behandelt fühlen beziehungsweise denken, ihre Freundinnen würden es.

»Weißt du was?« Jeremy lacht kurz auf. »Meine Flamme ist schon in Calgary, die musste auch zum Psychiater.«

»Dann wirst du sie ja bald wiedersehen, Mann!«

»Wohl eher nicht«, antwortet Jeremy mit belegter Stimme. »Sie ist auch eingesperrt.«

»Was ist passiert?«

»Hast du von dem Dreifachmord gehört?«

»Yep.«

Jeremy hält kurz inne, sagt nichts und wirft seinem Gegenüber einen vielsagenden Blick zu.

»Mach keinen Scheiß, das glaube ich nicht ...«

»Doch«, antwortet Jeremy stolz, »du sitzt gerade vor ihm.«

»Fuck, du bist jetzt echt berühmt!« Matt ist beeindruckt.

»Ja, das kann man wohl sagen.« Jeremy lächelt. »Meine Lady und ich sind zu Legenden geworden. Yeah!«

»Ich habe auch ganz schön Scheiße gebaut«, entgegnet Matt, »aber es gibt immer einen Grund dafür, richtig?«

»Korrekt. Wenn du jemand genug liebst, tust du alles für ihn, egal was es kostet ... So, und deswegen habe ich auch alles dafür getan.« Jeremy schaut nachdenklich aus dem Fenster des Transportwagens.

»Hey, dieser Dreifachmord, in den Zeitungen und im Radio haben sie nicht die ganze Geschichte gebracht – würde mich brennend interessieren, was da abgegangen ist. Muss der Hammer gewesen sein, coole Sache!« Matt schaut Jeremy erwartungsvoll an.

»Kennst du ›Natural Born Killers‹?«

»Yeah, ganz starker Stoff!« Matt beugt sich etwas nach vorne.

»Ich glaube ... meine Freundin und ich haben gerade unser eigenes Liebes-Vermächtnis hinterlassen ... Wir sind nur noch einen Schritt von der Unsterblichkeit entfernt.«

»Vielleicht machen sie auch mal einen Film über euch?«

Jeremy antwortet nicht, er lächelt nur selbstzufrieden.

»Was ist mit dir?«, fragt er zurück. »Warum haben sie dich hochgenommen?«

Matt erzählt, dass er nach einer Schlägerei festgenommen worden sei, sein angetrunkener Widersacher habe ihn in einer Kneipe fortwährend provoziert, es sei ganz sicher Notwehr gewesen, aber es gebe Zeugen, die würden das genaue Gegenteil behaupten – »alles Lügner, Pack!«

»Ich weiß nicht, bei mir könnte es auf zwei Anklagen hinauslaufen ...« Jeremy sinniert. »Weil sie ihren Bruder getötet hat, ich habe ihn gar nicht angefasst. Und ihr Vater hat mich mit einem Schraubenzieher angegriffen, das ist doch Selbstverteidigung!«

Matt schweigt. In der Folgezeit unterhalten sich die Männer über ihre Freundinnen, den Wert von Beziehungen, das Leben, die Zukunft.

»Ich behandele meine Freundin wie eine Königin«, sagt Jeremy ungefragt mit lauter werdender Stimme. »Ich habe ihr versprochen, dass wir irgendwann alles hinter uns lassen und ich ein

Schloss in Deutschland kaufen werde, wo wir den Rest unseres Lebens verbringen wollen. Sie ist von dieser Idee total begeistert!«

»Das hört sich cool an ...«

Jeremy fährt fort. »Meine Mutter hat ein bisschen Geld zurückgelegt, das sie uns geben will. Ich werde meine Freundin heiraten. Und wir werden eine verdammt coole Gothic-Hochzeit haben!«

Unvermittelt beginnt Jeremy von der Mordnacht zu erzählen: dass er betrunken gewesen sei, dass er auch Haschisch geraucht habe, dass seine Freundin nicht davon abzubringen gewesen sei, dass sie gemeint habe, man werde damit schon durchkommen und endlich frei sein. »Wir haben nicht darüber gestritten oder so. Sie hat mich auch nicht blöd angemacht, nein ... sie war einfach nur so traurig. Und das hat mir nicht gefallen. Ich war wie, okay, ich stehe zu meinem Wort, also – verdammt, dann habe ich es eben getan!«

Minutenlanges Schweigen.

»Der Vater meiner Freundin«, beginnt Jeremy weiter zu erzählen, »verdammt, er ist ein riesengroßer Typ. Als er mit dem Schraubendreher auf mich zukam, da hatte ich eine Scheißangst. Ich dachte, der macht mich fertig ... Ich schrie, weil ich dachte, er hat mich, und dann habe ich immer wieder zugestochen – verdammt, yeah! Als ich zwischenzeitlich auf dem Boden lag und er auf mir, dachte ich, ich wäre tot, Mann. Fuck!«

»Kein Scheiß? So ist es passiert?«

»Das Letzte, an das ich mich erinnern kann, ist ... als er auf dem Fußboden lag und mich fragte: ›Warum?‹ Und ich antwortete: ›Weil du deine Tochter wie den letzten Dreck behandelt hast und weil sie es so wollte!‹« Jeremy denkt kurz nach. »Und das war es ... danach bin ich die Treppe hoch und habe meiner Freundin dabei zugesehen, wie sie ihrem Bruder die Kehle aufgeschlitzt hat. Ich habe sie nicht davon abgehalten. Sie hat nicht geweint oder so. Als wir uns am nächsten Tag darüber unterhalten haben, hat sie darüber nur gelacht. Yeah, sie hat ein paar Schrauben locker, sie ist eine Hexe, sie kann wirklich hexen. Sie ist so spirituell, und scheiße ... yeah, ich habe ihr eine Flasche mit meinem Blut gegeben.«

»Cool, Mann, coole Geschichte.«

Anschließend erzählt Jeremy, dass er sich für einen Vampir hält und regelmäßig Blut trinkt, eine wunderbare Sache sei das, seine Freundin habe auch mitgemacht. Plötzlich empört er sich. »Weißt du, was mir am meisten auf den Sack geht?«

Matt schüttelt den Kopf.

»Dass die sich immer darüber aufgeregt haben, dass meine Freundin zu jung ist, und ich angeblich zu alt. Als wäre das ein Hinderungsgrund ... Was zur Hölle, haben selbst meine engsten Freunde gefragt, willst du mit diesem Mädchen? Fuck, fuck, fuck!«

Matt hört sich alles geduldig an, nickt, wenn Jeremy ihn ansieht, schüttelt den Kopf, wenn er wegsieht. Er kann nicht nachvollziehen, was ihm dieser Typ auftischt – wie jemand aus einer anderen Welt. Jeremy hat aber noch nicht alles erzählt.

»In dieser Nacht, weißt du?«

Kopfnicken.

Jeremy erzählt, wie er durch das Fenster im Untergeschoss geklettert ist, wie die Dielen unter seinen Füßen geknarrt haben, wie die Mutter seiner Freundin in den Keller gekommen ist und wie er sie erstochen hat.

Als die Fahrt nach zweieinhalb Stunden endet, wünscht man sich gegenseitig Glück, dass alles gut ausgehen möge und so weiter. Jeremy hat ein gutes Gefühl. Für ihn ist Matt ein cooler Typ, einer, mit dem man sich unterhalten kann, der Verständnis zeigt, der weiß, worauf es im Leben ankommt, jemand, dem man vertrauen kann, den er gerne wiedertreffen würde. Was Jeremy nicht weiß: »Matt Clark« ist kein Straftäter, sondern ein Verdeckter Ermittler der Polizei, und er selbst, Jeremy, nun des dreifachen Mordes überführt.

Am 4. Juni 2007, die Tat liegt nun mehr als ein Jahr zurück, wird gegen Jasmine Richardson im altehrwürdigen Gerichtsgebäude von Medicine Hat die Anklage wegen dreifachen Mordes verhandelt. Viele der Prozessbeobachter sind überrascht, vielleicht sogar etwas enttäuscht, als die adrette Angeklagte, von zwei Sheriffs begleitet, erstmals in den Gerichtssaal geführt wird – keine schwarzen Tränen mehr unter den Augen, kein blutrot geschminkter Schmollmund, kein Piercing, keine schwarzen Klamotten, vielmehr ein junges Mädchen, frisch frisiert, unauffällig gekleidet, das lange dunkle Haar zu einem Pferdeschwanz ordentlich zusammengebunden, alles wie bei einem x-beliebigen Teenager, der sie niemals sein wollte.

Und auch mit den Morden will sie nur insofern etwas zu tun gehabt haben, als sie ihren Bruder wohl gewürgt und auch mit einem Messer verletzt hat, nur sei dies lediglich auf immensen Druck ihres damaligen Freundes passiert, er habe sie förmlich dazu bestimmt, sie habe letztlich aus Angst vor ihm pariert. »Jeremy hat mich dazu gezwungen«, beteuert Jasmine immer wieder. »Er hat mich angeschrien: ›Los, mach ihn fertig! Los, nun mach schon! Los, schlitz ihm die Kehle auf!‹« Sie habe damals geglaubt, ihm und ihrem gemeinsamen Glück näherkommen zu können, wenn sie sich fügt, sich ihm vollkommen hingibt, unterwirft, alles tut, was er verlangt, egal was es ist.

Fünf Monate nach Prozessbeginn schreibt Jasmine Richardson am 8. November 2007 kanadische Justizgeschichte und wird als jüngste Angeklagte wegen dreifachen Mordes, begangen in Mittäterschaft, zur Höchststrafe verurteilt – sie muss nach Jugendstrafrecht für zehn Jahre ins Gefängnis. Die Geschworenen haben ihr nicht abgekauft, lediglich undoloses Werkzeug ihres Freundes gewesen zu sein, letztlich dürfte Jasmine auch ihr entlarvendes Verhalten nur wenige Stunden nach den Morden zum Verhängnis geworden sein, als sie mit der geraubten Debitkarte ihrer Mutter in einem Geschäft vorstellig wurde, ungeniert einkaufte und anschließend von mehreren Zeugen beobachtet wurde, wie sie mit Jeremy Steinke durch die Innenstadt von Medicine Hat schlenderte: »sich küssend und laut lachend«.

Sommer 2016.

Irgendwo in Medicine Hat, vielleicht in der Nähe des alten Hauses ihrer Eltern, dem ehemaligen Tatort eines unsäglichen Verbrechens, lebt Jasmine Richardson, nachdem sie ihre Strafe abgesessen hat und als rehabilitiert gilt. Nur wenige Menschen wissen, wer sie ist, die jetzt 22-Jährige hat eine neue Identität angenommen und ihr äußeres Erscheinungsbild stark verändert.

Drei Monate zuvor hat sie letztmals vor Gericht gestanden, danach war sie frei von Vollzugsauflagen, Beschränkungen oder Führungsaufsicht. Sie hätte sich für ihr kriminelles Tun entschuldigen oder Reue zeigen können – sie tat es nicht, genauso wenig wie Jeremy Steinke, der im Dezember 2008 zu 25 Jahren Haft verurteilt worden war.

»Ich denke, Ihre Eltern und Ihr Bruder wären stolz auf Sie«, hat ihr der Vorsitzende mit auf den Weg in die Freiheit gegeben und meint damit die geglückte Rehabilitation. »Natürlich kann man die Vergangenheit nicht ungeschehen machen. Sie können nur jeden Tag mit dem Wissen leben, dass Sie sich kontrollieren können, wie Sie sich benehmen und was Sie tun.«

Wenn Jasmine Richardson in den kommenden fünf Jahren kein weiteres Verbrechen verüben sollte, würde die Verurteilung aus ihrem polizeilichen Führungszeugnis getilgt. Die Erinnerung an die Ermordung der eigenen Familie indes kann man nicht einfach per Knopfdruck löschen; das schlechte Gewissen, diese übermächtige Triebkraft kann aber, und dies gilt für Jasmine Richardson in besonderer Weise, nur dann wirksam werden und den Menschen vor unbedachten und ungerechtfertigten Handlungen bewahren, wenn er auch ein Gewissen hat.

Totale Zerstörung

»Mit meinem Vater hätte ich abrechnen sollen –
den hätte ich gerne kaputt gemacht!«

»Morgen erzähle ich dir noch mehr –
auch das von dem englischen Jungen.
Und dann wirst du berühmt!«

»Er ist eine Bestie.
Man darf ihn nicht freilassen.
Er weiß das und akzeptiert es.«

Dezember 1974.

In der 26500 Einwohner zählenden Kreisstadt Gifhorn, gelegen im östlichen Teil Niedersachsens, dreht sich fast alles um Windmühlen. Viele Touristen pilgern jedes Jahr zum Wahrzeichen der Stadt, dem Mühlenmuseum, sie wandern und radeln durch die idyllischen Landschaften der südlichen Lüneburger Heide oder unternehmen eine Kutschfahrt.

Seit der vor neun Monaten durchgeführten Gebietsreform zählt auch die ehemals selbstständige Gemeinde Kästorf zu Gifhorn; knapp 1900 Menschen leben nun im nördlichsten Stadtteil, dessen rotes Wappen einen Bienenkorb zeigt, selbst gewähltes Sinnbild für den Fleiß und das harmonische Miteinander der Einwohner.

Etwa 800 der Menschen, die in Kästorf leben, sind in den »Diakonischen Heimen« untergebracht, entweder aus finanzieller Not, weil sie suchtkrank sind oder weil sie sich dort gegen ihren

Willen aufhalten müssen, beispielsweise im Jugendhort »Rischborn«, einem Heim für Kinder und Jugendliche, die als »schwer erziehbar« gelten oder bereits straffällig geworden sind. Jörg Nübling ist einer von ihnen, seit sechs Monaten. Und das hat Gründe.

»Das Verhältnis meiner Eltern untereinander war nicht gut. Meine Mutter war mit den beschissenen Erziehungsmethoden meines Vaters nicht einverstanden, deswegen gab es zwischen denen immer wieder Palaver. Meistens war meine Mutter sauer, weil mein Vater besoffen war. Er hat sich von uns oft einen Kasten Bier holen lassen. Der hat jeden Tag getrunken, war eigentlich immer besoffen. Das hat meiner Mutter natürlich tierisch gestunken. Aber sie konnte sich gegen meinen Vater nicht durchsetzen. Der hat sich einen Scheiß darum gekümmert, was meine Mutter gesagt hat.«

Der fortwährende Erziehungsdissens zwischen den Eltern ließ Jörg an der Durchsetzungsfähigkeit seiner Mutter zweifeln. Einerseits. Andererseits litt der Junge unter den fragwürdigen Erziehungsmethoden des Vaters. Und diese fehlende Werte-Orientierung mündete schließlich in ein soziales Drama, als es einen Erziehungsberechtigten plötzlich nicht mehr gab.

»Als meine Mutter noch lebte, war bei uns zu Hause bestimmt nicht alles okay, aber irgendwie auszuhalten. Ich muss so zehn Jahre alt gewesen sein, da kam ich in die Sonderschule. Da hat es mir nicht so gut gefallen, aber ich bin hingegangen. Erst als meine Mutter gestorben war, bin ich öfter von zu Hause abgehauen und war nicht mehr in der Schule.

Mit dem Tod meiner Mutter bin ich auf die schiefe Bahn geraten. Das war sehr schlimm für mich. Sie war der einzige Mensch, zu dem ich hingehen konnte, wenn mal was war, wenn ich Sorgen oder Angst hatte. Ich konnte sie immer gut leiden, sie war immer gut zu mir. Bis zum Tod meiner Mutter war die Erziehung normal. Es kam schon mal vor, dass ich Stubenarrest bekam, weil ich eine Fünf oder eine Sechs geschrieben hatte oder wenn ich mal zu spät nach Hause oder zu spät zum Essen gekommen war. Überwiegend hat sich meine Mutter um die Erziehung gekümmert, und sie war nicht so streng. Nach ihrem Tod habe ich sehr viel geweint.«

Jörg zeigte seit diesem Schicksalsschlag befremdliche Verhaltensweisen, die man von ihm bis dahin nicht gekannt hatte und die seinen Vater in regelmäßigen Abständen zu überaus drastischen Mitteln der Disziplinierung greifen ließen – ein erzieherischer Offenbarungseid.

»Ich habe oft die Schule geschwänzt, mich in der Stadt herumgetrieben, bin dann für mehrere Tage oder sogar Wochen nicht nach Hause gekommen. Wenn mich die Polizei wieder eingefangen und zu meinem Vater zurückgebracht hatte, bekam ich eine ordentliche Tracht Prügel. Er hat mit einer Wäschezange aus Holz auf mich eingedroschen, er schlug wild auf mich ein, traf mich damit am ganzen Körper. Wenn es nicht die Wäschezange war, dann hat er einen Gürtel, ein Stück Kabel oder einen Besenstiel benutzt. Mein Körper war danach immer grün und blau, es tat höllisch weh. Deshalb wollte ich nicht mehr zu Hause sein. Ich hatte einfach zu große Angst vor meinem Vater.«

Nicht nur das Verhältnis zu seinem Vater war einschneidend und anhaltend gestört – nach dem Tod der Mutter eskalierte bald auch die Beziehung zu seiner Stiefmutter.

»Als meine Mutter gestorben war, hat mein Vater eine Kontaktanzeige in der Zeitung aufgegeben. Einige Wochen später war Heidi

da. Sie brachte auch einen Sohn mit, der bei uns wohnte. Mit denen habe ich mich aber nicht verstanden, ich fand die zum Kotzen. Die Heidi mochte ich nicht, weil, wenn ihr Sohn etwas ausgefressen hatte, schob sie es mir in die Schuhe. Mein Vater glaubte das, und dann gab es Dresche. Die Heidi war tablettensüchtig und immer unfreundlich. Sie hat mir oft gedroht, wenn ich nicht bestimmte Dinge mache, dann sagt sie es meinem Vater, damit ich wieder Prügel bekomme. Ich habe diese Frau gehasst.«

Jörg geriet im Laufe der Zeit mehr und mehr in eine soziale Außenseiterposition, weil ihm Bezugspersonen und Vertrauen fehlten und er sich nicht nur innerhalb der eigenen Familie unverstanden, isoliert glaubte, sondern weil es ihm auch in der Sonderschule nicht einmal ansatzweise gelang, Kommunikationsfähigkeiten und soziale Kompetenzen zu entwickeln, Freundschaften anzubahnen, Konflikte zu erkennen und zu lösen, sich im Streit zu behaupten, ohne übergangslos gewalttätig zu werden.

»Anfangs bin ich gerne in die Schule gegangen, ich kam ganz gut mit. Ich fand auch die Lehrerin nett. Aber bald kam es zwischen mir und den anderen Jungs zu Streitereien. Es ging um unsere Klassensprecherin. Das war ein blondes, hübsches Mädchen, und ich wollte, dass sie meine Freundin wird. Deswegen wollten die anderen Jungs mich verprügeln. Wir haben uns dann auch häufiger gekloppt. Außerdem habe ich immer die Weiber geärgert. Das finden die wohl nicht so gut. Lernen war aber auch nichts für mich, irgendwie langweilig, einfach zu anstrengend.«

Die Lehrer sprachen mit ihm, sie motivierten ihn, sie kündigten Konsequenzen an, sie disziplinierten ihn, sie sprachen mit seinen Erziehungsberechtigten, sie drohten mit einer Schulentlassung, doch Jörg zeigte sich gänzlich unbeeindruckt, blieb unerreichbar – Notbremse.

»Ich war oft nicht anwesend, habe mich irgendwo rumgetrieben und Scheiße gebaut. Ja, und dann hat man mich irgendwann einfach von der Schule geschmissen. Darüber war ich unheimlich wütend. Als ich nicht mehr zur Schule gehen durfte, habe ich manchmal in der Gärtnerei gearbeitet. Das hat mir Spaß gemacht. Ein älterer Mann hat mir gezeigt, was ich machen soll. Mit dem habe ich zusammengearbeitet. Er hat mich auch oft mit dem Trecker fahren lassen. Wenn ich nicht in der Gärtnerei war, bin ich in der Gegend herumgelaufen, habe Blödsinn gemacht, Leute geärgert. Irgendwie hatte ich keine Lust mehr, irgendetwas zu tun. In dieser Zeit bin ich auch in Gartenlauben eingestiegen und habe Sachen geklaut, die ich gebrauchen konnte. Mir war es egal, ob ich dafür eine Strafe bekommen würde.«

Juristisch belangen konnte man ihn nicht, weil er noch nicht strafmündig war. Überhaupt ließ sich der Junge nichts sagen, verachtete, beleidigte und verhöhnte seine Lehrer, missachtete die elterlichen Ge- und Verbote, geriet mit anderen Kindern aus nichtigem Anlass in Streit, prügelte sich, blieb allein, wusste mit sich und anderen nichts anzufangen, ließ sich treiben wie ein welkes Blatt im Herbstwind, lebte in den Tag hinein: antriebslos, ziellos, hilflos.

»Ich bin so 20- oder 30-mal von zu Hause abgehauen, bevor ich in das Heim kam. Wenn ich unterwegs war, habe ich mich draußen herumgetrieben und auch draußen geschlafen. Morgens habe ich Brötchen und Milch geklaut, damit ich etwas zu essen hatte. Versteckt habe ich mich in einer Höhle hinter dem Bahnhof. In dieser Zeit bin ich gar nicht mehr zur Schule gegangen. Mein Vater wollte zwar, dass ich das mache, aber ich hatte keinen Bock mehr.«

Der Junge mit den auffallend abstehenden Ohren und dem erkennbar unvollständigen Gebiss hat bislang alle Regeln des sozialen Miteinanders missachtet, verletzt, keine Rücksicht auf andere genommen, ist unerreichbar und unbelehrbar geblieben, hat Autoritäten nicht anerkennen wollen, selbst sein willkürlich, überhart strafender Vater und seine überforderte Stiefmutter haben keinen Einfluss mehr auf ihn.

»Bevor ich nach Gifhorn ins Heim kam, waren mehrmals Leute vom Jugendamt bei uns zu Hause gewesen. Die haben immer so komische Fragen gestellt, wie es mir geht, warum ich so oft abhaue und so weiter. Das hat mich aber nicht interessiert. Tja, und dann haben mich im Sommer 1974 zwei junge Männer mit einem Auto abgeholt und mich in Gifhorn abgeliefert. Die haben mir erzählt, in dem Heim wären auch andere Kinder und es wäre schön dort. So haben die mich rumgekriegt. Ich wäre lieber zu Hause geblieben. Mein Vater hat mir von dem Heim vorher nichts erzählt, er hat sich noch nicht einmal von mir verabschiedet.«

Seine neue Heimat ist ein »offenes« Heim, bestehend aus Wohnunterkünften, einer Werkstatt mit dazugehörigem Lager, einem Küchenbetrieb, einer Scheune, einer Gärtnerei mit Gewächshäusern und dem »Hongkong«-Laden, dort können Lebensmittel eingekauft werden. Ganz in der Nähe liegt das Altenheim »Hagenhof«. Die im »Rischborn« untergebrachten Kinder und Jugendlichen dürfen die Unterkunft bzw. das Gelände tagsüber verlassen, sie müssen sich bei den Erziehern lediglich ab- und zurückmelden.

»Wir sind manchmal mit vier oder fünf Jungs in der Gegend umhergestreift und haben jede Menge Blödsinn gemacht, zum Beispiel Strohmieten auseinandergerissen oder die Bauern ein bisschen ver-

arscht. Manchmal sind wir auch auf das Dach des Heims geklettert, das war so ein Flachdach, haben von dort Sachen auf Leute geworfen oder haben da nachts heimlich gepennt.«

Jörg muss sich das nur 14 Quadratmeter große Zimmer mit einem anderen Jungen teilen, den er nur dem Namen nach kennt, den er auch nicht näher kennenlernen möchte. Überhaupt geht Jörg nur Zweckgemeinschaften ein, Freundschaften im engeren Sinne kennt er nicht, lehnt er ab, dafür ist er zu misstrauisch, dafür hat er bisher zu schlechte Erfahrungen gemacht, dafür ist er nicht selbstbewusst genug. Nur Gefühle der Verlorenheit, Verbitterung und der Einsamkeit sind ihm bestens vertraut, prägen sein prekäres Dasein und Sosein.

»Mein Vater kam grundsätzlich nicht zu Besuch, meine Stiefmutter sowieso nicht. Und meine Brüder hatten andere Sorgen. Ich war total allein. Und zu Ostern oder so konnte ich nicht nach Hause, weil ich nicht alleine mit dem Zug fahren durfte. Also musste ich im Heim bleiben. Da war ich oft stinksauer. Aber so richtig.«

Der Junge leidet still, fühlt sich unverstanden, er sehnt sich nach Geborgenheit, Zuwendung, Anerkennung, möchte Teil einer Sozialgemeinschaft sein, einer Familie, stattdessen soll er in der Fremde heimisch werden, dort, wo ihm die Menschen suspekt sind, wo ihm die innere Stärke fehlt, das Standing, um sich positionieren und behaupten zu können. Jörg glaubt sehr genau zu wissen, wer ihm übel mitgespielt, wer das zu verantworten, wem er dieses Dauer-Dilemma zu verdanken hat.

»Mein Vater ist schuld daran, dass ich in das Heim gekommen bin. Hätte er mich damals zu Hause gelassen, dann wäre das alles nicht passiert. Ich wollte nicht in so ein Beklopptenheim, ich wollte nicht

mehr hin und her geschubst werden. Das war schrecklich. Ich fühlte mich so einsam. Keiner wollte etwas mit mir zu tun haben, selbst meine eigene Familie nicht.

Ich kann meinen Vater nicht leiden, den hasse ich. Der ist ein Alkoholiker, ein Penner, ein Schwein, ein alter Hurenbock. Mit dem hätte ich abrechnen sollen. Ich hätte den auch gerne kaputt gemacht.«

In der Eingewöhnungsphase hat er bei jeder sich bietenden Gelegenheit die Umgebung des Heims erkundet, ist durch die Waldgebiete der Region gelaufen, immer allein, immer missmutig, immer mit sich und der Welt uneins. Auch auf dem »Brettergymnasium« ist er immer wieder angeeckt, hat kaum Anschluss gefunden.

»In den ersten Wochen musste ich noch nicht zur Schule gehen, konnte überall herumlaufen und mir alles ansehen. Erst nach drei Wochen kam ich in die sechste Klasse der Sonderschule. Da waren Mädchen und Jungen gemischt. Mit einem Jungen kam ich ganz gut klar, ansonsten gab es mit den anderen Kindern regelmäßig Ärger. Ich fand die einfach blöd.«

16. Dezember 1974, ein Montag – das triste Wetter spiegelt Jörgs seelische Verfassung: Es ist kalt, der Himmel wolkenverhangen, gelegentlich nieselt es. Drei Tage zuvor ist er 14 Jahre alt geworden. Gratuliert haben ihm allein einige Erzieher. Sonst hat er keine Resonanz erfahren, weder sein Vater noch seine größtenteils älteren Geschwister (drei Brüder, zwei Schwestern und ein Stiefbruder) haben angerufen oder eine Glückwunschkarte geschickt – als würde er nicht existieren, als gäbe es seine Familie nicht.

Nach dem Mittagessen meldet er sich wie gewöhnlich im Heim ab, geht allein zunächst in Richtung Bundesstraße 4, an der

Küche und den Betreuerwohnungen vorbei, passiert den Friedhof, marschiert über den Marktplatz. Niemand nimmt Notiz von ihm, als er ziellos herumstromert, nichts mit sich und der Welt anzufangen weiß, sich vielmehr von dunklen Gedanken einfangen lässt.

»Mein Vater hat meine Mutter sehr oft geschlagen, mit der Faust ins Gesicht oder auch mal getreten. Das war übel. Wir Kinder waren damit nicht einverstanden, Mutter tat uns leid. Einmal wollte unser Vater meine Mutter tagsüber verprügeln, da haben wir Kinder uns alle schützend vor sie gestellt, da konnte mein Vater nichts mehr machen.

Einmal wurde es meiner Mutter zu viel. Sie hat ihre nötigsten Sachen gepackt, uns Kinder geschnappt, und wir sind von zu Hause abgehauen. Sie hat es einfach nicht mehr ausgehalten. Wir sind in das Heim geflüchtet, in dem bereits einer meiner Brüder untergebracht war. Nach einigen Wochen sind wir aber nach Hause zurück. Mein Vater hat natürlich ordentlich Theater gemacht und meiner Mutter eine gedonnert.«

Noch genau acht Tage, dann ist es so weit. Weihnachten, das Fest der Liebe, wirft seinen langen Schatten voraus. Während die anderen Heimkinder davon schwärmen und es kaum erwarten können, bald zu ihren Familien zurückzukehren, um beschenkt zu werden, schweigt Jörg, wenn in seiner Gegenwart über dieses Thema gesprochen wird.

»Ich war tierisch sauer, weil ich auch Weihnachten nicht nach Hause durfte. Das war einfach scheiße, ich fand das gemein. Alle anderen Heimkinder durften zu ihren Eltern, nur ich nicht. Da habe ich eine echte Hasskappe geschoben.«

Es ist etwa eine Dreiviertelstunde vergangen, seit Jörg das Heim verlassen und sich in der Gegend herumgetrieben hat, als er auf dem Rückweg zufällig einem Mann aus dem Altenheim begegnet, der wohl einen Spaziergang unternimmt. Jörg tut so, als würde er den Alten gar nicht bemerken und vermeidet den Blickkontakt. Er weiß zwar nicht, wie der kleinwüchsige, kahlköpfige, einen schwarzen Mantel und Hut tragende Mann heißt, aber das interessiert ihn auch gar nicht, vielmehr hat Jörg in den Tagen und Wochen zuvor mehrfach ungewöhnliche Verhaltensweisen des älteren Herrn beobachtet, die ihn inspiriert und seine Fantasie beflügelt haben.

»Den Opa hatte ich früher schon öfter im Hongkong-Laden beim Einkaufen gesehen. Dabei fiel mir auf, dass er zum Bezahlen seine Geldbörse der Verkäuferin gab. Ich hatte mitbekommen, dass er offensichtlich selber nicht bezahlen konnte, weil er nicht wusste, was Geld ist, was das bedeutet. Bei diesen Gelegenheiten konnte ich erkennen, dass der Opa immer Geld in seinem Portemonnaie hatte.«

Und seit diesen Beobachtungen ist der ältere Herr zur Zielperson eines verbrecherischen Plans geworden, denn der Mann besitzt etwas, über das Jörg unbedingt verfügen will, baldmöglichst, auch wenn er darauf kein Anrecht hat und er dafür etwas Ungeheuerliches tun muss.

»Ich hatte zu dieser Zeit sehr wenig Geld und habe häufig klauen müssen, damit ich die Sachen bekam, die ich unbedingt haben wollte, zum Beispiel Süßigkeiten oder so. Ich wusste, dass der Opa immer Geld dabeihatte, wenn er spazieren ging. Ich wollte sein Geld. Die Idee für diese Sache kam mir an dem Samstag, bevor ich es gemacht habe.«

Jörg beobachtet den Mann zunächst aus einiger Entfernung. Erst als er sicher sein darf, dass der Alte die städtische Umgebung verlassen hat und ihm Gelegenheit zur Tat geben wird, verfolgt er den Mann in sicherem Abstand. Der Alte soll ihn möglichst nicht bemerken, sich nicht vorsehen, sich möglichst nicht wehren können. Als die Gärtnerei in Sichtweite kommt, macht Jörg einen Abstecher dorthin.

»Am Montagmorgen habe ich den Knüppel bei der Gärtnerei versteckt. Das gehörte zu meinem Plan. Der Knüppel war ungefähr ein Meter lang und etwa sechs Zentimeter dick. Am Ende war eine kantige Spitze, so viereckig angespitzt. Der Knüppel war mit einem Holzschutzmittel imprägniert. Er lag verdammt gut in der Hand, und ich hatte das Gefühl, dass ich dem Mann damit gut eins überziehen konnte.«

Nachdem Jörg den Knüppel unter seiner Jacke versteckt hat und zurückgespurtet ist, erspäht er den älteren Herrn, der in etwa 50 Metern Entfernung vor ihm mit kurzen Trippelschritten einen Feldweg entlangläuft und unentwegt auf den Boden vor sich starrt, als würde die Welt um ihn herum gar nicht existieren, wie geistesabwesend. Der Mann kann zu diesem Zeitpunkt nicht ahnen, dass ein 14-Jähriger ihn schon vor Tagen als Opfer ausgeguckt hat und der Junge nun allzeit bereit ist, gegen ihn gewalttätig zu werden, ihm notfalls das Leben zu nehmen, es wahrscheinlich sogar darauf anlegt. Schließlich hat Jörg früh gelernt, dass körperliche Gewalt ein probates Mittel ist, um eigene Interessen durchsetzen und persönliche Bedürfnisse rücksichtslos befriedigen zu können.

»Mein Vater konnte richtig brutal sein. Ich kann mich noch an eine Sache erinnern, als einer meiner Brüder bestraft wurde. Er hatte Bier

für meinen Vater holen müssen und sich dabei für 50 Pfennig heimlich Nüsse gekauft. Als er meinem Vater das Restgeld gab, hat der gemerkt, dass Geld fehlte. Er hat die Hände meines Bruders genommen und sie an einen Kessel mit kochendem Wasser gehalten, bis die Hände knallrot waren. Danach musste mein Bruder ins Krankenhaus, weil er starke Schmerzen hatte und nichts mehr machen konnte.

Oder meine Brüder mussten sich auf eine Dreiecksleiste knien und die Arme nach vorne ausgestreckt halten. Sie mussten bis zu einer Stunde so sitzen bleiben. Mein Vater meinte wohl, dass man Kinder so besser erziehen könnte. Und wenn meine Brüder das nicht schafften, mussten sie eben noch länger so sitzen bleiben. Mein Vater war da knallhart, ihm war scheißegal, was das für Folgen hatte.«

Jörg schließt zu dem älteren Mann auf und geht schnellen Schrittes an ihm vorbei, allerdings ohne einen Angriff auch nur versucht zu haben. Er hat sich einfach nicht getraut und ist verärgert. *Schlappschwanz! Angsthase! Warum kriegst du das nicht hin?*

Einige Herzschläge später macht Jörg kurz entschlossen kehrt und läuft seinem Opfer entgegen. Den Knüppel hält er fest umklammert in der rechten Hand, so hinter dem Rücken versteckt, dass er von dem älteren Herrn nicht gesehen werden kann. Wieder kreuzen sich ihre Wege. Wieder gibt es keinen Blickkontakt. Wieder zeigt der Mann keine Reaktion. Wieder wird kein Wort gesprochen. Jörg geht noch einige Schritte, dann dreht er sich um und läuft dem Alten hinterher, jetzt zu allem entschlossen. Und dann passiert es.

»Ich habe ihm von hinten eins über den Schädel gehauen, danach auf die Schulter, auf den Rücken, immer wieder. So 10- oder 15-mal habe ich auf den eingedroschen.

In dem Moment war mir total egal, was mit dem passiert. Mir war auch egal, was nachher kommen würde. Ich habe einfach auf den Opa draufgehauen, so fest, wie es nur ging. Der Alte ist dann etwas vom Feldweg weggetaumelt und in so einen Baum mit langen Nadeln reingetorkelt. Ich habe noch einige Male auf ihn draufgetrommelt, da hing er schon so in den Ästen drin. Dann ist er hingefallen. Den Knüppel konnte ich nicht mehr benutzen, der war mehrfach durchgebrochen und gesplittert.«

Jörg schmeißt den zerborstenen Knüppel in ein Gebüsch. Sein Opfer liegt benommen auf dem Rücken, das Gesicht zu einer bemitleidenswerten Grimasse schmerzverzerrt, blutverschmiert, die Augen ungläubig starr zum Himmel gerichtet, unfähig, aufzustehen oder seinem Peiniger etwas entgegenzusetzen, sich zu wehren. Jörg kommt über ihn wie eine Naturgewalt, entfesselt, mit ungezügelter Energie, unbändiger Kraft, bedingungslos, zerstörerisch, unbarmherzig.

»Als der Opa zusammenbrach, habe ich gedacht, der wäre kaputt. Aber das stimmte nicht, der röchelte noch und bewegte sich. Weil ich den Knüppel nicht mehr benutzen konnte, um den platt zu machen, musste ich mir etwas anderes suchen. Da lag ein Kalksandstein am Rand des Weges, so mit Löchern drin, etwa 30 Zentimeter lang, verdammt schwer. Ich habe ihn hochgehoben, bin zu dem Mann hin und habe den Stein auf sein Gesicht fallen lassen. Ich habe mir gedacht, der ist fertig, der geht jetzt kaputt. Sonst hätte ich dem den Stein noch mal auf den Kopf geballert.«

Jörg beugt sich über den Sterbenden, erspäht ein Halskettchen, reißt es mit einem Ruck an sich, steckt es ein, streift dem Opfer eine Armbanduhr vom Handgelenk, tastet dessen Manteltaschen ab, findet ein Portemonnaie.

»Ich habe in die Geldbörse reingeschaut, da waren noch 20 Mark drin. Den Schein habe ich rausgenommen und eingesteckt. Das Portemonnaie habe ich danach weggeschmissen.«

Er lässt das Opfer liegen und macht sich aus dem Staub, ohne sich noch einmal umzusehen, ohne darüber nachzudenken, was er dem Mann soeben angetan hat und welche Folgen dies haben könnte.

»Der hat wieder so geröchelt und sich noch bewegt. Der Typ war mir aber auch total egal. Ich war nur froh, dass alles so gut geklappt hatte.«

Jörg verlässt den Tatort aber nicht freiwillig; in einiger Entfernung hört und erkennt er jemanden, den er für eine Gefahr hält, weil diese Person ihn unter Umständen sehen und später bei der Polizei als Täter identifizieren könnte. Also Flucht.

»Der Reiter kam über den Feldweg, es war ein älterer Herr. Das Pferd war dunkelbraun. Der Reiter hatte eine rote Jacke an und einen schwarzen Helm auf. Weil ich rechtzeitig abgehauen bin, konnte er mich nicht erkennen. Als ich weggelaufen bin, war ich aber nicht erleichtert oder so. Ich war immer noch total sauer und wütend. Am liebsten hätte ich noch einen kaputt gemacht.«

Und es gibt noch ein Bedürfnis, das er nur zu gerne befriedigt hätte, eine Bestialität, die er sich vorher immer wieder vorgestellt hat, die ihm so oft schon Inspiration und geistiges Vergnügen gewesen ist, die ihn beseelt hat, die ihn antreibt, die ihn von gesunden Menschen unterscheidet.

»Als der auf dem Boden lag, wollte ich ihm den Pimmel und den Sack abschneiden. Die Idee dazu hatte ich schon viel früher. Ich war neugierig. Ich wollte wissen, wie das funktioniert. Leider ist es nicht dazu gekommen, weil dann der Reiter kam. Das war einfach Scheiße.«

Jörg geht zurück ins Heim, meldet sich bei einem der Betreuer und verkriecht sich auf seinem Zimmer. Wenig später liegt er regungslos auf dem Bett und starrt die Decke an. Er stellt sich vor, was eben passiert ist, was er dem Mann angetan hat und was er ihm hätte antun wollen. Er bedauert die körperlichen Qualen seines Opfers und dessen mutmaßlichen Tod nicht. Er bedauert lediglich, dass er mit seinem Messer nicht hat schneiden können.

Um genau das tun zu können, hatte er stets sein Schweizer Messer dabei, für alle Fälle. Nun fantasiert Jörg und berauscht sich an der Vorstellung, wie es wohl gewesen wäre, wie es sich angefühlt hätte, wenn der Reiter nicht gewesen und das Messer zum Einsatz gekommen wäre, wenn er damit hätte schneiden und den Körper des Mannes aufschlitzen können.

Zwei Tage später, während Jörg sich immer noch in seiner abgründigen Imagination verliert und amüsiert, sich endlich einmal mächtig fühlt, unantastbar, wird sein Opfer gefunden und wenig später identifiziert. Es handelt sich um Kurt Brümmer, 67 Jahre alt, geistig behindert, seit sechseinhalb Jahren untergebracht im »Hagenhof«, einem Heim für pflegebedürftige Erwachsene.

Das Ergebnis der zwei Tage später durchgeführten Obduktion beweist, mit welcher Bedingungslosigkeit und Brutalität der Täter gegen das Opfer vorgegangen sein muss: »[...] zahlreiche Zeichen stumpfer Gewalteinwirkung im Bereich des Gehirnschädels und des Gesichtsschädels [...], umfangreiche Unterblutungen der Haut vorwiegend im Stirn-, Scheitel- und Schläfenbereich […], ein verzweigtes Bruchsystem des Schädels mit Zertrümmerung des linken Augenhöhlendaches […], massive Hirndruckzeichen […].« Als Todesursache wird »eine Kombination aus zentraler Atemlähmung […] mit innerer Erstickung als Folge der schweren Bluteinatmung und Verblutung nach innen und außen« diagnostiziert.

Nach Einschätzung der Rechtsmediziner kommen als Tatmittel ein »Knüppel und ein Stein« in Betracht, das Opfer soll damit zwei Tage zuvor gegen 14 Uhr getötet worden sein. Die eilig gebildete Mordkommission schlussfolgert aufgrund der Tatumstände, Kurt Brümmer dürfte aus Habgier ermordet worden sein, weil in der Nähe des Leichnams das geplünderte Portemonnaie gefunden worden ist und auch die Armbanduhr des Opfers fehlt. Man geht von einem Jugendlichen oder Erwachsenen als Täter aus, der aus der Region stammen und sich bei dem äußerst brutalen Angriff auf Kurt Brümmer mit dessen Blut besudelt haben dürfte. Deshalb werden insbesondere alle infrage kommenden Heimbewohner in Kästorf und Umgebung als Zeugen vernommen, auch Jörg Nübling.

»Ich hatte ziemliche Angst. Die Bullen haben das ganze Zimmer nach blutiger Kleidung durchsucht. Von mir haben sie ein grünes Hemd und eine blaue Hose mitgenommen. Und die haben so komische Fragen gestellt, wo ich gewesen bin und was ich gemacht habe. Ich habe denen erzählt, dass ich hinten auf dem Wasser Schiffchen habe fahren lassen. Das haben sie mir geglaubt.«

Die Ermittler vernehmen mehr als 200 Zeugen, einige davon mehrfach; sie befragen auch wiederholt Jörg Nübling, weil der sich nach eigenen Angaben zur Tatzeit in der Nähe des Tatorts aufgehalten haben will und Teile seiner Kleidung blutbesudelt waren.

»Da war ziemlich viel Blut dran, es war aber mein Blut, weil ich einige Tage vorher Nasenbluten hatte. Das war, als ich bei einem Kumpel auf dem Zimmer war, es fing einfach an, zu bluten. Die Bullen haben dann noch mal mit mir gesprochen. Ich habe darüber nachgedacht, denen alles zu erzählen, wie das passiert ist und wie ich den kaputt geschlagen habe. Aber ich hatte zu viel Schiss. Das ging einfach nicht.

Ich habe denen einfach gesagt, dass ich zu der Zeit, als der umgebracht wurde, spazieren war, alleine. Dann habe ich noch gemeint, dass ich den Mann nicht kannte. Danach bin ich nie wieder befragt worden.«

1. Juni 1979, 20.45 Uhr.

Eduard Zimmermann moderiert im ZDF seine beliebte Sendung »Aktenzeichen XY ungelöst« und stellt einen Mordfall vor, der im Herbst 1978 die Bevölkerung der Kleinstadt Willich am Niederrhein schockiert hat und ungeklärt geblieben ist. »Wir rechnen mit Hinweisen von einer Zuschauergruppe, die diese Sendung sicher nicht so regelmäßig ansieht«, sagt der Moderator und beschreibt damit eine »Besonderheit« des angekündigten Beitrags, »einfach deshalb, weil die meisten von ihnen nicht genügend Deutsch sprechen. Gemeint sind die Soldaten der Britischen Rheinarmee und ihre Familien.«

Die Tötung von Jonathan Cooper ist »Fall Nummer 7«. Der 13-jährige Junge besuchte eine englische Schule in Hostert bei Mönchengladbach, brachte gute Noten nach Hause und galt als aufgeschlossenes und kontaktfreudiges Kind, hielt sich aber von Fremden fern. Seine große Leidenschaft war das Skateboardfahren. Die Coopers gehörten zu den wenigen englischen Familien, die auch deutsche Freunde hatten. Jonathan spielte mit anderen Kindern gerne auf einem Abenteuerspielplatz oder auf einem abbruchreifen, verlassenen Gebäude in der Nähe des Willicher Bahnhofs. Die Kinder nannten es das »Spukhaus«.

Am 25. Oktober 1978, einem Mittwoch, verließ Jonathan gegen 19 Uhr die elterliche Wohnung, um mit seinem Rad zu einem englischen Jugendclub zu fahren. Dort kam er jedoch nicht an. Im Zuge von Suchmaßnahmen fanden englische Militärpolizisten einen Tag später den massiv verstümmelten Leichnam des Jungen in besagtem »Spukhaus«, versteckt unter einem Tapetenfetzen – ein grauenhafter Anblick, albtraumhafte Bilder, unverrückbar und unauslöschbar.

Der Ermittlungsführer der Kripo Mönchengladbach sagt den Zuschauern nicht, welche außergewöhnlichen Verletzungen dem Opfer zugefügt wurden, welchen Qualen es ausgesetzt gewesen sein muss, er beschreibt vielmehr detailliert die Tatwaffe, ein Taschenmesser, das am Tatort in der Wand des Hauses steckte. Und er engt den Kreis der Verdächtigen ein: »Wir gehen davon aus, dass Jonathan seinen Mörder kannte. Er wäre sicher nicht mit einem Fremden mitgegangen.« Abschließend wird das Foto einer Armbanduhr gezeigt, wie sie Jonathan am Tag seines Verschwindens trug und die der Täter geraubt haben dürfte.

Die Ermittler sind in diesem Fall besonders motiviert, weil sie den Täter für besonders gefährlich halten und weil sie mit derart gravierenden Verstümmelungen noch nicht konfrontiert worden sind. »Das Schwein kriegen wir«, motiviert man sich hinter vorgehaltener Hand. Doch es vergehen Tage, Wochen, Monate, Jahre, ohne dem Täter auf die Spur zu kommen – nach überaus langwierigen und strapaziösen Ermittlungen stehen die Fahnder letztlich mit leeren Händen da.

Anfang Februar 1984.

Der Hund eines Jägers erstöbert in einem Waldgebiet bei Mönchengladbach die skelettierte Leiche eines Mannes, der schon am nächsten Tag als Wilhelm Franken identifiziert wird. Im Sommer des Vorjahres verschwand der damals 23-Jährige im nordrhein-westfälischen Süchteln aus einem psychiatrischen Krankenhaus, vorübergehende Wahlheimat für Menschen mit Selbstmordgedanken, Suchtproblemen oder anderen psychischen Erkrankungen. In der Klinik wurde der unbequeme Patient nicht vermisst und deshalb auch nicht als vermisst gemeldet, weil er sich aus freien Stücken therapieren ließ und er in der Zeit zuvor immer wieder einmal »abgängig« gewesen, kurz darauf jedoch wieder zurückkehrt war. Ein Drama, wie es hierzulande häufiger passiert: Menschen verschwinden spurlos, ohne dass jemand argwöhnisch wird, ohne dass jemand Fragen stellt, ohne dass sie jemand vermisst.

Schwung kommt erst in die Ermittlungen, als sich eine Krankenschwester der Klinik an eine Begebenheit erinnert, die ihr nach Bekanntwerden des Skelettfundes zu denken gegeben und sie direkt zur Kripo geführt hat. Denn: Ein anderer Patient hatte kurz nach Wilhelm Frankens Verschwinden behauptet, der Mann sei »tot«, berichtet die Schwester, obwohl das zu diesem Zeitpunkt doch niemand habe wissen können. Der Name des ungewöhnlich gut informierten Patienten: Jörg Nübling.

Der hat auch in den vergangenen Jahren sehr negative Lebenserfahrungen gemacht; Jörg wird im Sommer 1977 aus dem Heim in Kästorf in die Obhut seines Vaters entlassen, aber auch jetzt finden der prügelnde Alkoholiker und sein missratener Sohn nicht zueinander, dem jungen Mann gelingt kein Schulabschluss, er erlernt auch keinen Beruf, nur mit Gelegenheitsjobs auf dem Bau oder in einem Schlachthof hält er sich finanziell einigermaßen über Wasser – es geht einfach nicht voran, ein Leben in der Sackgasse. Soziale Kälte, Zurückweisung und Ausgrenzung bleiben seine deprimierenden Wegbegleiter, er misstraut den Menschen, fürchtet sie, traut ihnen nur Böses zu.

Erst als er sich als Brandstifter hervortut und erwischt wird, gerät Jörg wieder in den Fokus der Justiz- und Gesundheitsbehörden. Psychologen und Psychiater untersuchen den 19-Jährigen. Das Ergebnis ist niederschmetternd, Jörg ist »geistesschwach« und wird entmündigt, das Kreisjugendamt Viersen zu seinem Vormund bestimmt. Fortan irrlichtert der junge Mann mehr denn je ziellos durchs Leben, gerät vollends außer Kontrolle, auf die schiefe Bahn, bricht in Gartenlauben, Werkstätten oder Büros ein, fängt an zu trinken und wird schließlich zu zwei Jahren Jugendstrafe verurteilt, im September 1980 jedoch bereits nach Verbüßung von lediglich vier Monaten auf Bewährung entlassen und im Jugendheim »Engelbert« in Essen untergebracht.

Dort hält man es aber nicht lange mit ihm aus, im April 1981 wird er in ein Fürsorgeheim nach Hückeswagen im Regierungsbezirk Köln weitergereicht. Doch auch dort findet er sich nicht zurecht, nach einem Dreivierteljahr ist Jörg »untragbar« geworden, weil er sich mit fast allen Pflegern angelegt, sie beleidigt und mit anderen Fürsorgezöglingen im Dauerclinch gelegen hat. Die nächste Station ist das Heim »Haus Michael« in Kaarst bei Düsseldorf. Nach einem halben Jahr reißt er von dort aus, versteckt sich eine Zeit lang bei einem seiner Brüder in Willich, bevor ihn die Polizei aufgreift und in der Rheinischen Landesklinik im Kreis Viersen abliefert. Dort hält man ihn ein knappes Jahr fest, bis er in ein Heim nach Simmerath in der Eifel abgeschoben wird. In dieser Einrichtung bleibt er bis zu seiner erneuten Festnahme.

Samstag, 4. Februar 1984, 8.30 Uhr, Polizeipräsidium Mönchengladbach, Vernehmungsraum der Mordkommission.

Zwischen den Ermittlern und Jörg Nübling beginnt ein verbaler Schlagabtausch, ein überaus zähes Ringen um die Wahrheit. Man duzt sich, diese künstliche menschliche Nähe verkürzt die innere Distanz und schwächt die unterschiedlichen Grundpositionen, aber auch die gegensätzlichen Erwartungshaltungen ab, entschärft die bedrohlich anmutende Situation, es fällt leichter, sich über Dinge zu unterhalten, über die gemeinhin niemand sprechen will, mit denen sich niemand, der bei Verstand ist, einverstanden erklären würde.

Der des Mordes beschuldigte 24-jährige Mann bestreitet zwar nicht, Wilhelm Franken gekannt zu haben, nur will er zu der Zeit, als der Getötete letztmals lebend gesehen wurde, alleine unterwegs gewesen sein, irgendwo in den Waldgebieten der Region, fernab des mörderischen Geschehens.

Stunde um Stunde vergeht, doch Jörg Nübling gibt sich herablassend, cool, markiert den starken Mann: »Ich kann verdammt brutal sein«, erklärt er den Ermittlern mit einem breiten Grinsen. »Aber nur, wenn man mich ärgert. Oder wenn man nicht das tut, was ich sage, wenn man nicht abhaut, obwohl ich das gesagt habe!«

Jörg Nübling redet in der Folgezeit viel, schwadroniert, genießt die Aufmerksamkeit der Ermittler, sagt aber nichts von Belang, nichts, was ihn in Bedrängnis bringen könnte – auch nicht, als er unvermittelt gefragt wird, ob er mit Wilhelm (genannt »Willi«) Streit gehabt habe. »Mit dem hab ich noch nie Streit gehabt.« Punkt. Und ob es zutreffend sei, »dass ihr beide zusammen rausgegangen seid, als der Willi verschwand?« Das stimme wohl, gibt Jörg Nübling zu, »aber wir sind getrennte Wege gegangen«.

»Wann ist dir denn aufgefallen, dass der Willi nicht mehr da ist?«

»Am nächsten Morgen.«

»Jörg, hast du was mit dem Tod vom Willi zu tun?«

»Ich schwöre, dass ich damit nichts zu tun habe. Wenn ich von jemandem wüsste, der damit zu tun haben könnte, dann würde ich es sofort sagen.«

»Jörg, du sollst im Juli, und zwar am 11. Juli 1983, abends gegen 19 Uhr, von deinem Ausgang sturzbetrunken zur Station zurückgekommen sein. Du sollst dich dann viermal übergeben haben, außerdem sollst du geweint haben. Einer Pflegerin gegenüber sollst du gesagt haben: ›Jutta, hilf mir, hilf mir! Der Franken ist tot, der Franken ist tot!‹ Was sagst du dazu?«

Nach längerem Zögern gibt Jörg Nübling zu bedenken, dass er zur tatrelevanten Zeit nach zwei Flaschen Whiskey »total besoffen« war, alleine auf einer Bank saß und irgendwann eingeschlafen sei. Darüber hinaus könne er sich »an nichts« erinnern: »Als ich wach wurde, da lag ich auf einmal im Bett und wusste von nichts. Ich musste erst einen Pfleger fragen, was los war.«

»Jörg, wenn du sagst, dass du die Worte gesagt haben könntest, dich aber nicht mehr daran erinnern kannst, dann ist das etwas seltsam. So wie du die Worte gesagt haben sollst, nämlich ›der Willi ist tot‹, müsstest du eigentlich vom Tod des Willi gewusst haben. Hast du denn etwas davon gewusst?«

Nein, er könne seine Aussage nicht plausibler machen, antwortet Jörg Nübling, überhaupt habe er erst durch den Vernehmungsbeamten von der Tat erfahren. Und: »Ich habe einfach keine Erklärung dafür, wieso ich solche Worte gesagt haben könnte.«

Nach viereinhalb Stunden endet die Vernehmung. Die Ermittler sind überzeugt, soeben mit dem Mörder von »Willi« Franken gesprochen zu haben, doch die Beweislage ist sehr dünn. Ohne ein Geständnis wird man dem Beschuldigten die Tat nicht nachweisen können, wird man ihn am nächsten Morgen gehen lassen müssen, denn es fehlen forensische Beweise, mit denen nach so langer Zeit auch nicht mehr zu rechnen ist. Also führt der Weg zum Erfolg nur über das persönliche Verhältnis zum Delinquenten, die persönliche Ansprache.

Nach der Vernehmung ist Jörg Nübling in eine Gewahrsamszelle des Präsidiums gesteckt worden. Einer der Ermittler stattet dem mutmaßlichen Mörder am frühen Abend wie versprochen noch einen kurzen Besuch ab. Jörg Nübling liegt zusammengekauert auf seiner Pritsche, unter seiner Decke kaum auszumachen, er weint, schluchzt, zittert am ganzen Körper, hadert mit seinem Schicksal, verlangt verzweifelt nach seinen »Sachen«, die nach seiner Festnahme im Heim zurückgeblieben sind. Der Beamte verspricht, sich darum zu kümmern, gleich am nächsten Morgen will er dafür sorgen, dass die Kiste in der Eifel abgeholt wird, notfalls will er selbst dorthin fahren.

Und er überlegt, dass Jörg Nüblings seelischer Zusammenbruch nicht allein auf das Fehlen seiner Habseligkeiten, darunter als wertvollster Gegenstand ein altes Kofferradio, zurückzuführen sein dürfte, da steckt doch mehr dahinter. Jetzt ist der richtige Moment gekommen, um noch einmal die eine, die entscheidende Frage zu stellen: »Hast du was mit dem Willi zu tun?« Jörg Nübling zögert einen Augenblick und sagt nichts, antwortet aber trotzdem – verlegenes Kopfnicken.

Kurzer Blickkontakt. Man reicht sich die Hände, ohne sich zu berühren. Es entsteht unvermittelt eine Gefühlsebene, eine emotionale Brücke, noch flüchtig und brüchig zwar, aber doch spürbar und begehbar. Jörg Nübling erfährt nach dem Tod seiner Mutter erstmals wieder einen zarten Hauch menschlicher Nähe, Fürsorge. Das Eis ist gebrochen. Einen Moment später sagt der Mordverdächtige noch zwei Sätze, die den Ermittler aufhorchen und in der kommenden Nacht nicht zur Ruhe kommen lassen werden: »Morgen erzähle ich dir noch mehr, auch von dem englischen Jungen. Und dann wirst du berühmt!«

Zur vereinbarten Zeit sitzt Jörg Nübling zwei Kriminalbeamten gegenüber, hält sich an sein Versprechen und »macht Angaben zur Sache«; allerdings will er »Willi« Franken nicht selbst getötet haben, »ein Freund« sei es gewesen, der sich mit dem Opfer nach einem Streit »gekloppt« habe, er, Jörg Nübling, sei nur teilnehmender Beobachter gewesen, habe nur danebengestanden und wider Willen mit ansehen müssen, wie es passiert sei: »Mein Freund nahm eine Kordel und schlang sie dem Willi um den Hals. Dann zog er zu, ganz lange.«

Tags darauf bekennt sich Jörg Nübling doch zu der Tat (inzwischen hat er seine Habseligkeiten aus dem Heim in der Eifel erhalten), sein Freund sei nur eine Erfindung gewesen, er selbst habe das Opfer nach einer Meinungsverschiedenheit mit einem Stein beworfen, am Kopf verletzt und anschließend mit einer Schnur erdrosselt – angeblich, »damit der Willi nicht mehr aufstehen und weggehen kann«. Warum der Mann nicht mehr aufstehen sollte, weiß er indes nicht. Auch die dem Opfer zugefügten Verstümmelungen erwähnt Jörg Nübling nicht, dazu wird er sich erst später bekennen, wenn zwischen ihm und den Vernehmungsbeamten eine Vertrautheit entstanden ist, die letzte Hemmungen beseitigt.

Die Aussage zum Mord an Wilhelm Franken ist nur der Auftakt zu einer wahren Geständnisorgie. In den folgenden drei Monaten sitzen sich Jörg Nübling und jeweils zwei Kriminalbeamte immer wieder gegenüber; Verbrechen werden wie in Zeitlupe geschildert und mikroskopisch genau hinterfragt, Morde, die es in dieser Ausprägung, dieser Intensität und dieser zeitlichen Ausdehnung in Deutschland nach Ende des Zweiten Weltkriegs nicht gegeben hatte. Kein Jahrhundertfall, aber auch nicht weit davon entfernt.

Jörg Nübling plaudert munter drauflos, spricht unsägliche Dinge aus, von denen andere Menschen annehmen, so etwas sei nicht möglich, das könne nicht passieren, das sei unmenschlich, einfach unvorstellbar: »Als der noch im Grab lag, habe ich dem den gelben Pullover über den Kopf gezogen und den Kopf abgeschnitten. Mit dem Kopf bin ich über den Schrottplatz gelaufen, bis ich den Eimer fand. Dann habe ich den Kopf da reingetan und bin damit an den Schienen entlang, bis ich zu diesem Haus kam. Da habe ich den Eimer mit dem Kopf unterhalb der Schienen im Gestrüpp versteckt.«

So geht das Stunde für Stunde, Tag für Tag, Woche für Woche. Protokoll reiht sich an Protokoll, eine Chronik des Grauens entsteht: Es wurde geschlagen, getreten, gestochen, gelitten, gemordet, gestorben, gesäbelt, gemetzelt, gerissen, geschnitten.

»Dann habe ich wieder dasselbe gemacht, was ich mit den anderen auch gemacht habe.«

»Was denn?«

»Ich habe ihm zuerst den Pimmel abgeschnitten.«

»Und dann?«

»Ich habe den Pimmel weggeschmissen.«

»Und weiter?«

»Ich habe den abgeschlachtet.«

»Womit?«

»Mit einem Messer.«

»Wie hast du das gemacht?«

»Ich habe das Fleisch von den Knochen abgetrennt.«

Jörg Nübling findet seine Opfer, allesamt männlich, zufällig an jenen Orten, an die es ihn während seiner Odyssee durch Heime und Gefängnisse selbst verschlagen hat: in Gifhorn, in Willich, zweimal in Essen, in Dänemark, in Viersen; enttäuscht von den Menschen, seiner Familie, der Welt, vielleicht auch von sich selbst, unwillig und unfähig, seinen Weg zu finden, nur beseelt von destruktiven Kräften und Fantasien, die ihn zu rauschhaft erlebten Taten animieren und in die totale Zerstörung der Opfer münden.

Sein natürlicher Lebensraum sind Industriebrachen, leer stehende Gebäude, verwitterte Ruinen, Schrotthalden, Mülldeponien, verwilderte Grundstücke oder verwaiste Landstriche, Örtlichkeiten und Gegenden, die von Menschen gewöhnlich gemieden werden – herrenloses Gebiet jenseits der sozialen Ordnung, unsicheres Terrain, Schlaraffenland für einen Mörder. Nur hier steht der geborene Verlierer im Mittelpunkt eines selbst inszenierten, rituell eingefärbten, sich wiederholenden Dramas, er lässt seinen beängstigenden Allmachtsfantasien reale Taten folgen, heimtückische Angriffe, exzessive Gewaltausbrüche, die Anstand und Verstand überfordern, schaudern lassen, sprachlos machen.

Allein seiner ungewöhnlichen Geständnisfreudigkeit, dem Einfühlungsvermögen, aber ebenso der Leidensfähigkeit der Vernehmungsbeamten ist es zu verdanken, dass auch der Mord an Jonathan Cooper doch noch aufgeklärt werden kann, seine Familienangehörigen mit diesem Schicksalsschlag endlich abschließen können. Er sei dem Jungen am frühen Abend zufällig an einem Bahnübergang begegnet, erzählt Jörg Nübling mit ausdruckslosem Gesicht und tonloser Stimme, er habe Jonathan spontan angesprochen, mit einem Versprechen in das verlassene Bahnwärterhäuschen gelockt und sei dort über ihn hergefallen.

»Der hat sich gar nicht gewehrt. Ich hab ihn umgebracht.«

»Wie denn?«

»Hab mit dem Messer auf ihn drauflosgestochen.«

»Wie oft denn?«

»Weiß ich nicht genau, ein paarmal.«

»Wo hast du auf den Jungen eingestochen?«

»Vorne auf die linke Brustseite, wo das Herz ist, genau da rein.«

»Und dann?«

»Hab ihm den Bauch aufgeschlitzt bis zu dem Ding da unten, und ein Stück rausgeschnitten.«

»Und dann?«

»Hab ihm den Pimmel abgeschnitten.«

»Was hast du damit gemacht?«

»Weggeschmissen.«

»Wohin denn?«

»Hab ich aus dem Fenster geschmissen.«

»Und dann?«

»Hab ich an den Beinen geschnitten.«

»Wo an den Beinen?«

»An den Oberschenkeln mittendrauf.«

»Hast du sonst noch etwas abgeschnitten?«

»Ja, den Hodensack. Hab alles aus dem Fenster geworfen.«

Nach Abschluss der Vernehmungen sind es sechs Morde, die Jörg Nübling zugibt, begangen zwischen 1974 und 1984; meist traf es junge Heiminsassen, die er kaum oder gar nicht kannte, die ihm nichts getan hatten, gegen die er auch nichts einzuwenden hatte, die einfach nur zur falschen Zeit am falschen Ort der falschen Person begegnet waren, Opfer einer schicksalhaften Beliebigkeit. Wenn der Serienkiller sein obsessives Morden beschreibt, weint er gelegentlich, allerdings nicht wegen der Opfer oder dem Leid, das er ihnen zugefügt hat.

Jörg Nübling kann während des Vernehmungsmarathons kein überzeugendes, nachvollziehbares Motiv angeben, er kann nicht erklären, warum er ohne Vorplanung und Vorbereitung immer wieder gemordet und seine Opfer verstümmelt hat, er weiß lediglich zu sagen, wo er das »Abschlachten« gelernt hat, wie das geht: »Ich habe mal auf einem Schlachthof gearbeitet, daher weiß ich das. Ich habe um das Gelenk herumgeschnitten, da ist so eine Mulde, und da kann man so durchschneiden. Das habe ich auch bei den Schweinen gemacht, wenn man die so halbiert. Das habe ich mit den Armen auch so gemacht. Wo der Bauch liegt, da habe ich ganz durchgeschnitten, das Zeug, was da drin ist, hatte ich vorher rausgeholt.«

Nach Abschluss der Vernehmungen wird Jörg Nübling von mehreren Psychologen und Psychiatern untersucht. Die Experten stellen das Ergebnis ihrer Untersuchungen jedoch unter Vorbehalt, weil sie festgestellt haben, dass der mutmaßliche Serienmörder die ihm gestellten Aufgaben und Fragen nicht nach bestem Wissen und Gewissen bearbeitet bzw. beantwortet hat, sondern »im Sinne einer sozialen Erwünschtheit«, es habe »an Offenheit gemangelt«.

Nichtsdestotrotz imponieren nach Einschätzung der Sachverständigen bei Jörg Nübling Verschlossenheit, emotionale Labilität, Wechselhaftigkeit und grobe Stimmungsschwankungen, seine intellektuellen Fähigkeiten seien unterdurchschnittlich ausgeprägt (»grenzdebil«). Sich selbst, aber auch seiner Umwelt stehe er meist unkritisch gegenüber, seine Interessenlagen würden »von seiner jeweiligen launischen Situation und weitgehend von seiner Neugierde« dominiert.

Überdies wird eine »schwere seelische Abartigkeit« festgestellt, die sich als »schwere Verhaltensstörung« äußere, hervorgerufen durch »eine Verkettung verschiedener Faktoren« (insbesondere ungünstige familiäre Verhältnisse, fehlende Bezugspersonen und Gewalterfahrungen), die wiederum »eine psychosoziale Fehlentwicklung« zur Folge gehabt hätten. Allerdings werde das abweichende, insbesondere egoistisch-egozentrische Verhalten nicht in eine bestimmte Richtung gesteuert, sondern sei allein situations- und gefühlsabhängig. Auch müsse von einer »auf breiter Basis geringen« Hemmschwelle ausgegangen werden, überdies seien »Einsichts-, Umsichts- und Realitätssinn beschränkt«. Daraus resultiere eine diffuse Neugierde, die – soweit er Leichen »auseinandernahm« – Hemmungen überwinde.

Und es stellt sich heraus, dass Jörg Nübling keineswegs »geistesschwach« ist (deshalb war er mit 19 entmündigt worden), sondern lediglich »lernbehindert«. Mit anderen Worten: falsche Diagnose, falsche Unterbringung, falsche Betreuung. Und diese

Fehleinschätzungen und fortwährenden Fehlbehandlungen hätten wesentlich dazu beigetragen, dass Jörg Nübling keine ausreichende therapeutische und pädagogische Schulung erfahren habe. Aus Gefühlen der Einsamkeit, Bitterkeit und Enttäuschung seien schließlich Abneigung, Hass und Gemütsarmut entstanden, der seelische Nährboden für mörderische Absichten und verbrecherisches Handeln.

Jörg Nübling wird schließlich des sechsfachen Mordes angeklagt. Die Hauptverhandlung findet vor dem Landgericht Mönchengladbach statt. Die Richter folgen den Expertisen der forensischen Gutachter und sehen bei dem Angeklagten »eine verminderte Schuldfähigkeit«. Das heißt: Jörg Nübling konnte seinen destruktiven Handlungsimpulsen nur wenig entgegensetzen, allerdings war ihm bewusst, dass sein Handeln gegen geltendes Recht verstieß.

Insofern kann er strafrechtlich zur Verantwortung gezogen werden, allerdings nicht in allen Anklagepunkten. Denn: Jörg Nübling sei bei dem Mord an Kurt Brümmer »in seiner geistigen Entwicklung retardiert und demzufolge nicht reif genug« gewesen, um das Unrecht seiner Tat erkennen zu können – eben noch ein Kind und damit strafunmündig, nach Einschätzung der Gutachter damals »auf dem Entwicklungsstand eines Zwölfjährigen«; erst bei dem Mord an Jonathan Cooper vier Jahre später habe bei dem Angeklagten »nach seiner sittlichen und geistigen Entwicklung« eine Strafmündigkeit vorgelegen.

Bei den übrigen Taten sei Jörg Nübling 18, 19 bzw. 20 Jahre alt gewesen, also Heranwachsender, nur habe die Gesamtwürdigung der Persönlichkeit des Angeklagten ergeben, dass er zu den Tatzeiten »nach seiner sittlichen und geistigen Entwicklung noch einem Jugendlichen gleichstand«. Deshalb wird nach insgesamt 40 zermürbenden Verhandlungstagen im März 1985 gegen den als »sozialschädlich« und »gemeingefährlich« eingestuften Angeklagten die höchstmögliche Jugendstrafe verhängt: zehn Jahre Freiheitsentzug, dem jedoch die Unterbringung in einem psychiatrischen Krankenhaus vorangestellt wird, weil die Gutachter zumindest »eine grundsätzliche Besserungsfähigkeit« testiert haben. Jörg Nübling soll deshalb Gelegenheit gegeben werden, sich durch eine Therapie zu bessern, ein ungefährlicher Mensch zu werden. Würde man zunächst auf die Verbüßung der Haftstrafe pochen, wären die Voraussetzungen für eine erfolgreiche Therapie erfahrungsgemäß nicht mehr gegeben.

Februar 2018.

Seit der Verurteilung sind knapp 33 Jahre vergangen. Jörg Nübling, jetzt 57 Jahre alt, wird immer noch in einem nordrhein-westfälischen psychiatrischen Krankenhaus verwahrt, und zwar im »hochgesicherten Bereich«, weil der Patient sich in all den Jahren nicht gebessert hat, sich nicht hat bessern wollen, immer noch nicht erwachsen geworden, bindungs- und beziehungslos geblieben ist, sich keine Lebensziele setzt, in den Tag hineinlebt. Sein einziger regelmäßiger Besucher ist nicht ganz zufällig der mittlerweile pensionierte Kriminalbeamte, der Jörg Nübling seinerzeit drei Monate lang unverdrossen vernommen, dem er seine inneren Dämonen gezeigt und sein mörderisches Geheimnis anvertraut hat. Und der fasst den Fall, aber auch den Stand der Dinge in einem Zeitungsinterview mit bemerkenswerter Klarheit unmissverständlich so zusammen: »Er ist eine Bestie. Man darf ihn nicht rauslassen. Er weiß das und akzeptiert es.«

Nachwort

»Ich habe mit sehr vielen psychopathischen Kindern gesprochen, aber nie mit einem wie Mary; so intelligent, so darauf aus, andere zu manipulieren, oder so gefährlich. Ich wusste von den Bewährungshelfern sehr viel über ihre Familie, ihre Mutter. Aber das waren Dinge, die ich vor Gericht nicht erwähnen konnte. Von Mary erfuhr ich überhaupt nichts über ihre Familie. Sie weigerte sich einfach, Fragen über dieses Thema zu beantworten.«

Ein Gutachter im Prozess gegen Mary Bell,
eine Serienmörderin (elf Jahre alt)

Wenn Kinder töten, dann passiert es überwiegend (in zwei Dritteln der Fälle, siehe Anhang) so: Ein Junge im Alter von zehn bis 13 Jahren trifft auf ein ihm persönlich bekanntes etwa gleichaltriges oder jüngeres Opfer und erschießt, erschlägt oder erdrosselt es. Die Tat (Erstkontakt → Tötungsakt → Nachtat) passiert zwischen 12 und 20 Uhr in einer dem Täter wie dem Opfer vertrauten Umgebung (Wohnung oder Schule) und dauert nicht länger als fünf Minuten.

Diese Erkenntnisse fußen auf eigenen Untersuchungen von 48 Kindern (jünger als 14 Jahre), die in Deutschland, England, Finnland, Tschechien, den USA, Kanada und Brasilien als Tötungsdelinquenten in Erscheinung getreten sind und 68 Taten verübten.

Erstaunlicherweise handelt es sich in der Regel nicht um Affekthandlungen; die Tötungen sind vielmehr geplant, weil beispielsweise die Tatwaffe vor dem Opferkontakt mitgeführt, der

Tatort vorher festgelegt oder das Opfer Tage oder Wochen vor der Tötung bereits ausgeguckt wird. Genauso überraschend ist der sehr hohe Anteil von vollendeten Taten. Klammert man den Sonderfall Andrew Golden/Mitchell Johnson (Im Fadenkreuz) aus, kam es in knapp 94 Prozent der Fälle zu einer vollendeten Tötung – erfahrungsgemäß überleben bei Tötungsdelikten, die erwachsene Täter verüben, mehr als 50 Prozent der Opfer. Wahrscheinlich kommt es bei kindlichen Tätern wesentlich häufiger zu einem Taterfolg, weil ihre Opfer jünger und weniger wehrhaft sind, als dies im Bereich der Erwachsenenkriminalität der Fall ist. Beachtlich erscheint zudem der hohe Anteil von gemeinschaftlichen Tatausführungen, die mitunter wesentlich länger andauern und auch durch massive bzw. eskalierende Gewaltanwendungen gekennzeichnet sind.

Kinder, die töten, lassen sich in der Mehrzahl der Fälle gut beschreiben. Es sind einheimische Haupt- oder Realschüler, die durchschnittliche bis unterdurchschnittliche Leistungen erbringen, in der Schule verhaltensauffällig werden (z.B. durch gravierende Fehlzeiten, Klassenwiederholungen oder gegen sie gerichtete Disziplinarmaßnahmen), vor den Tötungen bereits wiederholt delinquent sind (überwiegend durch Diebstähle und Vandalismus) und mit mehreren Geschwistern im Haushalt der Eltern leben. Allerdings stimmen diese Untersuchungsergebnisse größtenteils mit wissenschaftlichen Erkenntnissen zu gewalttätigen Kindern überein, die nicht getötet bzw. dies nicht versucht haben.

Die Unterschiede zu nichtdelinquenten Kindern sind zwar durchaus beachtlich, allerdings gibt es ungleich mehr Mädchen und Jungen mit ähnlichen Viten und Familienverhältnissen, die aber im Laufe ihres jungen Lebens weder gegen Recht und Gesetz verstoßen noch gewalttätig werden. Insofern dürfen belastende Lebensumstände als negative Bedingungsfaktoren für

Gewalt diskutiert werden, sie müssen aber nicht kausal mit ihrer extremsten Ausprägung verbunden sein.

Aussagekräftiger erscheint unter diesem Aspekt das Charakterprofil der kindlichen Tötungsdelinquenten, wobei Gefühlskälte, Aggressivität und fehlende Empathie besonders auffallend sind. Gerade das bedeutsame Merkmal des porösen Einfühlungsvermögens erinnert an eine Borderline-Störung bei gewalttätigen Erwachsenen – diese Kinder sind ebenfalls (nahezu) unfähig, sich in die Perspektive eines anderen Menschen hineinzuversetzen und deren Sichtweise zu reflektieren, noch können sie für andere fühlen. Mit dieser Empfindungsstörung verbunden sind auch Gefühlskälte und Gewissenlosigkeit. Bezeichnenderweise werden bei kindlichen Tätern nach den Tötungen häufig auch Reue- und Gewissenlosigkeit beobachtet.

Interessanterweise können in einer Vielzahl von Fällen zwei typisch anmutende Persönlichkeitsprofile beschrieben und mit bestimmten Motivationen verknüpft werden: Während die eine Gruppe Kinder mit kleineren Abweichungen als willens-/durchsetzungsschwach, selbstunsicher, konfliktscheu, gehemmt bzw. introvertiert charakterisiert wird und überwiegend bei Beziehungstaten im familiären oder persönlichen Umfeld auftritt, werden der anderen Gruppe Merkmale wie gefühlskalt, (hoch-) aggressiv, verantwortungs- und rücksichtslos, egoistisch-egozentrisch sowie eine geringe Frustrationstoleranz zugeordnet, die vermehrt bei Tötungen aus Habgier, sexualisierter Gewalt oder Rachebedürfnissen zu beobachten sind. Zu den übrigen negativen Charakterisierungen wie geltungsbedürftig, emotional instabil, dominant oder depressiv (auch episodenhaft) sind keine kausalen bzw. generalisierenden Aussagen möglich, weil sie vergleichsweise selten auftreten oder in unterschiedlicher Konstellation und Ausprägung.

Statistisch signifikant ist jedoch allein die Anzahl der gestörten

Eltern-Kind-Beziehungen (insgesamt etwa 60 Prozent). Während in diesem Kontext viele Zuschreibungen als Bedingungsfaktoren für extreme Gewalt singulär betrachtet kaum Bedeutung erlangen können (z. B. »alleinerziehend«: dies gilt für 20 Prozent der deutschen Frauen, oder »Eltern geschieden«: 2016 gab es in Deutschland 131955 Scheidungskinder), erweist sich hingegen die Kombination mehrerer Merkmale als geradezu verheerend. Kinder, die von ihren Eltern beispielsweise emotional vernachlässigt werden *und* unter einer gestörten Beziehung zu ihrer Mutter leiden *und* elterlicher Gewalt ausgesetzt sind *und* Probleme mit ihren Geschwistern haben, neigen viel eher *und* viel häufiger *und* viel stärker zu Gewalt, akzeptieren diese schließlich als Problemlösung und erlernen – so deutlich muss es formuliert werden – die spätere Täterrolle insbesondere im eigenen Elternhaus. Demzufolge sind Kinder, die töten, im Vergleich zu nichtdelinquenten bzw. delinquenten-nichttötenden Kindern durch sozioökonomische und familiäre Risikofaktoren erheblich stärker belastet; ihnen wird überdies eine angemessene und gewaltverhindernde Erziehung vorenthalten, und ihr Selbstkonzept ist brüchig bzw. weniger belastbar – unmittelbare Folge aus diesen negativen Verknüpfungen ist eine wesentlich schwächer ausgeprägte moralische Urteilsfähigkeit.

Wenn Kinder töten, könnte auch ihr Sozialverhalten als Risikofaktor diskutiert werden. Im Rahmen meiner Untersuchung zeigten zwei von drei Kindern auffällige Verhaltensmuster, insbesondere Aggressionen und Gewalttätigkeiten gegen Geschwister, Mitschüler oder Kinder aus der Nachbarschaft. Beachtlich erscheint auch, dass in der Mehrzahl der Fälle soziale Kontakte nur oberflächlich ausgeprägt oder im Sinne einer Außenseiterposition zu bewerten sind. Auch das in fast jedem dritten Fall beobachtete Merkmal der Dissozialität (beharrliches Handeln gegen das soziale Norm- und Wertesystem) belegt, dass kindliche Tötungsdelinquenten mehrheitlich nicht nur in besonders belasteten bzw. gestörten Eltern-Kind-Beziehungen leben, sondern sich auch sonst in ihrem persönlichen, schulischen und/oder nachbarschaftlichen Umfeld nicht zurechtfinden.

Ich habe bei meinen Untersuchungen auch danach gefragt, mit welcher Motivation die Kinder handelten. Hätte man die Absichten der kindlichen Delinquenten als »Mordmerkmale« im Sinne von Paragraf 211 des Strafgesetzbuches gewertet, wären sie in zwei Dritteln der Fälle als »sonstige niedere Beweggründe« zu qualifizieren gewesen. Gemeint sind damit nach Auffassung des Bundesgerichtshofs Motive einer Tötung, die »nach allgemeiner sittlicher Wertung auf tiefster Stufe stehen, durch hemmungslose Eigensucht bestimmt und deshalb besonders verwerflich, ja verächtlich sind«.

Die in diesem Buch versammelten Fälle bzw. die Absichten der Kinder-Delinquenten bei den Tötungen dürfen gewiss in diesem Kontext diskutiert werden; allerdings kommt es an dieser Stelle weniger auf eine zutreffende juristische Subsumption an, vielmehr soll hierdurch deutlich werden, dass sich die Tötungsdelinquenz von Kindern und Erwachsenen in diesem Punkt sehr ähnlich ist: In 84 Prozent der Kinder-Fälle bestand eine vordeliktische Täter-Opfer-Beziehung (sehr ähnlich verhält es sich bei Erwachsenen), entweder stammte der Getötete aus dem familiären, persönlichen oder schulischen Umfeld und wurde in der Mehrzahl der Fälle als übermächtiger bzw. fortwährend auftretender Aggressor wahrgenommen, dem die Kinder-Täter sich mitunter schutzlos ausgeliefert sahen.

Im Gegensatz zum »Intimizid«, der Tötung des Intimpartners, die im Bereich der Erwachsenenkriminalität mit Abstand am häufigsten zu beobachten ist, fehlen bei kindlichen Beziehungstötungen in der Regel die affektive Einfärbung, die spontane Begehung bzw. die eine Tat begünstigende Beeinflussung durch

Alkohol und/oder Drogen. Nichtsdestotrotz markiert das aggressive, in eine Tötungshandlung mündende kindliche Verhalten vielfach den Endpunkt eines eskalierenden Konflikts – sehr ähnlich verhält es sich bei erwachsenen Mördern und Totschlägern. Nur fehlt bei Kindern regelmäßig die Einsicht bzw. Weitsicht, welche (un)mittelbaren Folgen mit einer Tötungshandlung für das Opfer (unumkehrbare Vernichtung seiner Existenz), aber auch für sich selbst verbunden sind.

Wenn Kinder töten, geht es immer auch um tiefe Verunsicherung und fehlende Orientierung, die Taten sind häufig Ausdruck seelischer Überforderung und emotionaler Entfremdung, starke Belastungsfaktoren, die Kinder in Not bringen und Dinge tun lassen, die sie andernfalls gewiss nicht getan hätten. Erst der differenzierte Blick auf die – wenn auch kurze – Lebensgeschichte der Kinder-Täter lässt tiefer blicken und erkennen, dass es bei dieser Art von Tötungsdelinquenz immer auch ein zweites Opfer gibt: den »Täter«.

Und doch muss jemand schuld sein. Auch wenn das Opfer durch Kinderhand zu Tode kommt, oder vielleicht gerade deswegen. So verhält es sich auf der ganzen Welt. Für die böse Tat muss es einen Verantwortlichen geben, der schuldig gesprochen werden kann, wenigstens moralisch. Ohne einen Schuldigen fühlen wir uns nicht wohl. Etwas gerät aus den Fugen. Es fehlt die Ordnung. Unsere Selbstsicherheit ist bedroht, unser Selbstverständnis, unser Selbstbild.

Wenn Kinder töten, fällt es schwer, zwischen Richtig und Falsch, Gut und Böse, Schuld und Unschuld zu unterscheiden. Wir suchen viel zu oft vergebens nach zweifelsfreien Zusammenhängen, Bedingungen, Ursachen – das tötende Kind, sonst scheinbar so vertraut, bleibt uns trotz aller Annäherungsversuche wesensfremd und rätselhaft, zumal es Sätze wie »Keine Ahnung, warum ich das gemacht habe« oder »Weiß nicht, wie das passiert ist« sagt und auch so meint. Diese Zwischenwelt, die wir nach wie vor weder erreichen noch verstehen, macht uns Angst. Die Hölle, das ist die Ungewissheit, oder umgekehrt: die Gewissheit, dass es jedem passieren könnte, ob als Opfer oder Täter. Gerade die extremen Gewalttaten unserer Kinder, mitunter grausam und erbarmungslos, machen uns schwer zu schaffen, sie führen uns an die Grenze unserer Belastbarkeit und zu der ernüchternden Erkenntnis, dass wir noch weit davon entfernt sind, das Böse in uns allen zu verstehen, zu erkennen und rechtzeitig darauf zu reagieren.

Anhang

Synopse: »Kinder als Tötungsdelinquenten«

(International 1950–2014)

1 Merkmalshäufigkeiten bei Tötungsdelinquent(inn)en (N = 48)

1.1 Lebensalter zum Zeitpunkt der (ersten) Tat

Alter	Häufigkeit %
5 Jahre	4,2
6 Jahre	4,2
7 Jahre	0
8 Jahre	4,2
9 Jahre	4,2
10 Jahre	14,5
11 Jahre	6,3
12 Jahre	22,9
13 Jahre	39,5

1.2 Geschlecht

Merkmal	Häufigkeit %
männlich	87,5

1.3 Nationalität

Merkmal	Häufigkeit %
Einheimische(r)	93,7
Migrationshintergrund	4,2
Ausländer(in)	2,1

1.4 Besuchte Schulform

Merkmal	Häufigkeit %
kein Schulbesuch (altersbedingt)	4,2
Grundschule	14,6
Sonderschule	10,4
Hauptschule	37,5
Realschule	18,7
Gymnasium	8,3
keine Daten vorhanden	6,3

1.5 Schulische Leistungen

Merkmal	Häufigkeit %
kein Schulbesuch (altersbedingt)	4,2
überdurchschnittlich	4,2
durchschnittlich	35,3
unterdurchschnittlich	50,0
Klassenwiederholer(in)	27,1
gravierende Fehlzeiten	25,0
Schulstrafen/Schulverweis	39,6
keine Daten vorhanden	6,3

1.6 Ausgeübte berufliche Tätigkeit der Mutter zur Tatzeit

Merkmal	Häufigkeit %
Hausfrau	33,3
Arbeiterin	18,8
Angestellte	14,5
Beamtin	6,3
Selbstständige	4,2

Akademikerin	0
arbeitslos	14,6
keine Daten vorhanden	8,3

1.7 Ausgeübte berufliche Tätigkeit des Vaters zur Tatzeit

Merkmal	Häufigkeit %
Arbeiter/Handwerker	41,4
Angestellter	10,4
Beamter	4,2
Selbstständiger	2,1
Akademiker	6,3
arbeitslos	27,3
keine Daten vorhanden	8,3

1.8 Sozialverhalten*

Merkmal	Häufigkeit %
sozialkonform/unauffällig	33,3
aggressiv/gewalttätig	52,1
dissozial	29,2
Außenseiter/Einzelgänger	27,1
Sozialkontakte oberflächlich/kontaktarm	25,0
manipulativ	25,0
dominant	20,1
überangepasst/devot	8,3
keine Daten vorhanden	10,4

* Mehrfachnennungen bei abweichenden Verhaltensweisen möglich

1.9 Auffälligkeiten in der Familie*

Merkmal	Häufigkeit %
Eltern getrennt lebend/geschieden	50,0
emotionale Vernachlässigung durch Elternteil/Eltern	37,5
fehlende Vorbildfunktion der Eltern	35,4
gestörte Beziehung zu beiden Elternteilen	29,2
gestörte Vater-Kind-Beziehung	25,0
Alkoholabusus bei Elternteil/Eltern	25,0
Straftaten durch Elternteil/Eltern	22,9
Gewalterfahrungen durch Eltern	18,7
Kind als Ausreißer	12,5
Heimaufenthalt(e)	12,5
Aufenthalt bei Pflegeeltern	10,4
Probleme mit Geschwistern	10,4
Drogenabusus bei Elternteil/Eltern	8,3
alleinerziehendes Elternteil	6,3
gestörte Mutter-Kind-Beziehung	6,3
Strafhaft bei Elternteil	6,3
psychische Auffälligkeiten bei Elternteil/Eltern	6,3
sexueller Missbrauch durch Elternteil	6,3
Kind durch Elternteil/Eltern verwöhnt	6,3
keine Daten vorhanden	4,2

*Mehrfachnennungen möglich

1.10 Deviante Persönlichkeitsmerkmale nach ICD 10*

Merkmal	Häufigkeit %
gemütsarm/wenig empathisch	56,3
(hoch)aggressiv	47,9
geltungsbedürftig	45,8
egoistisch-egozentrisch	33,3
verantwortungslos/rücksichtslos	31,3
introvertiert	27,1
geringes Selbstwertgefühl	25,0
emotional instabil/labil/übersensibel	22,9
geringe Frustrationstoleranz	22,9
willens-/durchsetzungsschwach/selbstunsicher	20,8
konfliktscheu/gehemmt	16,7
dominant/rigide	14,5
depressiv (episodenhaft)	10,4
psychopathisch	6,3
schizophren	2,1
Persönlichkeitsstörung	2,1
keine Daten vorhanden	4,2

* Mehrfachnennungen bei akzentuierten Merkmalen möglich

1.11 Negative Beeinflussung der Persönlichkeitsentwicklung durch Medien

Merkmal	Häufigkeit %
negative Beeinflussung nachgewiesen	4,2
durch Darstellungen im Internet	2,1
durch Gewalt- und Horrorfilme	2,1

1.12 Ausbildung von Gewalt- und Tötungsfantasien

Merkmal	Häufigkeit %
langjährige Fantasietätigkeit	8,3
progrediente Form (im Laufe der Zeit ausufernd)	6,3
deviante Fantasien bei Tötung umgesetzt	4,2

1.13 Delinquenz vor Tötung*

Merkmale	Häufigkeit %
Diebstahl	33,3
Sachbeschädigung/Vandalismus	20,8
Sexualdelikt	14,5
Körperverletzung	14,5
Brandstiftung	6,3
Raub	4,2
Betrug	2,1
ohne Delinquenz	43,8
keine Daten vorhanden	6,3

*Mehrfachnennungen bei Vortaten möglich

1.14 Motivationsstruktur* (N = 64)

Merkmal nach § 211 StGB	Häufigkeit %
sonstiger niederer Beweggrund (z.B. Rache, Hass oder Wut)	66,2
Heimtücke	28,1
Verdeckungsabsicht	17,2
zur Befriedigung des Geschlechtstriebs	10,9
grausam	10,9
Ermöglichungsabsicht	10,9
Habgier	9,4
Mordlust	4,7

* Mehrfachnennungen möglich

1.15 Ätiologie (N = 64)

Merkmal	Häufigkeit %
gruppendynamische Effekte	45,3
vorheriger/tatzeitnaher Konflikt	37,5
Ausschärfung Konflikt	
mit Vater/Stiefvater	12,5
mit Freund/Spielkamerad	9,4
mit Klassenkamerad/Mitschüler	6,3
mit Eltern	3,1
mit Mutter/Stiefmutter	3,1
mit Bruder/Schwester	3,1
Gewalt-/Tötungsfantasie	10,9
Bestimmung zur Tat durch Mittäter	3,1
Tötung als Mutprobe	1,6
ungewollte Schwangerschaft	1,6

1.16 Rückfalldelinquenz

Merkmal	Häufigkeit %
Straftaten nach Haft/Betreuung/Therapie (Einbruch, Diebstahl, Betrug, Körperverletzung, Hausfriedensbruch, Verst. BtMG, Kinderpornografie, Sexualdelikt, Verst. WaffG)	25,0
keine Straffälligkeit	12,5
keine Beurteilung möglich (z. B. wg. andauernder Haft)	39,1
keine Daten vorhanden	23,4

2 Merkmalshäufigkeiten bei Opfern (N = 64)

2.1 Lebensalter zum Zeitpunkt der Tat

Alter	Häufigkeit %
0 – 13 Jahre	65,6
14 – 20 Jahre	0
21 – 30 Jahre	4,8
31 – 40 Jahre	14,1
41 – 50 Jahre	7,8
51 – 60 Jahre	0
61 – 70 Jahre	6,3
> 70 Jahre	1,6

2.2 Geschlecht

Merkmale	Häufigkeit %
männlich	50,0

2.3 Nationalität

Merkmal	Häufigkeit %
Einheimische(r)	96,8
Migrationshintergrund	1,6
Ausländer	1,6

2.4 Ausgeübte berufliche Tätigkeit zur Tatzeit

Merkmal	Häufigkeit %
Berufsausübung nicht möglich (altersbedingt)	64,1
Arbeiter(in)/Handwerker	10,7
Rentner(in)/Pensionär(in)	6,3
Angestelle(r)	4,7
Beamter/Beamtin	4,7
Hausfrau	4,7
Akademiker	3,2
Arbeitslos	1,6

3 Merkmalshäufigkeiten bei Taten (N = 64)

3.1 Alleintäterschaft vs. gemeinschaftliche Tatausführung

Merkmal	Häufigkeit %
Alleintäter	54,7

3.2 Vollendete vs. versuchte Taten

Merkmal	Häufigkeit %
Opfer getötet	78,1

3.3 Tötungsarten

Merkmal	Häufigkeit %
Erschießen	46,9
Erschlagen	14,1
Erstechen	9,4
Ersticken	6,2
Erdrosseln	6,2
Ertränken	6,2
kombinierte Handlungen (z.B. Wechsel der Tatwaffe)	4,7
Unterlassen (nach vorheriger Gewaltanwendung)	3,1
Erwürgen	1,6
Versuchshandlung (noch nicht beendet)	1,6

3.4 Tatmittel

Merkmal	Häufigkeit %
Schusswaffe (Pistole/Gewehr)	46,9
Messer	9,4
Bekleidungsstück	7,8
Stein	6,2
Springseil/Seil	6,2
bloße Hände	6,2
Eisenstange	4,7
Knüppel	1,6
Baseballschläger	1,6
Toilettenpapier	1,6
Stiefelknecht	1,6
Beil	1,6
nicht spezifizierbar	4,6

3.5 Overkill (Übertöten)/Phänomenologie*

Merkmal	Häufigkeit %
Overkill nachgewiesen	3,2
multiple Verletzungen durch stumpfe Gewalt	1,6
multiple Stichverletzungen	1,6

* über den Tötungsakt hinausgehende Gewaltanwendung

3.6 Geografische Ausprägung des Verbrechens – Kontaktort

Merkmal	Häufigkeit %
Wohnbereich des Opfers	37,5
Schule	26,5
Wald/Feldweg/Grünanlage	12,5
Straße	9,4
Spielplatz	7,8
Wohnbereich des Täters	4,7
Einkaufszentrum	1,6

3.7 Täter-Opfer-Interaktion bei Kontakt

Merkmal	Häufigkeit %
sofortige/überfallartige Gewaltanwendung	28,1
Manipulation des Opfers durch Kommunikation/ List	26,6
Opfer wehrlos/hilflos	45,3

3.8 Geografische Ausprägung des Verbrechens – Tatort

Merkmal	Häufigkeit %
Wohnbereich des Opfers	37,5
Schule	26,5
Wald/Feldweg/Grünanlage	18,6
Gewässer	4,7
Wohnbereich des Täters	4,7
Hinterhof	3,2
Spielplatz	1,6
Bahngleise	1,6
Halle	1,6

3.9 Geografische Ausprägung des Verbrechens – Fundort

Merkmal	Häufigkeit %
Wohnbereich des Opfers	37,5
Schule	26,5
Wald/Feldweg/Grünanlage	12,3
Wohnbereich des Täters	4,7
Hinterhof	4,7
an/in Gewässer	4,7
Opfer retten sich	3,2
Straße/Weg	1,6
Bahngleise	1,6
Baugrube	1,6
Opfer wird gerettet	1,6

3.10 Nachtatverhalten

Merkmal	Häufigkeit %
unauffällig (z.B. keine erkennbare Erregung, keine Reue)	53,1
Vertuschungshandlungen (z.B. Beseitigen von Beweismitteln)	29,7
auffälliges Verhalten (z.B. verstört, weint)	18,8
Suizid/Suizidversuch	3,1
keine Daten vorhanden	25,05

3.11 Täter-Opfer-Beziehung/Phänomenologie

Merkmal	Häufigkeit %
vordeliktische Täter-Opfer-Beziehung vorhanden	84,4
Opfer stammt aus familiärem Umfeld des Kindes Vater/Stiefvater (14,1 %), Mutter/Stiefmutter (6,2 %), Geschwister (6,2 %), Großmutter (1,6 %), Tante (1,6 %)	29,7
Opfer stammt aus persönlichem Umfeld des Kindes Freund/Spielkamerad (18,5 %), Mitbewohner Heim (3,2 %), Kind aus Nachbarschaft (3,2 %), Freund des Vaters (1,6 %), Nachbarin (1,6 %)	28,1
Opfer stammt aus schulischem Umfeld des Kindes MitschülerIn (25,0 %), Lehrerin (1,6)	26,6

3.12 Tatzeit

Merkmal	Häufigkeit %
06.00 Uhr – 14.00 Uhr	37,5
14.00 Uhr – 22.00 Uhr	51,5
22.00 Uhr – 06.00 Uhr	11,0

3.13 Dauer des Verbrechens*

Merkmal	Häufigkeit %
kürzer als 5 Minuten	62,5
länger als 5 Minuten bis 15 Minuten	12,5
länger als 15 Minuten bis 30 Minuten	15,7
30 Minuten bis 1 Stunde	6,2
länger als 1 Stunde	3,1

* Zeitraum von Ansprache des Opfers bis ggf. Vollendung der Leichenbeseitigung

3.14 Opferauswahl

Merkmal	Häufigkeit %
aufgrund vordeliktischer Täter-Opfer-Beziehung	46,9
zufällige Begegnung	31,2
Opfer gezielt ausgewählt	21,9

3.15 Geplante vs. spontane Taten

Merkmal	Häufigkeit %
Tat geplant	65,6
Tatwaffe mitgeführt	59,4

3.16 Gruppendynamik/Mittäterschaft als tatauslösendes Element

Merkmal	Häufigkeit %
Gruppendynamik/Mittäterschaft nachgewiesen	48,4
besonders enge Freundschaft der Kinder/des Kindes zum Mittäter	34,3
Internetforum als Begegnungsstätte/Inspiration	4,7
Jugendclique mit/ohne politischen Hintergrund	4,7
Bestimmung durch Mittäter zur Tat	4,7

Literaturverzeichnis

Benutzte und empfohlene Literatur

Agnew, R.: Foundation for a general strain theory of crime and delinquency. Journal of Criminology, 1992, S. 47–87.

Albrecht, G.: Möglichkeiten und Grenzen der Prognose »krimineller Karrieren«, in: DVJJ-Journal (Hrsg.): Dokumentation des 21. Deutschen Jugendgerichtstages vom 30. September bis 4. Oktober 1989 in Göttingen, S. 99–116. Bonn: Forum Verlag Godesberg, 2000.

Albrecht, H.-J.: Jugend und Gewalt. Monatsschrift für Kriminologie und Strafrechtsreform 1998, S. 381–398.

Anonymus: Tötungsdelikte von Kindern – eine aufschlussreiche Untersuchung aus Finnland. Kriminalistik 1964, S. 581–582.

Anonymus: »Kältetod der Menschlichkeit«. *Der Spiegel* 1993 (Heft 9), S. 232–239.

Baacke, D.: Die 6- bis 12-Jährigen. Einführung in die Probleme des Kindesalters. Weinheim: Beltz Verlag, 1996.

Bauer, G.: Triebverbrechen minderjähriger Delinquenten. Kriminalistik 1970, S. 145–150, 197–204.

Bayerisches Landeskriminalamt: Kinder- und Jugendkriminalität in München. Untersuchung von Ausmaß und Ursachen des Anstiegs der Deliktszahlen im Bereich der Kinder- und Jugendkriminalität am Beispiel eines Großstadtpräsidiums. München: Polizeipräsidium München, Januar 1998.

Bindel-Kögel, G. et al.: Kinderdelinquenz zwischen Polizei und Jugendamt. Münster: LIT Verlag, 2004.

Bochmann, C.: Entwicklung eines europäischen Jugendstrafrechts. Baden-Baden: Nomos-Verlag, 2009.

Brettfeld, K.: Umfang, Struktur und Entwicklung der Kinderdelinquenz – Befunde und Aussagekraft der polizeilichen Kriminalstatistik für Deutschland. Praxis der Rechtspsychologie 2006, S. 30–52.

Brisman, A.: Toward a unified criminology: Integrating assumptions about crime, People, and society: A Commentary. Journal of Theoretical and Philosophical Criminology 2012, S. 54–64.

Brunner, R.: Überlegungen zur Strafmündigkeit. Juristische Rundschau 1997, S. 492–496.

Brunner, R./Dölling, D.: Jugendgerichtsgesetz. Berlin: De Gruyter Verlag, 2011.

Bundeskriminalamt: Polizeiliche Kriminalstatistik 2015. Wiesbaden, Bundeskriminalamt 2016.

Cremer-Schäfer, H.: Sie klauen, schlagen, rauben. Wie in den Massenmedien »Kinderkriminalität« zu einer Bedrohung gemacht wird und wer weshalb mit welchen Folgen daran mitarbeitet, in: Müller, S./Peter, H. (Hrsg.): Kinderkriminalität, Empirische Befunde, öffentliche Wahrnehmungen, Lösungsvorschläge, S. 113–138. Opladen: VS Verlag für Sozialwissenschaften, 1998.

Davis, C.: Children Who Kill. Profiles of Pre-Teen and Teenage Killers. London: Allison & Busby Ltd., 2004.

Drenkhahn, K.: Rechtliche Reaktionsmöglichkeiten auf Kinderdelinquenz im innereuropäischen Vergleich. Praxis der Rechtspsychologie 2006, S. 82–93.

Dünkel, F.: Jugendstrafrecht im europäischen Vergleich im Licht aktueller Empfehlungen des Europarats. Neue Kriminalpolitik 2008, S. 102–114.

Eißele, I.: Kalte Kinder. Wie sie die Sprache des Herzens lernen. Freiburg/Br.: Herder Verlag, 2009.

Elsner, E. et al.: Kinder- und Jugendkriminalität in München. München: Bayerisches Landeskriminalamt, 1998.

Elsner, K.: Kinderdelinquenz. Erscheinungsbild, Ursachen, Prävention. Saarbrücken: Verlag Dr. Müller, 2007.

Emig, O.: Kinderdelinquenz und Schulschwänzen zwischen Besorgnis und Skandalisierung – Beobachtung eines Phänomens. Systemüberschreitende Kooperation und Hilfe am Beispiel Jugendhilfe und Schule. DVJJ-Journal 2002, S. 174–187.

Essau, C./Conradt, J.: Aggression bei Kindern und Jugendlichen. München: Ernst Reinhardt Verlag, 2004.

Exner, T.: Minderjährige im StGB. Juristische Ausbildung 2013, S. 103–110.

Fäh, W.: Tötungsdelikt, begangen durch ein Kind von einem Kind. Kriminalistik 1977, S. 465–468.

Faust, B.: School Shooting. Jugendliche Amokläufer zwischen Anpassung und Exklusion. Gießen: Psychosozial-Verlag, 2010.

Feuerbach von, P.J.A. (1820). Lehrbuch des gemeinen in Deutschland gültigen peinlichen Rechts. Gießen: Heyer Verlag, 2004.

Fischer, A.: Strafmündigkeit und Strafwürdigkeit im Jugendstrafrecht. Frankfurt am Main: Peter Lang Verlag, 2000.

Frehsee, D.: 14 Kurzstellungsnahmen von Experten aus Wissenschaft, Justiz und Polizei/Sozialarbeit zur Thematik der Herabsetzung der Strafmündigkeitsgrenze und der strafrechtlichen Behandlung der Heranwachsenden. DVJJ-Journal 1996, S. 321–322.

Friedrichsen, G.: »Je mehr Gewalt, desto schöner«. *Der Spiegel* 1992 (Heft 31), S. 61–68.

Fritsch, M.: Die jugendstrafrechtliche Reformbewegung (1871–1923). Die Entwicklung bis zum ersten Jugendgerichtsgesetz unter besonderer Berücksichtigung der Diskussion über die Altersgrenzen der Strafmündigkeit. Freiburg/Br.: Iuscrim, 1999.

Füllgrabe, U.: Die Psychologie jugendlicher Gewalttäter. Die theoretische und praktische Bedeutung der Lösel-Bliesener Studien. Kriminalistik 2004, S. 243–250.

Gensing, A.: Jugendgerichtsbarkeit und Jugendstrafverfahren im europäischen Vergleich. Mönchengladbach: Forum Verlag Godesberg, 2014.

Hay, C.: Parenting, self-control, and delinquency: A test of self-control theory. Journal of Criminology 2001, S. 707–736.

Heide, K.: Why kids kill parents: Tragedy in the family: When kids murder their parents. http://www.psychologytoday.com.

Heinz, W.: Reformbedarf des Jugendstrafrechts? Jugendkriminalität und Jugendkriminalrechtspflege aus Sicht der Kriminologie. Monatsschrift für Kriminologie und Strafrechtsreform 1998, S. 399–425.

Heinz, W.: Mehrfach Auffällige – mehrfach Betroffene. Erlebnisweisen und Reaktionsformen, in: DVJJ-Journal (Hrsg.): Dokumentation des 21. Deutschen Jugendgerichtstages vom 30. September bis 4. Oktober 1989 in Göttingen, S. 30–73. Bonn: Forum Verlag Godesberg, 1990.

Heitlinger, C.: Die Altersgrenze der Strafmündigkeit. Eine Untersuchung entwicklungspsychologischer und kriminalpolitischer Aspekte unter Berücksichtigung der neueren Rechtentwicklungen in Europa. Hamburg: Verlag Dr. Kovac, 2004.

Herz, R.: Jugendstrafrecht. München: Carl Heymanns Verlag, 1987.

Heßler, M.: Institutioneller Umgang mit Kinderdelinquenz am Beispiel von Polizei und Jugendamt. Rechtlicher Rahmen, tatsächliche Praxis und aktuelle Entwicklungen. Praxis der Rechtspsychologie 2006, S. 94–119.

Hinz, W.: Strafmündigkeit ab vollendetem 12. Lebensjahr? Ein rechtspolitisches Reizthema. Zeitschrift für Rechtspolitik 2000, S. 107–113.

Holldorf, C.: Keine Strafe ohne Hilfe! Für einen Perspektivwechsel bei der Betrachtung von Kinder- und Jugenddelinquenz. Zeitschrift für Jugendkriminalrecht und Jugendhilfe 212, S. 363–368.

Holthusen, B./Schäfer, H.: »Einführung: Prävention von Kinder- und Jugenddelinquenz in Deutschland und in den Niederlanden«, in: Bendit, R. et al. (Hrsg.): Kinder- und Jugendkriminalität. Strategien der Prävention und Intervention in Deutschland und den Niederlanden, S. 17–22. Opladen: Leske und Budrich Verlag, 2000.

Hong, S./Liao, M.: Revisiting the Case of Kayla Rolland a Decade Later: Ecological Systems Analysis. Journal of Child & Adolescent Trauma 2010, S. 58–72. PDF Download: https://www.researchgate.net/publication/224902906_Revisiting_the_Case_of_Kayla_Rolland_a_Decade_Later_Ecological_Systems_Analysis [accessed May 23, 2018].

Hoops, S.: »Meine Freunde sind mir das Zweitwichtigste in meinem Leben«. Zur Rolle der Peers in der Bearbeitung von Straffälligkeit im Kindes- und Jugendalter. Zeitschrift für Jugendkriminalrecht und Jugendhilfe 2010, S. 45–51.

Hoops, S./Permien, H.: Straffälliges Verhalten von Kindern. Wer muss, wer kann, wer darf was tun? Neue Kriminalpolitik 2002, S. 66–70.

Jäger, R.: Gewaltprävention, in: Schäfer, G. et al. (Hrsg.): Aggressionen und Gewalt unter Kindern und Jugendlichen, S. 207–241. Göttingen: Hogrefe Verlag, 1999.

Jang, S. J.: Age-varying effects of family, school, and peers on delinquency: A multilevel modeling test of interactional theory. Journal of Criminology 1999, S. 643–685.

Kerner, H.-J.: Jugendkriminalität zwischen Massenerscheinung und krimineller Karriere. Eine Problemskizze anhand neuerer statistischer Ergebnisse, in: Nickolai, W./Reindl. R. (Hrsg.): Sozialarbeit und Kriminalpolitik, S. 28–62. Freiburg im Breisgau: Lambertus-Verlag, 1993.

Kerner, H.-J./Sonnen, B.: Jugendkriminalität und Jugendstrafrecht. Eine Anregung zur Besonnenheit bei Veränderungsplänen. DVJJ-Journal 1997, S. 339–345.

King, G.: Angels of Death. A True Story of Murder and Innocence Lost. St. Martin's Press: New York, 2003.

Kirk, D. S.: Examining the divergence across self-report and official data sources on inferences about the adolescent life-course of crime. Journal of Quantitative Criminology 2006, S. 107–129.

Kreuzer, A.: Ist das deutsche Jugendstrafrecht noch zeitgemäß? Neue Juristische Wochenschrift 2002, S. 2345–2351.

Kürzinger, J.: Kriminologie. Eine Einführung in die Lehre vom Verbrechen. Stuttgart: Boorberg Verlag, 1996.

Landeskriminalamt Nordrhein-Westfalen: Polizeiliche Kriminalstatistik 2015. Düsseldorf, Landeskriminalamt Nordrhein-Westfalen, 2016.

Lanier, M./Henry, S.: Essential Criminology. Oxford: Westview Press, 1998.

Lemert, E.: Primary and Secondary Deviation, in: Rubington, E./Weinberg, M. (Hrsg.): The study of social problems. Seven Perspectives, S. 193–204. New York: Oxford University, 1995.

Lemm, C.: Die strafrechtliche Verantwortlichkeit jugendlicher Rechtsbrecher. Münster: Waxmann Verlag, 2000.

Lempp, R.: Die Beurteilung der Strafreife im geschichtlichen Rückblick und ihre Beziehung zur Jugendpsychiatrie. DVJJ-Journal 1997, S. 369–375.

Lösel, F./Bliesener, T.: Zur Altersgrenze strafrechtlicher Verantwortlichkeit von Jugendlichen aus psychologischer Sicht. DVJJ-Journal 1997, S. 387–395.

Lüders, C.: Kinderdelinquenz – noch eine Herausforderung für die Kinder- und Jugendhilfe?, in: Müller, S./Peter, H. (Hrsg.): Kinderkriminalität. Empirische Befunde, öffentliche Wahrnehmung, Lösungsvorschläge, S. 51–81. Opladen: Leske und Budrich Verlag, 1998.

Mantell, U.: Intakte Familie – kriminelle Kinder, in: Institut für Konfliktforschung (Hrsg.): Kinderkriminalität, VI. Symposium, S. 7–24. Köln, Institut für Konfliktforschung, 1976.

Mätzler, A.: Minderjährige Mörder. Kriminalistik 1972, S. 227–233, 273–277.

Mätzler, A.: Wem kann man denn heute noch trauen? Kriminalistik 1969, S. 312–314.

Mauz, G.: »Viele möchten mich tot sehen«. *Der Spiegel* 1992 (Heft 48), S. 129–134.

Meier, B.-D.: Kinder im Unrecht. Junge Menschen als Täter und Opfer. Berlin: Lit-Verlag, 2010.

Meloff, W./Silverman, A.: Canadian kids who kill. Canadian Journal of Criminology 1992, S. 18–24.

Mergen, A.: Mal sehen, wie man stirbt – Mörderkinder. Criminal Digest 1994 (Heft 1), S. 44–48.

Mergen, A.: Kinder, die morden und stehlen. Kriminologisches Bulletin 1988, S. 33–44.

Mergen, A.: Kinderkriminalität. Kriminalistik 1979, S. 399–403.

Merz-Perez, K. et al.: Childhood creulty to animals and subsequent violence against humans. International Journal of Offender Therapy und Comparative Criminology 2001, S. 556–573.

Miller, L.: Kleine Freundinnen. *Stern-Crime* 2017 (Heft 17), S. 40–48.

Mones, P.: Wenn Kinder töten. Acht erschütternde Fallgeschichten von mißbrauchten Kindern, die ihre Eltern aus Not und Verzweiflung umbrachten. München: Heyne, 1991.

Moore, M.: Bowling for Columbine. http://watchdocumentaries.com/bowling-for-columbine/

Müller, S./Peter, H.: Kinderkriminalität. Empirische Befunde, öffentliche Wahrnehmung, Lösungsvorschläge. Wiesbaden: VS Verlag für Sozialwissenschaften, 1998.

Mulvey, E. P. et al.: Trajectories of desistance and continuity in antisocial behavior following court adjudication among serious adolescent offenders. Journal of Development and Psychopathology 2010, S. 453–475.

Oerter, R./Montada, L.: Entwicklungspsychologie. Weinheim: Beltz Psychologie-Verlags-Union, 1999.

Ostendorf, H.: Jugendstrafrecht. Baden-Baden: Nomos Verlagsgesellschaft, 2015.

Ostendorf, H.: Jugendstrafrecht in der Diskussion. Zeitschrift für Rechtspolitik 2000, S. 103–107.

Ostendorf, H.: Das deutsche Jugendstrafrecht – zwischen Erziehung und Repression. Der Strafverteidiger 1998, S. 297–303.

Paul, J.: When Kids Kill. London: Virgin Books, 2003.

Permien, H.: Prävention und Bearbeitung von Kinderdelinquenz: Primär Aufgabe der Familie! Zeitschrift für Jugendkriminalrecht und Jugendhilfe 2012, S. 357–362.

Peters, J.: Kindheit im Strafrecht. München: Utz Verlag, 2014.

Pfeiffer, C.: Steigt die Jugendkriminalität? DVJJ-Journal 1996, S. 215–229.

Pfeiffer, C. et al.: Die Medien, das Böse und wir. Zu den Auswirkungen der Mediennutzung auf Kriminalitätswahrnehmung, Strafbedürfnisse und Kriminalpolitik. Monatsschrift für Kriminologie und Strafrechtsreform 2004, S. 415–435.

Pfeiffer, C./Wetzels, P.: Kinder als Täter und Opfer. Eine Analyse auf der Basis der PKS und einer repräsentativen Opferbefragung. KFN-Forschungsbericht Nr. 68, Kriminologisches Forschungsinstitut Niedersachsen 1997.

Pongratz, E.: Zum Umgang mit kindlichen Auffälligkeiten. Eine Untersuchung zum Dunkelfeld und zur Prävention von Kinderdelinquenz in Grundschulen. Mainz: Weißer Ring, 2000.

Reinecke, J.: Entstehung und Entwicklung von Kinder- und Jugenddelinquenz. Erste Ergebnisse einer Studie. Neue Kriminalpolitik 2013, S. 207–228.

Remschmidt, H./Walter, R.: Kinderdelinquenz. Gesetzesverstöße Strafunmündiger und ihre Folgen. Heidelberg: Springer Medizin Verlag, 2009.

Remschmidt, H./Walter, R.: Kinderdelinquenz. Untersuchungen zu Verlauf und Prognose delinquenten Verhaltens Strafunmündiger. Zeitschrift für Jugendkriminalrecht und Jugendhilfe 2013, S. 48–55.

Rinser, L. (Hrsg.): Gestohlener Himmel. Widerstehen im Knast. Leipzig: Thom Verlag, 1995.

Riße, M. et al.: Tötung von Kindern durch Kinder und Jugendliche. Archiv für Kriminologie 1993 (Bd. 191), S. 129–138.

Ritter, K./Stompe, T.: Die Neurobiologie der Kinder- und Jugenddelinquenz. Forum Kriminalprävention 2011 (Heft 1), S. 45–48.

Rogge, J.-U.: Pubertät. Loslassen und Haltgeben. Reinbek: Rowohlt Verlag, 2017.

Salewski, E./Eckhoff, A.: Brandstiftung durch Kinder. Kriminalistik 1971, S. 562–568.

Schad, A.: Kinder brauchen mehr als Liebe. Klarheit, Grenzen, Konsequenzen. Heidelberg: Carl-Auer-Systeme Verlag, 2017.

Schäfer, G.: Kriminelle Kinder. Ursachen, Anlässe, Auswege. Marburg: Tectum Verlag, 2007.

Schaffstein, F. et al.: Jugendstrafrecht. Eine systematische Darstellung. Stuttgart: Kohlhammer Verlag, 2014.

Scheiwe, K.: Erziehung und Zwang im Fürsorgerecht. ZKJ 2017, S. 13–19.

Schepker, R. / Toker. M.: Strafrechtliche Begutachtung unter Entwicklungsaspekten, in: Herpertz-Dahlmann, B. et al. (Hrsg.): Entwicklungspsychiatrie, S. 456–471. Stuttgart: Schattauer Verlag, 2007

Schneider, H.-J.: Kinder und Jugendliche als Mörder. Kriminalpsychologie der tödlichen Schulgewalt. Kriminalistik 2002, S. 609–616.

Scholz, C.: 14 Kurzstellungsnahmen von Experten aus Wissenschaft, Justiz und Polizei/Sozialarbeit zur Thematik der Herabsetzung der Strafmündigkeitsgrenze und der strafrechtlichen Behandlung der Heranwachsenden. DVJJ-Journal 1996, S. 327–328.

Schulz, F.: Die Entwicklung der Delinquenz von Kindern, Jugendlichen und Heranwachsenden in Deutschland. Eine vergleichende Analyse von Kriminalstatistiken und Dunkelfelduntersuchungen zwischen 1950 und 2000. Kriminalwissenschaftliche Schriften, Bd. 11. Berlin: LIT Verlag, 2007.

Schwind, H.-D.: Kriminologie. Eine praxisorientierte Einführung mit Beispielen. Heidelberg: Verlagsgruppe Hüthig Jehle Rehm, 2013.

Seeliger, M.: Entwicklung der Kinderdelinquenz und Folgerungen im Hinblick auf eine Änderung der Strafmündigkeitsgrenze. Frankfurt/M.: Verlag Peter Lang, 2003.

Sellin, F. / Weber, K.: Das Mlichgesicht. Wenn Kinder töten: Der Fall Marco F. Reinbek: Rowohlt, 2000 (2. Aufl.).

Sieverts, R.: Jugendkriminalität, Strafjustiz und Sozialpädagogik, in Simonsohn, B. (Hrsg.): Jugendkriminalität, Strafjustiz und Sozialpädagogik, S. 122–138. Frankfurt am Main: Suhrkamp Verlag, 1981.

Streng, F.: Jugendstrafrecht. Heidelberg: C. F. Müller Verlag, 2008.

Trube-Becker, E.: Kinder töten Kinder, in: Schuh, J. (Hrsg.): Gewalt im Alltag, S. 261–289. Chur: Grüsch Verlag, 1990.

Tyler, K. A. et al.: A longitudinal study of the effects of child maltreatment

on later outcomes among high-risk adolescents. Journal of Youth Adolescence 2008, S. 506–521.
Vitulano, M. L. et al.: Delinquent peer influence on childhood delinquency: The moderating effect of impulsivity. Journal of Psychopathological Behavioral Assessment 2010, S. 315–322.
Walter, M.: Jugendkriminalität. Eine systematische Darstellung. Stuttgart: Boorberg Verlag, 2005.
Weinschenk, C.: Beginnt die Schuldfähigkeit wirklich erst mit der Vollendung des 14. Lebensjahres? Monatsschrift für Kriminologie und Strafrechtsreform 1994, S. 15–25.
Weitekamp, E./Meier, U.: Werden unsere Kinder immer krimineller?, in: Müller, S./Peter, H. (Hrsg.): Kinderkriminalität – Empirische Befunde, öffentliche Wahrnehmungen, Lösungsvorschläge, S. 83–112. Opladen: VS Verlag für Sozialwissenschaften, 1998.
Wieczorek, E.: Kann ein Kind »Beschuldigter« sein? Kriminalistik 1971, S. 374–376.
Windzio, M./Kleimann, M.: Die kriminelle Gesellschaft als mediale Konstruktion? Zum Zusammenhang von Mediennutzung, wahrgenommener Kriminalitätsentwicklung und Einstellung zum Strafen. Soziale Welt 2006, S. 193–215.

Frauen töten anders:
Serienmord-Experte Stephan Harbort erklärt,
welche Muster und Verhaltensweisen
dahinter stecken.

Stephan Harbort

KILLERFRAUEN

Eine Krankenschwester, die im Namen Gottes kaltblütig ihre Patienten tötet. Zwei junge Frauen, die auf ihre Opfer mit Baseballschlägern einprügeln und sie zu Tode foltern. Eine Eisverkäuferin, die systematisch ihre Ex-Männer ermordet.
Der Kriminalist Stephan Harbort erzählt packend Fälle von Serienmörderinnen, analysiert Motive und Hintergründe der Taten und die Profile der Täterinnen. Er gibt beklemmende Einblicke in die Abgründe der weiblichen Seele.

»Wer Stephan Harbort lesen will, braucht gute Nerven.
Wenn er die letzte Seite umgeschlagen hat,
wird er sich nicht damit trösten können,
dass alles nur ein Film war.«
DIE ZEIT

KNAUR